中国传统权利话语
及其当代诠释

◇

范兴科◎著

中国社会科学出版社

图书在版编目（CIP）数据

中国传统权利话语及其当代诠释／范兴科著. —北京：中国社会科学出版社，
2022.2

ISBN 978 – 7 – 5203 – 9616 – 5

Ⅰ.①中… Ⅱ.①范… Ⅲ.①权利—政治思想史—研究—中国 Ⅳ.①D092

中国版本图书馆 CIP 数据核字（2022）第 014885 号

出 版 人	赵剑英	
责任编辑	张　林	
特约编辑	宋英杰	
责任校对	季　静	
责任印制	戴　宽	

出　　版	中国社会科学出版社	
社　　址	北京鼓楼西大街甲 158 号	
邮　　编	100720	
网　　址	http://www.csspw.cn	
发 行 部	010 – 84083685	
门 市 部	010 – 84029450	
经　　销	新华书店及其他书店	

印刷装订	三河弘翰印务有限公司	
版　　次	2022 年 2 月第 1 版	
印　　次	2022 年 2 月第 1 次印刷	

开　　本	710 × 1000　1/16	
印　　张	12.5	
插　　页	2	
字　　数	201 千字	
定　　价	69.00 元	

目　　录

绪　　论

党的十九大报告厘定了我国新的历史方位，中国特色社会主义已发展迈入"新时代"，同时厘定了新时代面临的主要矛盾，即"人民日益增长的美好生活需要"和"不平衡不充分的发展"之间的矛盾。自此，我国人权发展迈入了新时代，人权发展的主要矛盾也发生了历史性转变，人民"美好生活的需要"的法哲学内涵就是人民美好生活所涵摄之各种权利要求及表达，人权主要矛盾即是人权的不平衡不充分发展，因此，我们必须在持续推进人权发展的基础上，努力"解决好发展不平衡不充分问题"，"更好推动人的全面发展、社会全面进步"。[①] 在"第七届北京人权论坛"上，时任国新办主任蔡名照发表开幕致辞，他强调指出，"世界是多向度发展的，没有放之四海而皆准的人权模式"。[②] 因此，选择什么样的人权模式，建构什么样的人权道路，是每个国家和民族发展人权均面临的重要理论与实践课题，不能脱离国情及文化传统，不能脱离时代的要求，必须在正确的人权理念之下进行科学抉择。

现代意义上的"人权"一词，出自著名诗人但丁的著作，这位由中世纪文化向近代文化转型时期最伟大的诗人，面对流放的坎坷人生，在《帝制论》中首次使用"人权"这个令人神往的名词。170 多年前，马克思和恩格斯就在历史唯物主义的光辉著作《德意志意识形态》中提出"人的全面发展"这一科学理念，明确指出："任何人的职责、使命、任务就是全面地发展自己的一切能力"，个人的全面发展，"这也正是共产

---

① 习近平：《决胜全面建成小康社会　夺取新时代中国特色社会主义伟大胜利——在中国共产党第十九次全国代表大会上的报告》，人民出版社 2017 年版。

② 蔡名照：《坚持走符合中国国情的人权发展道路》，《人权》2014 年第 5 期，第 7—8 页。

主义者所向往的"①。这就是说，两位革命导师从哲理的高度，把"人的全面发展"作为共产主义者和整个人类向往的共同理想。恩格斯以唯物史观为理论基础，将人的全面发展的理念直接运用于人权领域，在人类历史上第一次揭示了人权产生的奥秘，他认为，"社会的经济进步"是"消除封建不平等"来"确立权利平等"的基础和前提，而且这种权利要求的范围必须从工业和商业领域扩大到广大农民，因此，这一要求就自然地获得了"普遍的、超出个别国家范围的性质"，"而自由和平等也很自然地被宣布为人权"②。经典作家的这些学说成为人权发展重要的理论资源。老一辈革命家也提出了很多关于发展人权的论述。毛泽东说过"为人权自由而战"③ 和"人是最宝贵的"名言，邓小平强调，"真正说起来，国权比人权重要得多"④ 和"发展是硬道理"的观点，胡锦涛提出"科学发展观"并推动把"尊重与保障人权"的神圣原则写进了宪法。这些人权命题和观点是新时代中国特色人权发展重要的理论来源。

在古代中国，尽管没有制度形态的人权，人们实际享有的人权也非常之少，但人们对权利的追求并未停止，比如，法家不遗余力宣扬法律适用人人平等的主张，孙中山称赞墨子为"世界平等博爱主义第一大家"，儒家人权理念作为一种伦理本位人权思想，强调伦理，试图通过道德力量或统治阶级的恩赐来获得权利，尽管明显存在空想性与被动性的局限，但理念形态的人权犹如星星之火，惊艳划亮漫长的历史长空。透过对传统人权理念的分析挖掘，提炼具有古代中国特色的人权思想，可为当代中国人权理论研究和人权发展提供本土文化资源。

人权不是天赋的，发展是人权永恒的主题。人的权利、自由和解放不是自然生成的，而是在漫长的社会历史旅程中逐渐形成的。人权是合乎人性的存在方式，是人之主体性的权利确认，是人与人关系的法律建

---

① 《马克思恩格斯全集》第 3 卷，人民出版社 1960 年版，第 330 页。
② 《马克思恩格斯选集》第 3 卷，人民出版社 1995 年版，第 447 页。
③ 参见中国人民解放军政治学院党史教研室编《中共党史教学参考资料》第 2 册，人民出版社 1979 年版，第 33 页。"为人权自由而战！"是 1935 年中国共产党发表的《为抗日救国告全体同胞书》，即"八一宣言"中的话，其号召一切不愿做亡国奴的中国人民勇敢起来抗日救国："为祖国生存而战！为民族生存而战！为国家独立而战！为领土完整而战！为人权自由而战！"
④ 邓小平：《邓小平文选》第 3 卷，人民出版社 1993 年版，第 345 页。

构，人权并非绝对观念的产物，而是得到了现实物质生活条件的支持，以及文化传统的长期浸染，其生成及演进具有深刻的经济、政治与文化逻辑。新时代人权发展呈现新的主要矛盾与问题，加之新发展理念的适时提炼，为构建中国特色人权发展道路提供了新的历史机遇。本书在笔者博士学位论文《新发展理念视域下中国特色人权发展道路研究》的基础上，力求系统考察人权发展演进的必然逻辑与规律，厘清中国特色人权发展道路与模式的理论逻辑与现实基础，阐明中国特色人权道路的谋划与建构，澄明其与构筑人类命运共同体的内在关联。

　　本书聚焦本土人权资源的传承与扬弃。深度挖掘中国特色人权发展道路所仰赖的本土人权文化及资源，并以唯物史观的立场对其进行科学分析与鉴别。界分三个阶段进行研究，第一个阶段，先秦时期的人本主义人权理念，重点开掘了儒家的伦理人权思想，墨家的兼爱人权思想，法家的否定性人权思想，道家的自然无为人权思想。第二个阶段，汉至明清时期的人权思想，选择发掘了有影响及有代表性的人权观点，涵括董仲舒、王充、白居易、韩愈、柳宗元、王安石、程颐、程颢、朱熹、陆九渊、王阳明、黄宗羲、顾炎武、王夫之、唐甄等思想家的人权观。第三个阶段，近代人权思想，总结梳理了太平天国的平等人权思想、维新派的立宪人权思想、法制改革派的法制人权思想、孙中山的"三民主义"人权思想、新青年派的"科学＋民主"人权思想，并科学分析鉴别，取其精华，弃其糟粕，为中国特色人权发展道路建构提供强有力的本土文化支撑。

　　开掘本土人权文化资源，发掘浩瀚历史文献中丰富的民生人权思想，特别是孟子关于"有恒产者有恒心"的论述及"黎民不饥不寒"的民本思想，管仲主张"仓廪实则知礼节，衣食足则知荣辱"，董仲舒强调"富者足以示贵而不至于骄，贫者足以养生而不至于忧"，王充提出"饥寒致乱"的生存权思想，程颐关于"以厚民生为本"及"保民之道，以食为本"的观点，朱熹认为"窃惟民生之本在食"，黄宗羲主张"夫先王之制井田，所以遂民之生，使其繁庶也"等重要的生存人权思想与洞见，扬弃程颐"饿死事小，失节事大"及程朱理学"存天理，灭人欲"等消极人权论述，揭示人权发展的物质生活条件，阐释人权发展内在的经济逻辑。

澄明现代法治是人权之治，厘清古代法家所谓法治实质是人治，如商鞅提出"垂法而治"，管仲主张"以法治国"，韩非宣称"唯法为治"，因为缺失人权保障与人权价值，与现代法治形成了本质分野，"商鞅之死"与"韩非之死"的悲剧结局也证明"否定人权的法律"本身就是一个历史悲剧。

中国特色的人权发展道路与模式，是人类人权发展模式的崭新样态，是世界人权丰富多彩的发展路径与方式的中国样态。以新发展理念为灵魂，谋划和建构中国特色的人权发展道路，以协调发展理念消除人权不平衡不充分发展，以绿色发展理念确立人权发展的法治生态，以开放发展理念借鉴各国人权理论与发展经验，构建人类命运共同体，以共享发展理念保障全体人民的基本权利，开辟一条以人民为中心，以每个人自由全面发展为崇高目标，契合中国国情与时代要求的人权发展道路。

以中国智慧构筑"人类命运共同体"，论证构筑人类命运共同体是中国特色人权发展道路的重要构成，是中国特色人权发展道路的"国际版"，是对马克思关于"只有在共同体中才有人权"理念及马克思世界历史观的创新实践，其内蕴"以世界人民为中心"的发展理念是对"以美国为中心"的不公平的旧国际秩序的否定，是对新自由主义人权理念的彻底否定。

第 一 章

人权与人权理念

"世间最幽邃的谜也许是人。"① 人的存在不是自明的，从普罗泰戈拉提出"人是万物的尺度"到苏格拉底唤醒世人"认识你自己"，人的主体性从神与物的遮蔽中第一次显露出来，并达到空前高度。这是一个良好的开端，但还不足以让人们沾沾自喜，因为，人的权利、自由和解放绝不是自然生成的，而是在漫长的社会历史旅程中逐渐形成的。考古与历史研究发现，初现于五千多年前奴隶社会包括妻妾与近侍在内的"殉葬人祭"，② 是对生命权最早的、残忍和泯灭人性的漠视，此外，"杀奴"和"杀女婴"③ 则是对生命权和平等权的双重凌辱，彼时以降，从生命权到生存权，从自由权到平等权，从发展权到幸福权，人的尊严和权利就成为人类孜孜以求的目标，然时至今日，尽管人权已在多个维度取得巨大进展，但目标尚未完全达成，并非所有人的权利都能得到充分保障与实现。因此，人权作为合乎人性的存在方式，发展是人权永恒的主题，人权理论不只是人权发展的镜像，其本身也是人权发展不可或缺的组成部分。

第一节 人权范畴的厘定

"人权"一词，笔画甚简，意义至深，其从远古走来，公元前400

---

① 洛克：《洛克说自由与人权》，华中科技大学出版社 2012 年版，第 2 页。
② 毛汉光：《中国人权史：生存权篇》，广西师范大学出版社 2006 年版，第 94 页。
③ 参见《韩非子·六反》中"父母之于子也，产男则相贺，产女则杀之"。

年，古希腊作家索福克勒已使用过这一词汇，彼时人权与现代意义上的人权内涵迥异，"它被看成是在自然正义下公平、公正或法一词的同义语"。① 自文艺复兴先驱——意大利诗人但丁宣称"帝国的基石则是人权"② 以来，如今人权这个词已华丽蜕变为一个基本的法哲学范畴。伊曼努尔·康德把范畴视为先天的理性，并将范畴定义为"纯粹知性真正的基本概念"，范畴是表征事物本质属性与普遍联系的基本概念。在法哲学中，"人权""法治"等都是确定的基本概念与范畴。

美国的克兰斯顿认为："人权可定义为普遍的道德权利。"③ 马克思指出，人权是"权利的最一般的形式"，④ 人权范畴的核心词是"权利"（right），而非"权力"（power），现代人权范畴的基本内涵被界定为人之为人的基本权利。

"人权"一词汉语词源，据徐显明教授考证，认为日本明治维新前期学者津田真道在《泰西国法论》一书中第一个将"人"与"权"两字合成汉语"人权"一词，是"汉学反输"的产物。⑤ 但这一观点更准确来说应该是指现代法律意义上的汉语"人权"词源。因为"人权"两字在中国古代典籍中早已出现，最早见于《盐铁论》卷一"复古第六"篇中"人权县太久，民良望于上"⑥。但这里的人权两字连用，以往的观点认为，指的并不是人的权利。王利器所作的校注认为，其中的"权"作动词用，意思为权衡。原文文本如下：

> 文学曰："扇水都尉所言，当时之权，一切之术也，不可以久行而传世，此非明王所以君国子民之道也。《诗》云：'哀哉为犹，匪先民是程，匪大犹是经，维迩言是听。'此诗人刺不通于王道，而善为权利者。孝武皇帝攘九夷，平百越，师旅数起，粮食不足。故立

① 李龙：《法理学》，人民法院出版社、中国社会科学出版社2003年版，第147页。
② ［意］但丁：《论世界帝国》，朱虹译，商务印书馆1985年版，第76页。
③ M. Cranston, *What are Human Rights?* (2nd ed), Landon: Bodley Head, 1973, p. 36.
④ 《马克思恩格斯全集》第3卷，人民出版社1960年版，第228页。
⑤ 陈佑武：《人权的原理与保障》，湖南人民出版社2008年版，第17页。
⑥ 桓宽：《盐铁论校注（增订本）》上册，王利器校注，天津古籍出版社1983年版，第74—75页。

田官，置钱，入谷射官，救急赡不给。今陛下继大功之勤，养劳倦之民，此用糜鬻之时；公卿宜思所以安集百姓，致利除害，辅明主以仁义，修润洪业之道。明主即位以来，六年于兹，公卿无请减除不急之官，省罢机利之人。人权县太久，民良望于上。陛下宣圣德，昭明光，令郡国贤良、文学之士，乘传诣公车，议五帝、三王之道，《六艺》之风，册陈安危利害之分，指意粲然。今公卿辨议，未有所定，此所谓守小节而遗大体，抱小利而忘大利者也。"

显然，王利器的观点甚为主观，其根据并不充分，因此，联系上下文和论争背景，其观点仍有值得商榷之处。《盐铁论》是由西汉的桓宽依据著名的"盐铁会议"记录撰写的一部重要史书，主要记载了关于汉武帝时期的经济、政治、外交、军事、文化的一场大论战，即以贤良文学为一方，以御史大夫桑弘羊为另一方，就盐铁专营、酒类专卖和平准均输等问题展开辩论。论争的核心是以桑弘羊为代表倡导的国营垄断和自由经济的争论，郭沫若称赞此书是一部"对话体的历史小说"。论争的焦点就是"权利"，包括百姓的"小利"和国家的"大利"，百姓的利益和"权利"与国家的利益和"权利"有矛盾和冲突，具体来说，涉及盐铁交易等民事"权利"。"县"通"悬"，这一点没有太大争议，因此，"人权县太久，民良望于上"解读为"百姓的权利拖太久得不到解决，人民寄予皇上良善的期望"更符合文本原意。因而，此处的"人权"两字，可被认为是汉语"人权"一词的最早出处和用法。

事实上，人权一词的含义经历了一个漫长的演进过程。从语义学来分析，这两个汉字各自都有其丰富的历史内涵，各自都有独立的意义和用法。人作为权利的主体。《说文解字》将人定义为"天地之性最贵者也"，即人是天地间品性最高贵的生物。在古汉语中，人有五层含义：第一，作名词，人类。比如"夫天者，人之始也"[1]。第二，作名词，人民，众人。比如"人之立志，顾不如蜀鄙之僧哉？"[2] 人人，每人。比如"非

---

[1] 《史记·屈原贾生列传》。

[2] 《为学一首示子侄》。

独贤者有是心也，人皆有之"①。第三，作名词，别人，他们。比如"老吾老，以及人之老。"② 第四，作名词，人才，杰出的人物。比如"子无谓秦无人，吾谋适不用也"③。第五，作名词，人品，人的品德操行。比如"是其为人也，有粮者亦食，无粮者亦食"④。现代汉语将人解释为：从类人猿进化而来的会制造与使用工具参与劳动、并会使用语言展开交流的动物。作为万物之灵，人是人权的主体和依归，离开人论人权则毫无意义。马克思强调人不是抽象的人，而是现实的人、具体的人。他指出，人作为社会联系的主体，是"自身异化的存在物"。并非一个抽象的概念，而是作为"现实的、活生生的、特殊的"个人存在。⑤

古人云："圣人权福则取重，权祸则取轻。"⑥ "权"在这里作动词之用，意为权衡。在古汉语中，"权"的意义较多，如权势、权力等，但其中并没有"权利"的内涵，"权"主要有六层含义：第一，作名词，秤；秤锤。"谨权量，审法度。"⑦ 第二，作动词，称量；衡量。"权，然后知重。"⑧ 第三，作名词，权势；权力。"试使山东之国与陈涉度长絜大，比权量力。"⑨ 有权势的。"日夕策马，候权者之门。"⑩ 第四，作动词，代理；兼任。"时韩愈吏部权京兆。"⑪ 第五，作名词，权变；灵活性。"不知三军之权而同三军之任，则军士疑矣。"⑫ 第六，作副词，姑且；暂且。"权在营前开了个茶酒店。"⑬ 权的上述词义也说明了中国古代国家本位思想的主导地位，重视国家权力，忽视个人权利。

《康熙字典》对"权"的现代含义列举有 23 种之多，"权利"的含义

---

① 《孟子·告子上》。
② 《孟子·齐桓晋文之事》。
③ 《左传·文公十三年》。
④ 《战国策·齐策·赵威后问齐使》。
⑤ 《马克思恩格斯全集》第 42 卷，人民出版社 1979 年版，第 25 页。
⑥ 《尸子·卷下》。
⑦ 《论语·尧曰》。
⑧ 《孟子·梁惠王上·齐桓晋文之事》。
⑨ 《过秦论》。
⑩ 《报刘一丈书》。
⑪ 《苕溪渔隐丛话·推敲》。
⑫ 《孙子兵法·谋攻篇》。
⑬ 《水浒传·林教头风雪山神庙》。

当然包含在其中：（1）秤。测定物体重量的器具。（2）指秤锤。（3）称量。（4）衡量，比较。（5）平均，平衡。（6）权柄，权力。（7）权利。（8）威势。（9）重，重于。（10）秉，持。（11）谋略，计谋。（12）权宜，变通。古代常与"经"对言。（13）唐以来称试官或暂时代理官职为"權"。（14）充当，当作。（15）副词。姑且，暂且。（16）黄色。（17）木名。（18）北斗七星之一。也叫天权。北斗第四星。（19）古星群名。即轩辕。主要分布在狮子座。① （20）古国名。春秋时灭于楚。故都城在今湖北省当阳县东南。（21）佛教语。方便。与"实"相对。适于一时之法曰权，究竟不变之法曰实。（22）通"颧"。面颊。（23）姓。唐有"权德舆"。"权"字如此之多的意义是文化演进的必然结果，在现代，权利已经成为权的核心内涵，映射的是人权在现代文明中的一个重心地位。

　　"权利"中的"利"，一般含义是指利益。《说文解字》对这个字有解析：利，铦也。从刀。和然后利，从和省。《易》曰："利者，义之和也。"即，利，铦，金属农具。字形采用"刀"作边旁。谐和而后各有所利，所以采用省略了"口"的"和"。 《易经》上说："利者，义之和也。"

　　在古汉语中，"利"字主要有八层含义：第一，作形容词，锋利；锐利。与"钝"相对。"金就砺则利。"② 第二，作名词，利益；好处。与"害"相对。"有蒋氏者，专其利三世矣。"③ 或者（名词意动词），以……为利。"父利其然也，日板仲永环谒于邑人。"④ 第三，作动词，有利；得利。"良药苦口利于病。"⑤ 第四，作形容词，顺利。"操军不利，引次江北。"⑥ 第五，作动词，盈利；取利。"不拊爱子其民，因而贾利之。"⑦ 或者作名词，盈利之物。"欲居之以为利，而高其直。"⑧ 第六，

① 《史记·天官书》。
② 《荀子·劝学》。
③ 《捕蛇者说》。
④ 《伤仲永》。
⑤ 《诚意伯文集·苦斋记》。
⑥ 《赤壁之战》。
⑦ 《战国策·齐策·冯谖客孟尝君》。
⑧ 《聊斋志异·促织》。

作名词，有利的条件、时机、形势等。"三军以利用也。"①　"因利乘便，宰割天下。"②　第七，作名词，胜利。"兵法，百里而趋利者蹶上将。"③　第八，作名词，物资；物产。"荆州北据汉沔，利尽南海。"④

　　"权利"（right）是人权范畴的核心词，在汉语中比"人权"词语出现更早，最早出处见于《荀子》"是故权利不能倾也"⑤。此外，在《后汉书》中也出现了权利一词，"稍争权利，更相杀害"⑥。《史记》中记录："语有之，以权利合者，权利尽而交疏，甫瑕是也。"⑦　其中"权利"一词的含义是指权势和利益，作名词使用。《商君书》中也出现过权利一词："夫民之情，朴则生劳而易力，穷则生知而权利。易力则轻死而乐用，权利则畏罚而易苦。"⑧　这里的权利是作动词使用，意为权衡利害。

　　通过数据库检索，《盐铁论》中"权利"一词出现多达 11 处。⑨　（见表 1）

表1

出处	文句
卷一·禁耕第五	夫权利之处，必在深山穷泽之中，非豪民不能通其利。 今放民于权利，罢盐铁以资暴强，遂其贪心，众邪群聚……故权利深者，不在山海，在朝廷；一家害百家，在萧墙，而不在胡邪也。
卷一·复古第六	此诗人刺不通于王道，而善为权利者。
卷三·轻重第十四	礼义者，国之基也，而权利者，政之残也。
卷四·贫富第十七	故古者大夫思其仁义以充其位，不为权利以充其私也。
卷六·散不足第二十九	间者，士大夫务于权利，（急）于礼义；故百姓仿效，颇逾制度。

---

①　《左传·子鱼论战》。
②　《过秦论》。
③　《孙膑减灶》。
④　《隆中对》。
⑤　《荀子·劝学》。
⑥　《后汉书·董卓传》。
⑦　《史记·郑世家》。
⑧　《商君书·算地》。
⑨　资料来源："鼎秀古籍全文检索平台"数据库（武汉大学图书馆）。

续表

出处	文句
卷六·水旱第三十六	方今之务，在除饥寒之患，罢盐、铁，退权利，分土地，趣本业，养桑麻，尽地力也。
卷十·杂论第六十	或上仁义，或务权利。 知权利可以广用，而不知稼穑可以富国也。 桑大夫据当世，合时变，推道术，尚权利，辟略小辩。

《史记》中"权利"一词出现有 7 处。[1]（见表 2）

表 2

出处	文句
史记·郑世家	太史公曰："语有之，以权利合者，权利尽而交疎（疏），甫瑕是也。"
史记·屈原贾生列传	应劭曰："夸毗也，好荣死于权利。"
史记·魏其武安侯列传	陂池田园，宗族宾客为权利，横于颍川。
史记·平津侯主父列传	贵仁义，贱权利，上笃厚，下智巧。 秦不行是风而脩（循）其故俗，为智巧权利者进，笃厚忠信者退；法严政峻，谄谀者众，日闻其美，意广心铁。
史记·货殖列传	若至力农畜，工虞商贾，为权利以成富，大者倾郡，中者倾县，下者倾乡里者，不可胜数。

虽然"权利"一词在古代汉语里很早就有了，但其最基本语义是权势和利益，不是一个现代法学意义上的概念。在我国古代法律词汇之中，还没有发现与英语"权利""义务"对等的词汇。"权利"一词，根据金观涛对近代中国权利观念的起源与演变进行的研究，有如下发展历程。1896 年严复在翻译《天演论》时，曾用"权利"一词表达英文中的 rights。[2] 在近代中国，法律意义上的"权利"一词，最早出自美国法学

---

[1] 资料来源："鼎秀古籍全文检索平台"数据库（武汉大学图书馆）。

[2] 金观涛、刘青峰：《观念史研究：中国现代重要政治术语的形成》，法律出版社 2009 年版，第 103 页。

家惠顿的《万国公法》一书，这部书由美国传教士丁韪良译成中文，其挑选了"权利"这个汉语词汇对译英文"rights"，出现于"虎哥以国使之权利"等表达中，同时说服清朝政府接受它。

right 在英文语义中，自 9 世纪至今，其核心意义均为"直"和"尺度"，从中可引申出正当的含义。19 世纪，布拉德利（Francis H. Bradley）也指出，right 在英文中原意为尺度（rule）或符合尺度（如直线），由此引申出"正确的结论"等意义。"right"在西方文化中主要有两层含义，一是指那些合法的权利和利益，二是指"正确"或"正当"。据金观涛考证，1902 年，严复极力主张将 rights 翻译为"民直"或"天直"，更能准确表达英文 rights 的复杂内涵。然而，一百多年过去了，严复的这种译法并没有被国人接受。① 为什么中国人要用"权利"来代表 rights？显然这与中国文化的深层结构与近代转型有关。

丁韪良作为基督教新教教会长老派传教士，是清末在华外国人中首屈一指的"中国通"。1863 年，丁韪良开始着手翻译美国人惠顿的《万国公法》（*Elements of International Law*），1864 年（同治三年）京师同文馆刊行。该书受到恭亲王等人的称誉，由总理衙门拨专款付印出版。《万国公法》是当时最新和最为通用的国际法蓝本。其作者惠顿是美国著名的律师，被派赴欧洲任外交官达 20 年之久。1847 年他回美国任哈佛大学国际法教授，被认为是国际法权威。该书对近现代中国政治思想的影响非常重要，它让中国人首次接触到"权利、主权、人权、自由、民主"等观念，为中国开启了走向世界的大门。《万国公法》出版后第二年，日本开成书局就把它翻译过去，并在日本先后翻印了五次。日本"明治维新"之后，该书成为日本法学的教科书。这表明，近代中国受到西方"权利"和"人权"理念的熏染实际上比日本更早。

如何界定和解释"人权"一词，是法哲学一个很有意义的课题。学者们试图通过界定"人权"一词来阐发自己的人权主张，甚至作为建构其人权理论体系的基点。人权一词作为正义的诉求和表达，释放了一种传达实践理性要求的权利语言。在《人权与约法》一文中，胡适将人权

---

① 参见金观涛、刘青峰《观念史研究：中国现代重要政治术语的形成》，法律出版社 2009 年版，第 103—104 页。

界定为身体自由与财产权。在《论人权》中，罗隆基把人权定义为"做人的那些必需的条件"，不仅涵括"衣、食、住"的权利，还涵括保障身体安全的权利，是个人享受幸福和达成至善的必要条件。① 约翰·汉弗莱认为，人权是保持人的尊严"必不可少的权利"。② 联合国前秘书长加利指出，人权是"指没有歧视地享有所有权利的权利"③。

　　启蒙思想家将人权称为"天赋人权"，格劳秀斯在其名著《战争与和平法》中设专章阐释"人的普遍权利"，斯宾诺莎在《神学政治论》中，用"自然法的主张和天赋之权"为标题论证天赋人权，认为人权是人与生俱来、不可剥夺、不能转让的自然而然的权利。卢梭认为人权就是作为人的资格，放弃本人的自由，则等于"放弃自己做人的资格，就是放弃人类的权利"④。

　　李步云教授认为，人权是人按其自然属性和社会本质所应当享有的权利。⑤ 李步云教授强调区分"人权"与"人权概念"，认为"本质上人权是客观存在的，而人权概念是主观的"⑥。李龙教授认为，人权是人自由地主张自己"正当利益的资格"⑦。因此，我们可以从内涵与外延两个层面来厘定人权范畴。从内涵上分析，人权至少包括五个要素：（1）资格。人权是做人的资格。（2）自由。无自由即无权利。（3）利益。是人权的内容。（4）正当或正义。人权是一种正当的要求，特权因不具正当性而不是人权。（5）主张或要求。人权是一个非自足的概念，需要政府和社会其他成员配合才能实现。从外延来看，包括三个层面：广义人权，也就是人作为人应当享有的无须证明的权利，即应然人权，或道德人权；中义人权，即法定人权；狭义人权，即人能够实际享有的人权，也称实然人权。

---

　　① 罗隆基：《论人权》，参见刘军宁《北大传统与近代中国——自由主义的先声》，中国人事出版社 1998 年版，第 145 页。

　　② ［加］约翰·汉弗莱：《国际人权法》，庞森等译，世界知识出版社 1992 年版，第 11—12 页。

　　③ 刘楠来：《发展中国家与人权》，四川人民出版社 1994 年版，第 291 页。

　　④ ［法］卢梭：《社会契约论》，何兆武译，商务印书馆 1962 年版，第 16 页。

　　⑤ 李步云：《社会主义人权的基本理论与实践》，《法学研究》1992 年第 4 期。

　　⑥ 陈佑武：《人权的原理与保障》，湖南人民出版社 2008 年版，第 18 页。

　　⑦ 李龙：《法理学》，人民法院出版社、中国社会科学出版社 2003 年版，第 149 页。

第二节 人权的理论向度

人权理论是对人权现象展开现象学研究与思考的成果。"现象学"的意义在黑格尔看来，就是由现象去寻求本质，黑格尔专门阐释了他的精神现象学，就是要"从现象与本质的统一性"出发，目的就是透过现象认识本质，最后达致"绝对知识"。① 康德将现象学的主要任务界定为区分感性与理性的界限，确定感性原则的有效性与限度，由不可知论出发，圈定"经验知识"的范围，将其局限在现象领域，不允许其过问"本质"或"物自体"。② 胡塞尔提出了"直观本质"或"洞见本质"的所谓现象学方法，其现象学方法分为两个层面："本质的还原"与"先验的还原"。所谓"本质的还原"，就是在对象方面清除特殊事实，还原至本质或本质联系，即具有普遍性的"本质"或"共相"。所谓"先验的还原"，就是用淘汰或排除等方法，使个别意识的主体，清除掉所有旧的权威、成见、信念等，还原至所谓"纯意识"、先验意识。用此先验的"纯意识"去直观或洞见那独立永恒普遍的本质，此即胡塞尔所谓"直观本质"。③ 所以，当人们研究与观察人权现象时，基本方法就是由表及里，由外在的人权现象去洞见人权的内在本质，进而生成各式各样的人权理论。

一 人权的哲学向度

（一）人之主体性的权利确认

从普罗泰戈拉宣称"人是万物的尺度"，至苏格拉底提醒"认识你自己"，再到笛卡儿论证"我思故我在"，人的主体性成为哲学最核心的问题之一。主体性既是人作为主体所具有的性质，又是人作为主体的根据和条件。如海德格尔所说，主体性建构了主体。在人与万物的关系中，

---

① ［德］黑格尔：《精神现象学》上卷，贺麟、王玖兴译，商务印书馆 1962 年版，第 9 页。

② ［德］黑格尔：《精神现象学》上卷，贺麟、王玖兴译，商务印书馆 1962 年版，第 9 页。

③ 参见 ［德］黑格尔《精神现象学》上卷，贺麟、王玖兴译，商务印书馆 1962 年版，译者导言第 13—14 页。

人是世界的中心，人是作为主体而存在的。舍勒指出："任何外界的存在……都应该首先归于人。一切形式的存在都依赖于人的存在。"① 他强调唯有从哲学人类学所倚重的"人的本质"出发，方能得出关于所有事物最终基础的"真正属性"的结论。② 舍勒企图通过世界万物依赖于人的本体论哲学主张来证明人的尊严与力量，高扬人的主体性。③

人权发展是一个历史过程，人之主体性的澄明无疑也是一个社会历史过程。亚里士多德被认为第一个使用主体范畴，但是他讲的主体并非专指人，一切实体都可被作为主体而存在。从"实体主体"到近代的"认知主体"，再到现代的"生命主体"，勾勒出哲学从本体论到认识论，再到人本学的路线图。其理论逻辑是由对外在物的探讨，经过意识中介，最后向人本身的回归，不仅关注人生存的价值与意义，更关心"生命主体"的自由和权利。

马克思的实践哲学提供了科学认识主体性问题的理论根据和新的视域，实践被视为人之生存方式，是价值性和事实性相统一的活动，马克思特别强调，人是主体，自然是客体，他指出："主体是人，客体是自然，这总是一样的，这里已经出现了统一。"④ 马克思认为，人类是所有人的统一体，"那么，人类也同样是所有人的统一体，而正象我们只有统一的上帝一样，我们只有统一的人"⑤。马克思还专门谈到了人权，并评论和指出了资产阶级民主主义者的人权观念的阶级局限性。他说："按潘都尔兵——奥地利边防军马队的看法，这种单独联盟的权利，就是首要的人权。""这就是说，我们首要的'天然'人权是重新召集布拉格斯拉夫人代表大会这个立法机构。这是向施瓦尔岑堡——施塔迪昂内阁提出的天真的要求！"⑥ 人权是人之主体性的权利要求，是具体的人有尊严地生活的必须具备的权利，恩格斯在《反杜林论》中谈到了个人作为主体

① 转引自［苏］佩弗·科尔涅耶夫《现代哲学人类学批判》，李昭时译，东方出版社1987年版，第24页。

② ［德］舍勒：《人在宇宙中的位置》，达姆施塔特，1928年版，第11页。

③ 谷方：《主体性哲学与文化问题》，中国和平出版社1994年版，第2页。

④ 《马克思恩格斯全集》第46卷上册，人民出版社1979年版，第22页。

⑤ 《马克思恩格斯全集》第41卷，人民出版社1982年版，第249页。

⑥ 《马克思恩格斯全集》第43卷，人民出版社1982年版，第388页。

的权利，比如，"公共权利"及"对物的权利"等，并指出，当每个经济公社同样成为权利主体之时，这种权利则事实上"既是个人的又是社会的所有制"。① 马克思洞穿了资产阶级人权的虚幻，提出人权是权利与义务的统一，他说："没有无权利的义务，也没有无义务的权利。"②

（二）合乎人性的存在方式

陈佑武教授指出："人性是人权证成的基石，也是将人与人权连接起来的桥梁。"③ "人性之无分于善不善也，犹水之无分于东西也。"④ 人性是人与其他动物相区别的质的规定性，被认为是与生俱来的人之所以为人的共同属性。具体来说，人性就是指人所具有的正常的感情和理性。孔子曰"性相近，习相远也"，人性与"兽性"在意义上相对立，与"人道"一词意义相近，表现为对生存的渴望，对同类的同情与同理心。现代社会学家认为，世界上只有一个人类，只有一种人性。马克思主义强调，在阶级社会中不存在超阶级的人性。人性并非一成不变，正如古人云："玉不琢，不成器，人不学，不知义……人之性，因物而迁，不学，则舍君子而为小人，可不念哉。"⑤ 因此，人性是在一定的社会制度和历史条件下形成的人的品性，值得强调的是，人的尊严和权利是人性珍视的重要价值。李步云教授认为，所谓"人性"，是指人的自然属性，包括天性、德性与理性三个要素。⑥ "天性"就是指人的生命得到保障，人身安全免受伤害，人身自由与思想自由不被禁锢，最低生活受到保障，拥有追求幸福的一切权利等，所有这些要求"都是人的天性与本能"。"德性"是指，人是有道德追求的高级动物，人有"同情心""怜悯心"和"恻隐心"。"理性"指的是理性认知能力与理智克制能力，人们通过理性，可以认识世界，掌握万事万物之规律，进而改造世界，同时，依靠理智判断，避免干不合情理的事情，不谋非正当与非法的利益。

人作为历史性的存在，人权是合乎人性的存在方式。在西方哲学中，

① 《马克思恩格斯全集》第26卷，人民出版社2014年版，第306页。

② 《马克思恩格斯全集》第44卷，人民出版社1982年版，第573页。

③ 陈佑武：《人权的原理与保障》，湖南人民出版社2008年版，第83页。

④ 《孟子·告子上》。

⑤ 欧阳修：《诲学说》。

⑥ 李步云：《论人权的本原》，《政法论坛》2004年第2期，第11—19页。

人的存在和自由是主体性的重要视域。在古希腊，哲学家很早就在思考如何让城邦中的人过上善的生活，然而，城邦至上的理念消解了个体权利，美妙的"理想国"远比个人受到青睐，亚里士多德在《政治学》中强调，唯有归依城邦，人才是实体存在。人类遗忘了自己的感性存在，也遗忘了自己的权利。在中世纪，个体权利和自由受到了神权和世俗权威的双重宰制。近代以降，文艺复兴、宗教改革和启蒙运动，将人从天国拉回人间，人类重新找回了自己，发现了自己的权利。社会契约论尊重个人的意志和自由，但个体在转让其部分权利给国家之后，又受到新的以国家权力为名的压制与奴役，正如卢梭所言"人生而自由，却无往不在枷锁之中"①。20世纪上半叶，法西斯国家挑起两次世界大战，人性和人的生命遭到亘古未有的浩劫，人的尊严和权利被法西斯极权无情吞噬。纽伦堡审判和东京审判不仅是对正义的匡扶，更是人性和人权的重生。

在古代中国，虽然"殉葬人祭""肉刑""等级特权"漠视、摧残人的尊严和权利，但人们争取权利的努力并没有停歇。儒家"三圣"提出了仁政、人性、民生等理念，被视为一种道德人权理念，儒家特别重视伦理，意图依靠道德力量或统治者的恩典去获得权利，显然带有空想性与被动性，但儒家的"仁爱"思想与墨家的"兼爱"思想应该算是早期人权精神的萌芽。此外，肉刑的废除是中国古代刑制从野蛮时期进入文明时代的转折点，也是古代中国人权的一大进展，人的生命与人权第一次得到应有的尊重，《荀子·正论》记载："世俗之为说者曰：治古无肉刑。"所谓"治古"，指的是尧、舜太平盛世。《汉书·刑法志》中说："禹承尧、舜之后，自以德衰而制肉刑，汤、武顺而行之者，以俗薄于唐、虞故也。"这是说，肉刑始于夏、商、周三代。汉文帝在位期间，先后废除了肉刑中的墨、劓、斩左右趾（剕刑）和宫刑，被后人誉为"千古之仁政"。在之后长达二千多年的封建专制社会里，人权被以"三纲五常"为代表的等级特权长期压制，发展缓慢。近代以降，西方的坚船利炮击穿了中国的大门，一方面中国人的生命权和生存权等基本人权受到惨无人道的极大摧残，另一方面，西方的启蒙人权思想也传入中国，自

① ［法］卢梭：《社会契约论》，罗玉平、李丽译，人民日报出版社2007年版，第19页。

由、平等的现代人权观念开始传播，产生影响。辛亥革命推翻千年帝制，将人权从专制的桎梏中解放出来，孙中山提出以"民族主义、民生主义、民权主义"为内容的"三民主义"，希望"人能尽其才，地能尽其利，物能尽其用，货能畅其流"，① 虽然其主张没能真正实现，但已使"人权"理念深深植根于国人心中。新中国的成立，不仅使整个民族获得独立与解放，而且开辟了中国人权事业的新纪元，人权正式成为中国人不懈追求的伟大目标，中华民族开始全方位建构合乎人性的存在方式。

（三）人与人关系的法律建构

人权建构的是一种社会联系，人权本身是一个难以自我实现的非自足概念，权利是一种要求，需要社会和他人的配合才能实现。李龙教授认为，人权作为人类相互之间冲突和协调的产物，表征为"一切人对一切人的主张"，权利关系各方涵括政府与政府以外的其他社会组织与个人。② 马克思指出，建立在独立的主体之间的相互关系，不是自然联系，而是一种社会关系。他强调，"在社会中进行生产的个人"，毫无疑问被视为出发点。同时，马克思指出，"单个的孤立的猎人和渔夫"被亚当·斯密与李嘉图确立为出发点，马克思斥为"鲁滨逊一类的故事"和过时的"缺乏想象力的虚构"。关于卢梭的社会契约论，马克思认为，卢梭意图依靠契约来构建"天生独立的主体之间"的相互关系与联系，其并不是以自然主义为基础；实际上，这是对于走向成熟"市民社会"的预感。进入"自由竞争"时代，单个人摆脱"自然联系"，但在过去，自然联系却使其作为"一定的狭隘人群的附属物"③。人是一切社会关系的总和，人权生成于人与人结成的社会关系。马克思指出：由于人的本质就是"人的真正的社会联系"，在实现自身本质之过程中，创造与生产"人的社会联系、社会本质"，"有没有这种社会联系，是不以人为转移的"④。离开了人的社会属性，人权就失去了赖以存在的条件。美国人权法学家唐纳利指出："人权产生于人的活动；它们并不是上帝、自然或者生活中

---

① 《上李鸿章书》，详见《孙中山全集》第 1 卷，中华书局 1981 年版，第 17 页。
② 李龙：《法理学》，人民法院出版社、中国社会科学出版社 2003 年版，第 150 页。
③ 《马克思恩格斯全集》第 46 卷上册，人民出版社 1979 年版，第 18 页。
④ 《马克思恩格斯全集》第 42 卷，人民出版社 1979 年版，第 24 页。

的有形存在赋予人的，人权代表着一种社会选择。"① 人权勾画了人与人之间的法律关系，法律确立权利主体相互之间的秩序，厘清权利和权利之间的边界，没有限制的自由以及权利的过度行使，不仅不能实现权利，还会破坏人与人之间的社会关系。法律是人权的保障，以人权为内容的法律关系有利于社会关系的理性构建。

二　人权的经济向度

前联合国人权委员会教育权特别报告员卡塔丽娜·汤姆舍夫斯基（Katarina Tomaševski）博士（1953 年—2006 年）在《人权的经济成本》一文中指出："人权的实现需要国家投入一定的成本。"文章的结论提出了十分令人担忧的问题，第一次明确地提醒世人"人权过于昂贵"。同时提出了一个新问题，如何才能"避免将人作为人力资本而非权利主体"②。马克思早已指出，人权不是天赋的，而是历史地产生的。因此，人权不是天外来客，也不是空中楼阁，人权作为社会的上层建筑，必须建立在一定的基础之上，这个基础就是经济基础。"即在经济中，为自己既找到经验的基础，也找到理论的基础。"③ 所有的权利归根到底要以经济条件为基础，马克思认为：这些权利归根结底"全都以经济条件为基础"，经济条件既是国家赖以建立的基础，又是它的前提。④

人权的经济向度，可从三个层面来解析，一是人权生成于经济关系，在人类社会的早期，人们并没有权利要求，但随着生产力的发展，私有制的产生，人们之间的经济关系渐渐开始变得非理性和不平等，于是逐步产生了权利意识和权利要求；二是人权的性质决定于经济关系，不同经济关系性质的社会，其人权性质不同，甚至人权的具体样态也有区别，建立在资本主义经济基础之上的平等和自由只是形式上的自由和权利，只有在社会主义经济基础之上才可能实现真正的实质的权利；三是人权

---

① ［美］杰克·唐纳利：《普遍人权的理论与实践》，中国社会科学出版社 2001 年版，第 13 页。

② Katarina Tomaševski：《人权的经济成本》，张伟译，《中国政法大学学报》2016 年第 2 期，第 143—157 页。

③ 《马克思恩格斯全集》第 42 卷，人民出版社 1979 年版，第 120—121 页。

④ 《马克思恩格斯全集》第 45 卷，人民出版社 1985 年版，第 647 页。

的发展水平决定于经济关系，实现人权需要一定的经济成本，人权的实现程度受到经济发展水平制约。

三　人权的文化向度

虽然人权的发展离不开经济基础，但人权的发展并不是简单的经济决定论，还会受到本土人权文化和人权精神的深刻影响。人权是历史和文化建构的产物，各个国家的人权样态和人权理论无不是本国主流文化在人权领域的镜像，中西方人权观的异质性缘于各自文化与价值选择的差异。在中文里，"文化"被认为是"人文化成"一语的缩写，此语出于《易经》贲卦象辞——"观乎人文，以化成天下"。作为一种社会历史现象，文化是人类生产创造生成的果实，概言之，文化就是人类在整个社会历史进程中所创造生产的物质财富与精神财富的总和，是人类所有物质表象与精神内在的整体。内容涵括历史、习俗、工具、宗教、文学、法律、制度、价值观等，类分为物质文化、制度文化和心理文化等层面。在《论法的精神》一书中，孟德斯鸠很早就洞悉，法的精神内蕴诸多文化元素，认为法律同政体、自然地理环境、宗教、风俗习惯等各种因素有关系，法律之间也有关系，这些关系最终构成"法的精神"。事实上，人权精神同样来自人权文化的恒久孕育，与各自国家的多种文化元素相关联，传承特定的文化基因。

中国古代人权精神生成于礼治文化，这种文化侧重对最高人生价值的追问，人生价值的完满，重视人际的和谐，重视群体权利。孟子曰："天时不如地利，地利不如人和。"荀子说："万物各得其和也生。"《中庸》："和也者，天下之达到也。"孔子说："仁者人也"，主张"推己及人"，"己所不欲勿施于人"，既要维护个人的权利，又要尊重他人的权利。西方人权理念发源于法治文化，看重人权现实的功用，重心在人的现实权利的实现，强调个人权利，西方文化凸显个人主义，将个体视为人类社会的基点，决定每个人生存方式与生存质量的是个人自身的能力，有个人才有社会整体，个人高于社会整体。中国古代人权精神显现了其高远性、和谐性、完满性，充满形而上学的色彩，可谓"有神无体"；西方人权理论的致用性、个体性、务实性，重心在人权制度，凸显"形而下"的气质，被谓之"有体无神"。①

第三节　人权的生成与演进逻辑

一　权利的缘起与生成

人权根源于哪里？学界有不同的观点，有的认为源于人的属性，有的认为源于人以外的神秘力量，如天赋人权论、神赋人权论；有的则从规则中寻找人权的渊源，有的提出商赋人权。陈佑武教授梳理了学界在此问题上的主要观点有十多种："斗争得来说""商赋人权说""国赋人权说""学赋人权说""生赋人权说""行赋人权论""道德权利说""契约主义说""自然法与习俗说""良心说"和"人性说"，等等。②

关于人权的生成，西方人权理论大致有三种观点："天赋人权""法律权利"和"社会权利"论说。"天赋人权"即自然权利，认为人权与生俱来，不证自明。"法律权利"也称"法赋人权"论，认为人权不是生而有之的，而是法律赋予的。"社会权利"认为，人是一种"政治动物""社会动物"，人们之间存在着一种连带关系。个人的权利与社会的整体利益需要法律予以调整，从而产生了人权问题。

国内学者的主要观点有："斗争得来说""国赋人权说""商赋人权说""生赋人权说"。"斗争得来说"如毛泽东所指出的，"自由不是恩赐的，是斗争得来的"。"商赋人权说"认为"人权是资本主义商品经济的产物"。"生产方式说"被简称为"生赋人权"，强调人权是由社会特定生产方式或者经济关系所赋予。"国赋人权"论认为，人权是国家权力的基础，国家权力应当保障人权。这个观点源自但丁，其最早提出"帝国的基石则是人权"。事实上，人权既不是天外来客，也非纯粹主观臆想，而是由特定社会的经济结构以及受此制约的社会的文化的发展状况所决定的。李步云教授指出，"人权源于人的本性"。③ 马克思主义也认为，人性是自然属性和社会属性的统一。显然，李步云教授提到的"人的本性"

---

① 屈新儒：《中西人权观的差异之处与融合之道》，《西安政治学院学报》2005 年第 5 期。
② 陈佑武：《人权的原理与保障》，湖南人民出版社 2008 年版，第 20 页。
③ 李步云：《论人权的本原》，《政法论坛》2004 年第 2 期，第 11—19 页。

概念与马克思主义的"人性"概念是基本同质的。概言之，人权的生成离不开现实物质生活条件，同时也是历史和文化建构的产物。

二 单向度思维逻辑的否定

马尔库塞认为，盛行当今发达工业文明的实证主义和分析哲学都是推崇肯定性思维的单向度哲学（one-dimensional philosophy），① 扼杀人的否定性思维和意志自由，人的独立思考与意志自由，以及政治反对权等基本"批判功能就逐渐被剥夺"②。只有肯定没有否定，只论事实不论事因，将人限定在有限的经验世界之中，给人思想戴上锁链，进行有意识的意识操控。在规律至上的实证精神面前，人只是工具而已，人的主体性荡然无存。③

长久以来，西方人权话语与理念一统天下，"自由主义""天赋人权"被确定为人权的"元叙事"，自由主义和天赋人权成为人权的唯一正确的标准和版本。在现实的国际人权话语中，已铸成单向度的肯定性思维。然而，否定性意识的缺失，客观上加剧了西方人权话语霸权的形成与盘踞。其大肆宣扬的自由、民主、人权被塑造成所谓的"普世价值"，"大多数人权教科书把正统的自由主义人权理论作为阐述的重点，似乎权利理论之外就没有什么人权理论了"④。发展中国家的生存权和发展权等人权因与西方人权话语体系不一致而难以得到它们的认可。事实上，西方鼓吹的所谓市场自由、贸易自由、金融自由，实质上只有资本的自由，其醉翁之意不在酒，而在于消解发展中国家的经济主权，扩大"世界范围内的贫富分化"⑤。维护垄断集团的超额利润，加剧全球的不平等现状，铸造垄断资产阶级的全球权力，自由主义所谓的自由允诺与神话，"已经

① ［德］赫伯特·马尔库塞：《单向度的人——发达工业社会意识形态研究》，刘继译，上海译文出版社 2008 年版，第 136 页。

② ［德］赫伯特·马尔库塞：《单向度的人——发达工业社会意识形态研究》，刘继译，上海译文出版社 2008 年版，第 4 页。

③ 参见田仁湛《马尔库塞个体解放思想研究》，博士学位论文，武汉大学，2017 年。

④ ［英］科斯塔斯·杜兹纳：《人权的终结》，郭春发译，江苏人民出版社 2002 年版，第401 页。

⑤ 王永贵：《新自由主义思潮的真实面目》，《理论参考》2016 年第 6 期，第 58—60、63 页。

成为不屑一顾的笑话"①。西方常常打着"人权高于主权"的旗号，侵犯他国主权，制造人道主义灾难，英国前首相布莱尔宣称，"不干涉主权国家内政是有限度的"。捷克前总统哈维尔更是直言不讳，"国家主权不可避免地将要消亡"。② 利比亚、叙利亚等国家和地区的人民就不幸成为这样的"人权与人道灾区"。科斯塔斯·杜兹纳认为，"从符号学上看，权利完全是一种人为的建构，出现在欧洲知识史和政治史中是历史的偶然"。③ 杜兹纳指出，人权的目标如同自然法的目标，是仍未兑现的承诺，是一个"反对现在的不确定性"。尽管其现在还没有实现和不确定，但并非可有可无，人权的目标依然十分必要，杜兹纳提醒世人说："当人权失去了乌托邦的目标时，人权也就终结了。"④

三　人权理论的辩证想象与发展

"天赋人权"等西方人权理念只是特定历史时空下的阶段性产物，并不是人权理论的所谓终极真理，其理论观点早被学者解构。杜兹纳认为："人权建构了人。"⑤ 据此他才推断，"奴隶和动物不是人，因为它们没有人权。"⑥ 由于不赞成人权是与生俱来和天赋的，所以他认为："不是人享有权利，而是权利塑造了人。"⑦ 习近平总书记指出，人类社会的共同奋斗目标就是，实现人民充分全面享有人权。"人权保障没有最好，只有更好。"⑧ 发展是人权永恒的主题。习总书记饱含深情地说："我们的人民热

---

① 马也：《论新自由主义的三项基本原则》，《马克思主义研究》2006 年第 2 期，第 82—90 页。

② 杨泽伟：《国际法上的国家主权与国际干涉》，《法学研究》2001 年第 4 期，第 144—153 页。

③ ［英］科斯塔斯·杜兹纳：《人权的终结》，郭春发译，江苏人民出版社 2002 年版，第 268 页。

④ ［英］科斯塔斯·杜兹纳：《人权的终结》，郭春发译，江苏人民出版社 2002 年版，第 408 页。

⑤ ［英］科斯塔斯·杜兹纳：《人权的终结》，郭春发译，江苏人民出版社 2002 年版，第 399 页。

⑥ ［英］科斯塔斯·杜兹纳：《人权的终结》，郭春发译，江苏人民出版社 2002 年版，第 400 页。

⑦ ［英］科斯塔斯·杜兹纳：《人权的终结》，郭春发译，江苏人民出版社 2002 年版，第 400 页。

⑧ 习近平：《致"2015·北京人权论坛"的贺信》，《人民日报》2015 年 9 月 17 日第 1 版。

爱生活"，热切期盼更好的教育、工作、收入、社会保障、医疗卫生服务、居住条件及环境，希望孩子们能成长、工作和生活得更好。"人民对美好生活的向往，就是我们的奋斗目标。"① 发展承载了"人民对美好生活的向往"所涵摄的全部权利要求。发展是人权永恒的主题，也是人权理论永恒的主题，人权理论的辩证思维与想象就是将人权现象作为一个整体，从人权现象内在矛盾的运动、发展及各方面的相互联系中进行考察，才能从本质上系统地、完整地认识人权和发展人权。"人权是社会想象内核中的否定性原则。"② 其本身就是一个不断发展的概念。"主义"一词最早出自司马迁的《史记》："敢犯颜色，以达主义，不顾其身。"③ 主义就是指人们推崇的观点和主张。发展主义并不是西方所称的 GDP 至上"唯发展主义"，而是全面的科学的发展。其科学内涵包括：以发展为理念，以人民为中心，以人的全面发展为崇高目标的发展。正如马克思所指出的那样，将每个人的自由发展作为"一切人的自由发展的条件"④。

在新发展理念视域下考察和建构人权理论，就是要摒弃"天赋人权"虚幻的形而上学思维，根除其唯心主义土壤，以辩证的思维和想象去探寻人权发展过程中带有必然性的一般规律，寻找人权发展的历史逻辑和现实逻辑，达成历史与逻辑的统一，指导建构人权的未来，构筑由"必然王国"通往"自由王国"的康庄之路，实现人类"自由人的联合体"梦想。

第四节　人权理念与话语体系

人权主要矛盾既是人权发展的核心问题，更是人权发展的强大动力。毛泽东指出，对于任何问题，假如存在两个或两个以上矛盾的复杂过程，就必须用全力找到其主要矛盾。抓住了问题的主要矛盾，"一切问题则迎

---

① 《人民对美好生活的向往　就是我们的奋斗目标》，《人民日报》2012 年 11 月 16 日第 4 版。

② ［英］科斯塔斯·杜兹纳：《人权的终结》，郭春发译，江苏人民出版社 2002 年版，第 408 页。

③ 《史记·太史公自序》。

④ 《马克思恩格斯文集》第 2 卷，人民出版社 2009 年版，第 53 页。

刃而解了"。①

一　人权的主要矛盾

厘清新时代中国特色社会主义人权发展的主要矛盾，就要厘清社会主义基本矛盾与主要矛盾的逻辑关联。毛泽东同志指出，社会主义社会基本矛盾就是生产力和生产关系之间的矛盾，上层建筑和经济基础之间的矛盾。② 这个基本矛盾将贯穿中国特色社会主义整个历史阶段，决定社会主义人权发展的基本性质。和基本矛盾不一样的是，主要矛盾则随同时代发展而变化，在社会主义社会各个不同历史阶段，均有不一样的表现形式，主要矛盾在所处历史阶段的矛盾体系里居于中心地位，对这个历史阶段的人权发展具有全局性和决定性意义。

我国社会主要矛盾的演进可界分为三个历史阶段，第一，社会主义建设时代，时间大致跨越 1949 年至 1978 年这一时期，党的八大首次确认，阶级斗争已不再是当前社会的主要矛盾，社会的主要矛盾已经转换为"人民对于经济文化迅速发展的需要"和"当前经济文化不能满足人民需要"两者之间的矛盾。第二，改革时代，时间大致跨越 1979 年至 2011 年这一时期，党的十一届六中全会决议认为：在这一阶段，我国社会主要矛盾转变为"人民日益增长的物质文化需要"与"落后的社会生产"两者之间的矛盾。第三，中国特色社会主义新时代，亦即 2012 年党的十八大之后，党的十九大报告强调：我国当下社会主要矛盾已转变为"人民日益增长的美好生活需要与不平衡不充分的发展之间的矛盾"。③ 此为十九大报告关于社会主要矛盾做出的重大理论与实践突破，这是一个科学的判断，因为社会主要矛盾的转换是中国经济社会发展规律的必然结果。社会主要矛盾必然包含人权发展的主要矛盾，人权发展的主要矛盾就是，人民日益增长的美好生活需要所涵摄的权利要求与权利不平衡不充分发展之间的矛盾。其中，人权发展的不平衡，成为制约人权发展

---

① 《毛泽东选集》第 1 卷，人民出版社 1991 年版，第 322 页。

② 毛泽东：《关于正确处理人民内部矛盾的问题》，《人民日报》1957 年 6 月 19 日。

③ 习近平：《决胜全面建成小康社会　夺取新时代中国特色社会主义伟大胜利——在中国共产党第十九次全国代表大会上的报告》，人民出版社 2017 年版，第 11 页。

的最关键因素，同时成为新时代人权主要矛盾的主要方面。矛盾的两个方面，必然有一个方面是主要的，另一个方面则是次要的。人权发展的性质，"主要地是由处于支配地位的矛盾的主要方面所规定的"。① 必须说明的是，虽然人权发展并没有达到理想的最高水平，人权发展不充分仍然是矛盾的重要方面，但人权发展的不平衡已成为新矛盾，且比人权发展不充分更加凸显。

经济权利发展不平衡不充分。典型体现就是收入分配权发展不平衡不充分，城乡收入不平衡，2016 年城乡居民人均可支配收入之比仍旧高达 2.72 倍。区域收入不平衡，地区收入差距较大，2016 年北京与上海等地的人均收入是西部地区的三倍。② 人群收入不平衡，2016 年基尼系数依旧高达 0.465，明显高于 0.4 的国际警戒线，处于差距较大区间。收入不充分，2016 年我国人均国民收入为 8260 美元，已达致世界平均水平之80%，但仅为美国的 15%，③ 同世界发达国家相比，仍有较大差距。

发展权利不平衡不充分。以创新发展为例，行业创新不平衡，燃气、电力等传统行业的研发投入占主营业务成本的比重不足 0.01%，明显低于铁路、航空、仪器仪表等行业的 0.05%—0.07%。区域创新不平衡，2016 年东部人均投入研发经费 1363 元，中部和东北仅仅为东部的 1/3，西部只有东部的 1/5。创新不充分，我国专利申请数量已接近世界总和的一半，但产业化比率低。中国高技术产业增加值已居全球第一，但其劳动生产率明显低于美国。④

教育权利发展不平衡不充分。教育普及率发展不平衡，学前教育毛入园率 77.4%，高中阶段教育毛入学率 87.5%，高等教育毛入学率42.7%；⑤ 教育类型发展不平衡，中等职业学校师生比显著低于高等教育、普通中学、小学，现代职业教育发展滞后；教育经费投入不平衡，

---

① 《毛泽东选集》第 1 卷，人民出版社 1991 年版，第 322 页。

② 国家统计局：《中国统计摘要 2017》，中国统计出版社 2017 年版，第 61 页。

③ 胡鞍钢、程文银、鄢一龙：《中国社会主要矛盾转化与供给侧结构性改革》，《南京大学学报》（哲学·人文科学·社会科学版）2018 年第 55 卷第 1 期，第 5—16、157 页。

④ 本节所引数据，若无特别说明，均转引自胡鞍钢、程文银、鄢一龙《中国社会主要矛盾转化与供给侧结构性改革》，《南京大学学报》（哲学·人文科学·社会科学版）2018 年第 55 卷第 1 期，第 5—16、157 页。

⑤ 国家统计局：《中国统计摘要 2017》，中国统计出版社 2017 年版，第 108 页。

2015 年，财政教育经费支出占总教育经费比重过高，升至 81%，社会办学力量明显不够。城乡区域教育发展不平衡，不论是从教育经费投入、教育质量还是就学机会看，农村都明显落后于城市，中西部都明显落后于东部；教育发展不充分，2016 年，全国高校研发人员和研发经费仅占全国的 9.4% 和 7%，进入世界百强高校仍寥寥无几。

健康权利发展不平衡不充分。医院类型不平衡，公立医院过于拥挤，2016 年，公立医院平均诊疗人次和入院人数分别为 22.43 万人次和 1.16 万人，而民营医院仅为 2.56 万人次和 0.17 万人，相差达 10 倍；城乡医疗卫生不平衡，2016 年城市和农村每千人口床位数分别为 8.41 和 3.91，并且差距仍未有缩小的趋势；区域医疗卫生不平衡，2015 年，东部、中部、西部、东北部每万人拥有的执业医师数分别为 24.96 人、20.90 人、21.04 人、23.32 人，注册护士数分别为 26.89 人、22.28 人、22.08 人、22.88 人；医疗卫生发展不充分，护士配备严重不足，医护比仅为 1∶1；执业医师大学本科及以上学历者比率仅为 45%；注册护士大学本科及以上学历者比率仅为 10%。

社会保障权发展不平衡不充分。城乡社会保障不平衡，2013 年被纳入城镇人口统计的 2 亿多名农民工尚未能与城镇居民平等享受医疗、养老等基本公共服务。区域社会保障不平衡，2016 年失业、工伤、生育、医疗、养老基金的结余在东部地区分别为 560 元/人、148 元/人、83 元/人、1906 元/人、540 元/人，位居全国最高水平，东北地区次之，西部和中部地区最差；社会保障不充分，中国养老保险覆盖率已高达 85%，但养老保障水平还不够充分，难以满足人口老龄化的需要。

环境生态权利发展不平衡不充分。区域生态发展不平衡，一般工业固体废物产生量排名第一的河北为 33236 万吨，约为排名最后的海南的 101 倍。环境质量从东到西依次递增，呈现不平衡态势。城乡生态不平衡，随着城市和工业污染逐渐向农村转移，严重危及农村饮水安全和农产品安全。生态发展不充分，世界银行数据显示，中国二氧化碳排放带来的损失占国民总收入比率为 3.1%，远高于美国的 0.8% 和世界平均水平的 1.4%；能源消耗占国民总收入比率为 0.4%，远高于美国的 0.05%。78.4% 的城市空气质量未达标。

因此，当下我国人权发展的主要矛盾仍较为突出，需要通过科学发展加以解决。矛盾推动社会发展，也必将推动人权发展，生产力是社会基本矛盾中最根本的动力因素。就某个特定时代而言，社会主要矛盾是推动这个时代发展的根本动力。① 所以，人权的主要矛盾就是推动新时代人权发展的根本动力。

二　人权理论与话语体系的发展完善

当下，西方人权理论及话语体系大行其道，在国际人权场域，所谓"普世价值"的话语霸权横行，是西方推行其自私自利政治图谋的典型工具。因此，发展建构完善中国特色的人权理论及话语体系就是一个十分紧迫和重要的问题。人权话语体系对人权发展来讲是极为重要的，一个未能拥有人权话语体系的国家，必然在国际人权场域丧失发声的权利能力与行为能力，在西方人权话语霸权的打压之下失去话语权，必然在国际人权交流中失语和失声，丧失人权发展的广阔的有利空间。在学术领域，"话语体系"成为学术交往在一定社会境遇中使用的范式，学术话语体系建构直接关系到学术话语权的生成，无学术话语权的学术话语体系是苍白无力的。② 当下我国人权学术领域最突出的问题，就是没有自己强有力的完善的人权话语体系，以致很多学者在发表人权论文或出版人权专著时，偏爱使用西方人权话语体系，简单采取拿来主义，学术舶来品泛滥，特别是在一些国际学术会议和论文中大量使用西方的人权话语，缺少自己的话语及主张，如果不能及时改变这种现象，就会在事实上被边缘化。显然，构建当代中国特色人权话语体系这个问题，已直接关系到中国人权发展的未来。

如何构建当代中国人权话语体系？当然不可能随心所欲，因为各国国情不同，所以不能简单搞拿来主义，决不能照抄照搬西方人权话语体系。必须将民族语言与时代精神有机结合起来。③ 革除中国人不研究中国

---

① 胡鞍钢、程文银、鄢一龙：《中国社会主要矛盾转化与供给侧结构性改革》，《南京大学学报》（哲学·人文科学·社会科学版）2018 年第 55 卷第 1 期，第 5—16、157 页。

② 冯果：《关于构建经济法学话语体系的若干思考》，《财经法学》2017 年第 6 期，第 84—90 页。

③ 李龙：《论当代中国法学学术话语体系的构建》，《法律科学》（西北政法大学学报）2012 年第 30 卷第 3 期，第 21—26 页。

问题以及不写中国文章的弊病，必须将马克思主义人权理论中国化与中国人权发展经验马克思主义化有机结合起来，在总结我国人权发展经验的基础上揭示人权发展演进的科学规律，这是构建当代中国特色人权话语体系应遵循的基本原则。此外，还应合理借鉴中外优秀人权文化与立足现实的人权理论创新有机结合。构建当代中国人权话语体系，是学术共同体每个成员的共同责任所在，每一个人权教学与科研人员、每一个从事人权实践的中国公民，都应该研究中国人权发展问题，用中国语言写中国文章，这不单纯是一个文风问题，而是事关新时代中国人权事业的发展兴衰。

三　人权发展道路的选择与建构

人权发展道路的选择与建构是一个实践命题，这也是新时代给我们出的一道人权考题，人的自由全面发展将是答题标准，全体人民都是阅卷人。在"第七届北京人权论坛"上，时任国新办主任蔡名照发表开幕致辞，他强调指出，"世界是多向度发展的，没有放之四海而皆准的人权模式"。① 因此，选择什么样的人权模式，建构什么样的人权道路，是每个国家和民族发展人权均面临的重要理论与实践课题，不能脱离国情及文化传统，不能脱离时代的要求，必须在正确的人权理念之下进行科学抉择。蔡名照指出，中国已成功地探索出了一条符合中国国情的人权发展道路。他初步描述了这一道路所具有的理论轮廓：第一，人权普遍性原则和本国国情的结合。第二，人权重点推进和全面发展相协调。第三，和平权和发展权的统一。第四，人权发展当前和长远的关系。第五，人权领域国际对话及合作。只有平等对话与务实合作才能共同推动国际人权事业的健康发展。②

如何构筑中国特色人权发展道路？学界也作了积极的探索与研究，比如，"人民为本"是以董必武为代表的中国先进代表对人权发展道路进

---

① 蔡名照：《坚持走符合中国国情的人权发展道路》，《人权》2014 年第 5 期，第 7—8 页。
② 蔡名照：《坚持走符合中国国情的人权发展道路》，《人权》2014 年第 5 期，第 7—8 页。

行探索的立足点。① 罗豪才指出，中国已经走出了一条中国特色的人权发展道路。这条道路同西方有明显区别，特别强调权利与义务的一致，人权内容既包括公民权利和政治权利，也包括经济、社会、文化权利，还应包括个人权利和集体人权。② 在当代中国人权模式的建构中，马克思主义人权理论仍然是一种主导性的思想资源。③ 马克思坚持以人为本和人的全面而自由的发展是马克思人权观的核心理论基质，是中国人权模式构造的核心理论基础。④ 同时强调，中国人权模式应与《世界人权宣言》精神及中国政府批准的国际人权公约相一致。⑤ 南开大学人权研究中心薛进文教授指出了中国特色人权发展道路所具有的深厚历史及现实基础，内蕴民族传统文化的优秀特质，铭记中国近现代人权历史的深刻烙印，彰显马克思主义人权理念以及党和政府的人权主张，立足基本国情，超越西方人权模式，在人权发展实践中，也已取得辉煌成就。并清晰阐释了其对中国特色人权发展道路的学术理解及观点：第一，坚持生存权及发展权是首要人权。第二，坚持以人为本。第三，个人人权和集体人权的结合，权利和义务的统一。第四，国家权力与公民权利的统一。第五，人与自然的协调发展。第六，人权属于各国国内管辖事项。⑥ 常健教授认为，建构中国特色的社会主义人权发展道路，应该将人权普遍性的原则同中国国情相结合，将生存权、发展权的保障置于首位，集体权利与个人权利协调保障，经济社会文化权利与公民和政治权利平衡保障，国内人权保障与国际人权对话相结合。⑦ 上述探索与研究很有意义。如何谋划与建构中国特色人权发展道路已成为学界普遍关注的学术热点和研究课

---

　　① 汪习根、肖杰文：《中国特色人权发展道路的早期探索与启示——纪念董必武同志诞辰125 周年》，《湖北社会科学》2011 年第 9 期，第 154—157 页。

　　② 罗豪才：《中国特色的人权发展道路》，《人权》2008 年第 3 期，第 4—6 页。

　　③ 林育川：《普遍人权的解构与中国人权模式的价值——基于马克思主义人权理论中国化的分析》，《江苏社会科学》2013 年第 2 期，第 73—78 页。

　　④ 陈福胜、赵紫炎：《马克思人权理论基质及其对中国人权模式构造的意义》，《学术交流》2015 年第 259 卷第 10 期，第 77—82 页。

　　⑤ 黎尔平：《人权及中国人权模式》，《学术界》2011 年第 2 期，第 35—43 页。

　　⑥ 薛进文：《关于中国特色人权发展道路的几个问题》，《南开学报》（哲学社会科学版）2014 年第 5 期，第 1—10 页。

　　⑦ 常健：《中国特色社会主义人权发展道路、理论和制度》，《中国人权评论》2013 年第 2期，第 1—4、176 页。

题，由于这是一条正在建构与发展的道路，既是一个理论命题，又是一个实践命题，必须以新发展理念为指导，顶层设计与摸着石头过河相结合，走出一条人权发展的康庄大道。

徐显明教授认为，"人权作为人生存、发展的基本要求和主体资格，是随着人类文明的不断演进，特别是阶级社会的出现而提出和表达的"，"世界人权的发展，是沿着由少数人到多数人再到所有人都享有并且真正实现人权的轨迹前进的"[①]。尽管古代中国并没有生成现代形态的人权形式与法律制度，但人权的思想元素早已萌生，孟子最早阐释"有恒产者有恒心"的深刻洞见，倡导"民贵君轻"及"黎民不饥不寒"的民本思想，在《荀子》这样的典籍文本中很早就出现"权利"一词，"是故权利不能倾也"[②]。管仲主张"仓廪实则知礼节，衣食足则知荣辱"，孙中山更是将墨子誉为"世界平等博爱主义第一大家"。[③] 本土人权理念映射与揭示的正是中国人权渐进发展与演进的历史与文化逻辑，本土人权文化和人权精神既是中国人对人权理论谱系的原创性贡献，更是当代人权发展的宝贵资源，发掘本土人权文化，以唯物史观立场，科学分析鉴别，取其精华，弃其糟粕，可为中国特色人权发展道路建构提供强有力的本土文化支持。学者吴忠希认为，中国古代人权理念发端于春秋战国的"百家争鸣"，衰微于汉代"独尊儒术"之后，集大成于明末清初的黄宗羲、顾炎武、王夫之。[④] 至19世纪中叶，西方人权理念传入中国，萌生新一次民众的思想解放，在资产阶级领导的民主革命中，近代人权思想破茧而出，成为古代人权思想的终结者。本土人权理念如何具体生成与演进？本书界分为三个阶段展开研究，第一个阶段，先秦时期的人本主义人权思想，重点发掘儒家的伦理人权思想，墨家的兼爱人权思想，法家的否定性人权思想。第二个阶段，汉至明清时期的人权思想，有影响及有代表性的人权观点，涵括董仲舒、王充、程颐、程颢、朱熹、陆九

---

① 徐显明：《世界人权的发展与中国人权的进步——关于人权法律史的理论思考》，《中共中央党校学报》2008年第2期，第30、32页。

② 《荀子·劝学》。

③ 《孙中山全集》第6卷，中华书局1985年版，第22页。

④ 吴忠希：《中国人权思想史略：文化传统和当代实践》，学林出版社2004年版，第21页。

渊、王阳明、黄宗羲、顾炎武、王夫之、唐甄等思想家的人权观。第三个阶段，近代人权思想，重点爬梳太平天国的平等人权思想、维新派的立宪人权思想、法制改革派的法制人权思想、孙中山的"三民主义"人权思想、新青年派的"科学＋民主"人权思想。

第 二 章

先秦时期人权理念

尽管古代的人权话语不如今日丰硕，但人权的实践从未终止，"百家争鸣"言论自由的现象及精神，至今仍为人所称颂。从野蛮残酷的"殉葬人祭"制度，到肉刑的废除，凸显对生命权的关注与尊重，人的尊严与平等权利虽然在两千年封建专制中受到压制，但并没有被人们遗忘。人作为"天地之性最贵者也"，是天地间品性最高贵的生物，是权利的主体和依归，其人权也处于不断发展进步之中。

诸子百家的民本理念对后世影响甚为深远，成为最亮丽的人权话语，被认为是古代人权思想的萌芽。《尚书》最早确立其民本立场，即"民唯邦本，本固邦宁"。[①] 孟子认为诸侯有三宝："土地、人民、政事"。[②] 并强调民贵君轻。[③]《老子》中也说："圣人无常心，以百姓心为心。"[④] 墨子曰："功，利民也。"[⑤] 荀子曰："爱民者强，不爱民者弱。"[⑥] 他还指出，"君者，舟也；庶人者，水也。水则载舟，水则覆舟。"[⑦] 显然，各位思想家在人本主义立场上具有惊人的一致性与同质性，这些立场成为人权保障的伦理与价值基础。

儒家强调人是中心，"人者，天地之心也。"孔子提出了以"仁爱"为内核的人本主义人权观，子曰："仁者，人也"，"仁者，爱人"，孟子

---

① 《尚书·五子之歌》。
② 《孟子·尽心下》。
③ 《孟子·尽心下》。
④ 《老子·第四十九章》。
⑤ 《墨子·经上》。
⑥ 《荀子·议兵》。
⑦ 《荀子·王制》。

主张"民贵君轻",荀子提出"隆礼尊贤而王,重法爱民而霸"的命题,主张礼法兼施,开创了儒法合流的先河。墨子提出"兼相爱、交相利"思想,在一定程度上代表了中下层民众的人权观念,在中国古代最早论及平等、参政、选举等权利,使墨家人权思想熠熠生辉。法家漠视个人的存在和权利,在法家的视域里,人并非主体,而是客体,即统治的对象。法家鼓吹集权专制,厉行严刑峻法,实行愚民政策,限制人民的自由和权利,对人民进行无情镇压。法家的暴力主张与人权可谓"冰炭不可同器",这一点可从"韩非之死"与"商鞅之死"的悲剧中得到诠释,表明法家的严刑峻法既不能保障他人人权,同样也不能保障其自身的人权。"否定型人权"是对法家人权思想的一个基本概括,法家唯一值得肯定的人权思想就是在法律面前人人平等。

第一节　儒家"伦理"本位人权理念

尽管在儒家的经典中未出现过"人权"这个词,也未明确厘定"人权"概念。但不能否认儒家文化内蕴丰富的人权元素。儒家人权的最高理想就是建立一个和谐的大同社会,强调人是中心,"人者,天地之心也"①。人的"和谐"发展是理想愿景,推崇"君子和而不同"②。"天时不如地利,地利不如人和。"③ 彰显人的主体性特质,这一立场与道家主张甚为相似,庄子曰:"以和为贵,浮游乎万物之祖。"④

儒家的人权理念强调伦理,是一种伦理型人权思想,企图"通过道德力量或统治阶级的恩赐来获得权利",儒家的人权思想建基于伦理之上,是一种道德人权理念,而非建立在法律制度之上,没有形成法定人权,因此,缺乏有效保障,带有一定空想性。⑤ 陈来教授认为,儒家是讲民本主义的,它的民本主义特点是什么呢?就是民生比民主更重要。不

① 《礼记·礼运》。
② 《论语·子路》。
③ 《孟子·公孙丑下》。
④ 《庄子·山木》。
⑤ 李世安:《从中西比较的角度看儒家文化中的人权思想》,《史学理论研究》2004 年第3 期。

是说儒家不要民主，民主也很重要，但是他认为民生是基础，是根本，所以民生比民主更重要。关于秩序与自由，比如庄子的道家，他可能就认为个人自由比社会秩序更重要。还有一种，比如法家，法家认为只要秩序，不要自由。儒家也重视自由，强调自由、尊严、人格，但是相对来说儒家更强调社会秩序，包括文化秩序，认为秩序比自由更重要。此外，儒家主张道德比法律更重要，社群比个人更重要，责任比权利重要。我们可以说儒家是道德本位主义，是社群本位主义，是责任本位主义，是民生本位主义，但是儒家不仅仅是一种主义，它是由这么多主义所体现这个价值观的一种整体。①

儒家一向主张"人性善"，从人性的视角出发来考察人权，将人性善的观点作为理论起点，主张人与人"仁爱"，宣扬"仁者爱人"。儒家口中的"爱人"，就是其要求的"仁"，主张个人积极履行对于其他人的道德义务，以此来保障其他人的道德权利，诸如，"助人为乐"及"成人之美"的善举。相对于权利，儒家更偏重于强调个人道德义务，比如，孔子就强调："夫仁者，己欲立而立人，己欲达而达人"② 以及"己所不欲，勿施于人"③ 等。当然，儒家的人权要求更多是一种道德人性要求，而不是法律的要求。

儒家重视人基本的生存权利，关心人的权利要求，并积极主张帮助他们。孟子指出："老吾老，以及人之老；幼吾幼，以及人之幼"，他关心和同情人的生存困境，"禹思天下有溺者，由己溺之；稷思天下有饥者，由己饥之，是以如是其急也"④。显然，在他看来，生存是人人都应当有的正当权利，这凸显儒家关注人的物质生活权利，并设计了一条通过道德义务履行来实现这些人权的路径。

儒家关注的重心是集体的人权，不偏好个人的人权。儒家所说的"人"是集体的人，不是孤立的个人，因而，儒家很少论及个人权利，比较偏好讨论集体的、社会的与阶级的人权，每个阶级与阶层享有不一样

① 陈来：《孔子、儒学与治国理政（下）》，《紫光阁》2012 年第 9 期，第 83—85 页。
② 《论语（中）》，四部要籍注疏丛刊，中华书局 1998 年版，第 1482 页。
③ 《论语（中）》，四部要籍注疏丛刊，中华书局 1998 年版，第 1878 页。
④ 《论语（中）》，四部要籍注疏丛刊，中华书局 1998 年版，第 903 页。亦参见东方桥《孟子现代读》，上海书店 2002 年版，第 16 页。

的权利，其等级界分非常清楚，平等观念在这里已被等级观念所替代，因此儒家人权有浓烈的等级性与阶级性，有明显的历史限度。比如，"劳心者"被其赋予"治人"的权利，"劳力者"则被剥夺权利，处于"治于人"的被统治地位。在儒家设计与建构的封建等级社会里，"君君臣臣"与"父父子子"的等级与服从定位明确，因此，在封建权力统治秩序下，人民得到的必然是封建等级压制与奴役，人民不可能有平等权利。

孔子、孟子和荀子是儒家伦理人权思想的主要代表，由他们提出和阐释的人本理念为儒家人权思想赢得了声誉与影响。孔子（公元前551年—公元前479年），是儒家学派的主要代表，作为儒家的创始人，孔子提出了以"仁爱"为内核的人本主义人权观，他说"仁者，人也"，强调人是主体，"仁者，爱人"，表达对于主体的尊重和关爱。所谓"爱人"，就是重视人、关心人、爱护人。孔子的"仁"，所体现的正是现代人权的基本内涵。① "以仁为本""以人为本""以民为本"三个重要哲学范畴均出自齐国，尽管这些理念并非孔子首先提出，但是孔子是这些人权理念的坚定支持者。

孔子强调"以仁为本"的理念，《论语》中有多处记载孔子讲道"仁"，"泛爱众而亲仁""知者不惑，仁者不忧，勇者不惧"，等等。但孔子并非第一个提出"以仁为本"理念的人。据学者考证，司马穰苴已先于孔子提出了"以仁为本"。② 其兵书《司马穰苴兵法》之中《司马法·仁本第一》有云："古者以仁为本，以义治之之谓正。"而最早提出"以人为本"的是春秋时期齐国的相国管仲，在《管子·霸言》中首次提出："夫霸王之所始也，以人为本。本理则国固，本乱则国危。"尽管孔子并非首先提出"以人为本"的人，但其是这一理念的坚定支持者，"仁"的核心是"爱人"，《论语》和《礼记》中亦有多处记载孔子讲道"爱人"。"仁者人也，亲亲为大。""古之为政，爱人为大。"中华民族的民本思想源远流长，《诗经·商颂·玄鸟》即有"邦畿千里，惟民所止"，《尚书·五子之歌》亦有"民惟邦本，本固邦宁"。最早明确提出"以民

---

① 蔡国相、蔡宁：《孔子人权思想探究》，《渤海大学学报》（哲学社会科学版）2005 年第6 期，第38—42 页。

② 李建仁：《孔子为什么讲"以身为本"？》，《学习时报》2019 年 9 月 9 日第 3 版。

为本"者，是春秋时期齐国的相国晏婴："卑而不失尊，曲而不失正者，以民为本也。"孔子一生讲"仁"行"仁"，强调"爱人"，自然也包括爱民。比如，"子曰：'道千乘之国，敬事而信，节用而爱人，使民以时。'"孔子曾与学生子贡讨论过仁的具体内涵，"子贡曰：'如有博施于民而能济众如何？可谓仁乎？'子曰：'何事于仁？必也圣乎！尧舜其犹病诸！'"以及"修己以安百姓，尧舜其犹病诸！"① 显然，孔子非常强调和重视民本思想。

特别需要指出的是，孔子是第一个创出"以身为本"的全新理念的人。据《大戴礼记·子张问入官》记载："一物治而万物不乱者，以身为本者也。"修身为本，这样的一个思想，《中庸》《大学》都讲了，《大学》里面特别讲，"自天子以至于庶人，壹是皆以修身为本"②。做好自己就是做好一切工作的前提，发展完善自己是人权发展的起点。儒家所一直倡导奉行的"修齐治平"，就是从"修身"即"以身为本"开始的。任何一个人，只有从做好自己开始，才有可能做好一切。③

孔子的人性平等理念。孔子"性相近也，习相远也"之说，正确地解释了自然属性相近的人因所习染不同而社会属性相距悬远的现象，从而也就为中国古代的人权论奠定了一块合理而坚实的理论基石。"性相近"说的是人的自然属性相同或相近，而换一角度看，也即是说人的自然属性平等。既然人的自然属性相同或大致相同，则其中自然也就寓有平等的前提、平等的意义。④ 因此，孔子主张，"四海之内皆兄弟"（《论语·颜渊》）、"天地之性人为贵"（《孝经》记孔子语）。

在人神关系问题上，孔子对神持存疑的态度，而更看重人的作用。⑤

---

① 李建仁：《孔子为什么讲"以身为本"？》，《学习时报》2019 年 9 月 9 日第 3 版。

② 陈来：《孔子、儒学与治国理政（下）》，《紫光阁》2012 年第 9 期，第 83—85 页。

③ 李建仁：《孔子为什么讲"以身为本"？》，《学习时报》2019 年 9 月 9 日第 3 版。

④ 徐波：《孔子人权精神之哲学根蒂及其关于人民生存权、生命权的思想》，《山西大学学报》（哲学社会科学版）2000 年第 1 期，第 38—42 页。

⑤ 蔡国相、蔡宁：《孔子人权思想探究》，《渤海大学学报》（哲学社会科学版）2005 年第 6 期，第 38—42 页。

《中庸》载："哀公问政。子曰：文武之政，布在方策。其人存，则其政举；其人亡，则其政息。""务民之义，敬鬼神而远之，可谓知矣。"① 所以，"子不语怪力乱神"②。在奴隶制社会，神权是与人权相对立的，崇尚神权必然忽视人的价值和权利，乃至草菅人命。《史记·秦本纪》载："三十九年，缪公卒，葬雍。从死者百七十七人，秦之良臣子舆氏三人曰奄息、仲行、鍼虎，亦在从死之中。"缪公死，殉葬者竟有一百七十七人之多，且不仅仅是奴婢、侍从、嫔妃等人，还有"秦之良臣"三人也在殉葬之列。在那个人权屡弱甚至缺失的时期，人的生命权与冥冥之中的鬼神相比是何等的卑微。

春秋末期，战争频仍，人民的安全得不到保障。孔子反对杀戮，尊重人的生命，主张"善人为邦"。他说："善人为邦百年，亦可以胜残去杀矣。诚哉是言也！"③ 孔子对乱杀无辜及各种残害人的行为深恶痛绝，曾怒斥"始作俑者，其无后乎！"谓"为俑者不仁"④。在孔子看来，不用说以活人殉葬，就是俑葬也是不能容忍的，因为这近乎用人了。以《论语·乡党》中马厩失火为例。从孔子问人不问马，在家奴和财产之间孔子选择了人这件事来看，他关注人的生命是毋庸置疑的。⑤

孔子不仅关注人的生命权，而且关注人的生存权，要求改善人民的生存条件，提高人民的生活水平。⑥ 他主张"藏富于民"，认为"百姓足，君孰与不足？百姓不足，君孰与足？"⑦ 基于此，孔子要求统治者对人民要厚施薄敛，"施取其厚，事举其中，敛取其薄。"⑧ 要"节用以爱人，使民以时"。⑨《左传·哀公三年》载：桓公、僖公的祀庙失火，"季

---

① 《论语·雍也》。
② 《论语·述而》。
③ 《论语·子路》。
④ 《礼记·檀弓下》。
⑤ 汤红莲、李琳：《孔子儒学和人权思想》，《九江学院学报》2006 年第 4 期，第 24—26 页。
⑥ 蔡国相、蔡宁：《孔子人权思想探究》，《渤海大学学报》（哲学社会科学版）2005 年第 6 期，第 38—42 页。
⑦ 《论语·颜渊》。
⑧ 《左传·哀公十一年》。
⑨ 《论语·学而》。

桓子命救火者，伤人则止，财可为也”。视救火者的生命比财富更重要，孔子对此加以赞许。

孔子关注百姓民生，这些理念主要体现在以"养民也惠"为主的一系列惠民主张之中。① 孔子主张，"因民之所利而利之"（《论语·尧曰》）并指出，"富与贵，人之所欲也，贫与贱，人之所恶也"（《论语·里仁》）。孔子还主张国君应该施行轻徭薄赋的利民政策，《论语》中记载，孔子的弟子冉有成了贵族季氏的宰，负责为季氏在其封地征税，孔子对此非常愤怒，认为冉有不该如此对民众横加重税，助纣为虐，大呼"非吾徒也，小子鸣鼓而攻之可也"。

孔子是我国古代伟大的教育家，十分重视人民应当享有的受教育权，孔子认为，施行教育是没有区别的，不分等级，不论贫富，每个人都应享有受教育的权利。孔子的学生就来自四面八方，各个阶层的都有。

平等的理念。尽管孔子是讲伦理等级的，君臣父子、高低贵贱界分明显，但在孔子的学说中不乏要求平等的理念。孔子标树"有教无类"的旗帜，就是主张每一个人在教育上享有平等的权利。主张"举贤才"（《论语·子路》），提倡"学而优则仕"（《论语·子张》），要求打破世袭特权，让人人都有平等参政的机会。在经济层面，孔子主张均贫富。"丘也闻有国有家者，不患寡而患不均，不患贫而患不安。盖均无贫，安无倾。"（《论语·季氏》）财富平均，就不会有特别贫穷的人，社会就会安定，国家就不会倾覆。孔子早已洞见，经济平等是社会安定和国家长治久安的基础和条件。

尊重人的自由权，孔子强调要尊重他人的意志，维护他人的人格尊严和自由权利。孔子曰："己所不欲，勿施于人。"（《论语·颜渊》）孔子反对剥夺他人的意志，肯定一般人享有独立的意志。他说："三军可夺帅也，匹夫不可夺志也。"（《论语·子罕》）

当然，孔子的人权理念是由其伦理思想引发出来的，是建立在道德基础上，而不是建立在法制基础上，缺乏法律制度的保障。孔子的人权思想强调道德而忽视功利，形而上色彩浓厚而实践性不足，是一种伦理

---

① 侯军亮：《论先秦儒家人权思想及其当代价值》，《重庆文理学院学报》（社会科学版）2017 年第 36 卷第 3 期，第 82—87 页。

型人权思想。孔子的人权思想深藏于他的伦理思想体系之中。孔子为了实现他的最高社会理想，即建立一个和谐平稳的社会，要求统治者"爱人"，而要做到"爱人"，就要尊重人民的一些基本权利，如生命权、生存权、平等权、自由权等。然而孔子的这些权利思想不是作为人权的内容提出来的，而是从"爱人"的道德角度提出来的。①

孟子（公元前390年—公元前305年），孟子十分推崇孔子，作为孔子思想的继承者，提出了"民贵君轻"的人本主义理念，孟子主张"与百姓同之""与民同乐"。孟子对孔子仁的思想有重要发展，就是孟子以性善论作为基础，系统论证"仁、义、礼、智"四德，仁被作为其核心，并全面阐述了仁、义、礼、智四者之间的关系。怎样才算是仁呢？据孟子解释，仁就是"人心"。孟子非常重视人才，主张任用贤良，"为天下得人者谓之仁"②。尊重人才是仁的具体表现，积极呼吁"尊贤使能，俊杰在位"③。强烈主张"贤者在位，能者在职，明其政刑"。尊重民众的权利，孟子公开表达"民贵君轻"主张。《孟子·离娄下》中所言的"人之所以异于禽兽者几希"的"人禽之辨"是已然为"人权"建立了接近哲学的人学基础，而这也同时为实现人们能拥有道德的自由、一步步趋近人人平等的理想自然人的权利做了必要的准备。④

孟子首倡"性善论""仁政论"，《孟子》一书中蕴含着丰富的人权理念。人性善是孟子思想的根本。"孟子是中国历史上第一个提出性善论并系统论证人性问题的思想家。"⑤ 孟子认为，人之善是先天的，与生俱来的，人具有一种先天的善性。"人性之善也，犹水之就下也；人无有不善，水无有不下。"⑥ 孟子主张，人民的福祉是施政的最高目标。孟子说："三代之得天下也以仁，其失天下也以不仁。"（《孟子·离娄上》孟子认

---

① 蔡国相、蔡宁：《孔子人权思想探究》，《渤海大学学报》（哲学社会科学版）2005年第6期，第38—42页。

② 《孟子·滕文公上》。

③ 《孟子·公孙丑上》。

④ 王进、王旭东、张洪雷：《孟子人权理念的生态诠解及其价值证成》，《管子学刊》2016年第4期，第26—30页。

⑤ 翟廷晋：《孟子思想评析与探源》，上海社会科学院出版社1992年版，第288页。

⑥ 《孟子·告子上》。

为，提升人民福祉统治者责无旁贷，即所谓"得民心者得天下"。①

　　仁政、民贵君轻思想是孟子人权理念的精髓。"仁政"学说的理论基础是性善论，孟子曰："人皆有不忍人之心。先王有不忍人之心，斯有不忍人之政矣。以不忍人之心，行不忍人之政，治天下可运之掌上。"② 提出著名的"民贵君轻"说："民为贵，社稷次之，君为轻。"③ 提出"制民之产"。只有保证人民有一定的耕地和住宅，才是施行仁政。他说："若民，则无恒产，因无恒心。苟无恒心，放辟邪侈，无不为己。"使人民安居乐业。孟子的仁政理想在孟子与梁惠王的对话中显露无遗，彰显孟子对人民的生存权的重视，"五亩之宅，树之以桑，五十者可以衣帛矣；鸡豚狗彘之畜，无失其时，七十者可以食肉矣；百亩之田，勿夺其时，数口之家，可以无饥矣；谨庠序之教，申之以孝悌之义，颁白者不负戴于道路矣。七十者衣帛食肉，黎民不饥不寒，然而不王者，未之有也"④。在孟子看来，不饥不寒就是人民最基本的生存需要和权利。

　　关于平等民主思想。孟子对于平等理念有淳朴的阐释，他说："麒麟之于走兽，凤凰之于飞鸟，泰山之于丘垤，河海之于行潦，类也。圣人之于民，亦类也。"⑤ 强调圣人与众民是类同平等的，"何以异于人哉，尧舜与人同耳"⑥。在等级分明的社会中呼吁君臣应平等相待，"君之视臣如手足，则臣视君如腹心；君之视臣如犬马，则臣视君如国人；君之视臣如土芥，则臣视君如寇仇"⑦。在数千多年前孟子迸发此种平等民主的理念火花是非常难能可贵的。孟子提出了"博爱"的主张，"老吾老以及人之老，幼吾幼以及人之幼"（《孟子·梁惠王上》），主张人们不仅要爱自己、爱亲人，也要把这种爱推及他人身上，使每个人都能够得到爱，并

---

　　① 张磊磊：《探究〈孟子〉中的朴素人权思想》，《社科纵横》（新理论版）2010 年第 25 卷第 4 期，第 165—166 页。

　　② 《孟子·公孙丑上》。

　　③ 《孟子·尽心下》。

　　④ 《孟子·梁惠王上》。

　　⑤ 《孟子·公孙丑上》。

　　⑥ 《孟子·离娄下》。

　　⑦ 《孟子·离娄下》。

能够爱天下所有的人。①

　　尽管在古代中国没有现代意义的人权概念，但在孟子的著述中，仍蕴含着丰富的人权理念。"孟子提出的让民众享有政治、经济、文化教育权以及处理诸侯国间的关系等思想，虽未直接提出人权这一概念，但具有人权思想的实质。"② 其中，生存权与发展权是孟子人权思想中最重要的两种权利。孟子所处的战国时代，人民饱受战争的苦难，是一个生存权与发展权极度无保障的时期，面临"率兽而食人"③ 险恶的生存环境，孟子主张人民的生存权与发展权，提出"制民之产"具体解决方案，使百姓能够安居乐业。呼吁"谨庠序之教"，发展乡校教育，使人人都得到受教育的机会，保障人民受教育的权利。同时他还主张君主与臣民关系的平等性，宣扬"尧舜与人同耳"的平等观。显然，孟子的人权思想中，有着鲜明的道德特性，道德因素是孟子人权思想中的纽带。④ "孟子的人权理念除了有其自然权利的价值思维外，显然还同时要求人人应尽相对等的义务。"⑤

　　在中国人权思想史上，孟子提出的重义轻利学说，对权利义务关系的流变产生了重要的影响。孟子反对言"利"，主张讲"仁义"。他说："苟为后义而先利，不夺不餍。未有仁而遗其亲者也，未有义而后其君者也。王亦曰仁义而已矣，何必曰利？"⑥ 人应放弃私利，以达到社会的公义，关注社会整体利益。这与孔子的看法基本一致，孔子有言："君子喻于义，小人喻于利。"⑦

　　孟子特别关注人的物质生活条件，他指出："老者衣帛食肉，黎民不

---

① 侯军亮：《论先秦儒家人权思想及其当代价值》，《重庆文理学院学报》（社会科学版）2017 年第 36 卷第 3 期，第 82—87 页。

② 刘忠阳：《论孟子的"人权"思想》，《湘潭师范学院学报》（社会科学版）1999 年第 4 期，第 82—85 页。

③ 《孟子·梁惠王上》。

④ 杨文祥：《从孟子思想看人权与主权》，硕士学位论文，山东大学，2009 年。

⑤ 王进、王旭东、张洪雷：《孟子人权理念的生态诠解及其价值证成》，《管子学刊》2016 年第 4 期，第 26—30 页。

⑥ 《孟子·梁惠王上》。

⑦ 《论语·里仁》。

饥不寒，然而不王者，未之有也。"① 百姓温饱问题不仅是百姓基本的权利要求，而且成为国家治理的关键，孟子说："若民，则无恒产，因无恒心。苟无恒心，放辟邪侈，无不为已。"② 孟子认为，这些物质生活条件是百姓安居乐业的基础，可以说，孟子是最早论及人的生存权利和发展权利的思想家。

孟子主张"性善论"，与荀子的"性恶论"相对。"性善论"是孟子讨论人权的理据，是其人权思想体系的一个核心命题。他认为，恻隐之心、羞恶之心、恭敬之心与是非之心，人人皆有之。恻隐之心指的就是"仁"，羞恶之心指的就是"义"，恭敬之心指的就是"礼"，是非之心指的就是"智"。仁、义、礼、智，并不是由外强加于我，"我固有之也"。③ 孟子还提出了"良能"与"良知"的概念，人们不经过学习就具备的才能，"其良能也"；人们不经过思考就可以知道的禀赋，"其良知也"。④ 需要指出的是，孟子的性善论只提到了"性善"，至南宋，朱熹将其扩展为"人之初，性本善"，到明代，王阳明发展成"良知学说"，至当代，学者傅佩荣又演绎为"性向善"的新见。孟子以性善论为出发点，提出"仁政""王道"学说，孟子以仁作为施政的出发点，要求统治者"施仁政于民"⑤，施行仁政就是要对人民"省刑罚，薄税敛"⑥。孟子总结了过往历史经验，认为统治者"暴其民甚，则身弑国亡"，⑦ 孟子主张德治。孟子认为："不以仁政，不能平治天下。"⑧ 孟子强调其仁政的对象就是广大民众，这一主张无疑是其一贯坚持的民本理念的具象化。

荀子（公元前313年—公元前238年），字卿，名况，战国后期赵国人。荀子对儒家思想有进一步发展，提出"隆礼尊贤而王，重法爱民而

---

① 《孟子·梁惠王上》。
② 《孟子·梁惠王上》。
③ 《孟子·告子上》。
④ 《孟子·尽心上》。
⑤ 《孟子·梁惠王上》。
⑥ 《孟子·梁惠王上》。
⑦ 《孟子·离娄上》。
⑧ 《孟子·离娄上》。

霸"的命题。① 荀子不只在道德层面论及人权，还进一步在法与制度层面
论及人权，在人性问题上，提倡"性恶论"，"人之性恶，其善者伪也。
今人之性，生而有好利焉"②，强调人性之恶，否认存在天赋的道德观念，
承认后天环境和教育对人具有重要影响。荀子虽然也是儒家代表人物，
但具有一定的法家思想，荀子主张礼法兼施，开创了汉代儒法合流的先
河。荀子认为，人的天然本性是追求利欲的，而礼的作用在于遏制人对
利欲的无限追求，为确保公共秩序，礼的遵循不免要诉诸一种强制性。
由此，礼转为法，荀子以为，礼义是立法的精神，常以礼法并称，诸如，
"礼法之枢要也""礼法之大分也"，③ 倚重法的一律化，打破贵族和平民
的界限，使一切人平等。

荀子"节用裕民"的民本思想，要求统治者不奢侈浪费，而且要尽
可能少征税，"足国之道，节用裕民而善臧其余。节用以礼，裕民以政"。
荀子提出了"性恶论"，宣称"其善者伪也"，并以"性恶论"为理论基
础，提出了人人平等的思想。"饥而欲食，寒而欲暖，劳而欲息，好利而
恶害，是人之所生而有也，是无待而然者也。"（《荀子·非相》）荀子之
言具有朴素平等思想的性质，生而有之，人皆有之，并不是后天教育而
来。荀子主张"人最为天下贵"。④

荀子视等级制为天经地义，将平等观建构其上。人人各安天命，各
守名分，通过不平等而达致平等，或者说，不平等就是平等。⑤ 即所谓
"'斩（通"儳"）而齐，枉而顺，不同而一。'夫是之谓人伦"⑥。梁启超
评论荀子："彼承认人类天然不平等，而谓各还其不平等之分际，斯为真
平等。故曰'维齐非齐'。"⑦ 郭沫若也指出："荀子的社会观完全是一种
阶级的社会观，但有趣的是他却说这样就是平等。他说，这是不平等的

---

① 《荀子·大略》。

② 《荀子·性恶》。

③ 《荀子·王霸》。

④ 侯军亮：《论先秦儒家人权思想及其当代价值》，《重庆文理学院学报》（社会科学版）
2017 年第 36 卷第 3 期，第 82—87 页。

⑤ 柯卫、马作武：《荀子"正名"论释》，《学术研究》2014 年第 11 期，第 50—54 页。

⑥ 《荀子·荣辱》。

⑦ 梁启超：《先秦政治思想史》，天津古籍出版社 2003 年版，第 116 页。

平等，或平等的不平等。曰'维齐非齐'，平等者不平等也。"①

第二节 墨家"兼爱"平等人权理念

孙中山将墨子誉为"世界平等博爱主义第一大家"。② 德国学者阿尔伯特·史怀哲在《中国思想史》一书中指出，墨子是"中国思想史上第一个使爱的思想破土而出的人"。③ 墨学乃先秦显学，惜至秦汉，几近中绝。④ 及至当代，重放光彩，其领先于所在时代的人权精神数千年不朽，今又广受推崇，在一个人权进步的崭新时代，重新发掘阐释其重要的人权内涵，甚有意义和价值。

当下有学者将墨家的人权理念概要表述为"以兼爱为根本，以平等为宗旨"。⑤ 墨子的"兼爱"与儒家的"仁者爱人"不同，后者以血缘关系为基础，主张仁爱有等，强调等级观念；前者以现实的物质功利为基础，以"爱无差等"为原则，不分亲疏厚薄，主张平等。儒家的爱发自内在心理的"仁"，以伦理为本位；而墨家的爱源于外在互利的"义"，具有功利主义色彩。其平等理念，是墨子思想的精髓所在。方授楚指出，墨子"思想之特点安在？一言以蔽之，则平等是已"（《墨学源流》）。蒙文通认为："以极端平等之思想，摧破周秦阶级之政治，墨家之要义。"⑥ 儒家之爱重"别"，而墨家之爱重"兼"。墨家平等精神，不仅在根本观念中一览无余，也于具体各论中一以贯之。墨学中"非命""节用""尚贤""明鬼"诸论，均拢合于墨学的平等法则。⑦

① 郭沫若：《十批判书》，东方出版社 1996 年版，第 217 页。
② 《孙中山全集》第 6 卷，中华书局 1985 年版，第 22 页。
③ 转引自马作武《墨子：让爱的思想破土而出的第一人》，《光明日报》2016 年 11 月 7 日第 16 版。
④ 解启扬：《二十世纪墨学研究述要》，《企业导报》1999 年第 12 期，第 15—17 页。
⑤ 马腾、马作武：《墨家平等思想探析》，《法学评论》2014 年第 32 卷第 3 期，第 170—177 页。
⑥ 转引自马作武《墨子：让爱的思想破土而出的第一人》，《光明日报》2016 年 11 月 7 日第 16 版。
⑦ 马腾、马作武：《墨家平等思想探析》，《法学评论》2014 年第 32 卷第 3 期，第 170—177 页。

在某种意义上，墨家是中下层民众的政治与人权观念的代表，在古时代，其最早论及平等、参政、选举等权利，从而使墨家人权思想熠熠生辉。其主要代表人物墨子（约公元前 480 年—公元前 420 年）①，名翟，鲁小邾国人（今山东省滕州市人），《史记》记载墨子曾做过宋国大夫，②墨子生于鲁，长于鲁，学于鲁，其学说学派成于鲁，兴于鲁，中老年时曾仕于宋，晚年居鲁阳。③ 作为农民出身的哲学家，墨子在学术史上备受瞩目，被视为那个时代的思想巨子，他自立门户，创立墨家学说，且在先秦时期影响很大，同儒家并列"显学"。墨子也是一位大爱无言的圣贤，在五千多年中国文明史上，他是第一位为最底层劳动者和社会弱者主张平等权利和争取人权的思想家，基本主张包括"兼爱"、"非攻"、"尚同"和"尚贤"等观点。其中"兼爱"是墨家思想的重心，"尚同"和"尚贤"为重要支点。

墨子提出了"兼相爱，交相利"的著名命题，何为"兼相爱、交相利"？墨子认为，兼爱是仁的体现，并具体阐释了人与人之间如何来相爱，以及相爱的重要作用与价值，墨子指出：视人之国，就像视其自己的国家一样；视人之家，就像视其自己的家一样；视人之身，就像视其自己本人一样。因此，诸侯相爱，就不会发生战争；家主相爱，就不会互相篡夺；人与人相爱，就不会互相贼斗；君臣相爱，就能君惠臣忠；父子相爱，就能父慈子孝；兄弟相爱，就能兄弟和睦同调。假如天下之人都能相爱，就可以实现社会和谐，强者不压制弱者，多数人不劫掠少数人，富者不侮辱贫者，高贵的人不轻视低贱的人，狡猾之人不欺负愚笨之人。兼爱就是要平等相待，天下所有的祸篡怨恨，都可以通过相爱

---

① 参见陈林《侠之大者：墨子》，江西教育出版社 2008 年版，第 19 页。胡适将墨子的生年限定在公元前 500 年至公元前 490 年，卒年限定在公元前 425 年至公元前 416 年；任继愈又进一步推断墨子约生于公元前 480 年，约卒于公元前 420 年，大概享年 60 岁。参见解启扬《二十世纪墨学研究述要》，《企业导报》1999 年第 12 期，第 15—17 页。梁启超推断墨子生卒年代当为公元前 463 年至公元前 385 年，前后误差为 5 年。钱穆在《先秦诸子系年考辨》中以墨子止楚攻宋之事为据，把墨子生卒年代较梁启超之说提前 10 年。侯外庐主编的《中国思想通史》认为墨子生卒年代为公元前 490 年至公元前 403 年。冯友兰《中国哲学史新编》认为是公元前 475 年至公元前 390 年。诸家之说略有差异，但均认为墨子为战国时期人。

② 《史记·孟子荀卿列传》："盖墨翟，宋之大夫。"

③ 孙以楷：《墨子生平考述》，《唐都学刊》第 4 期，第 56—59 页。

来消除与避免。所以，兼爱"是以仁者誉之"。①

　　墨子的"兼相爱，交相利"，就是指既爱自己也爱别人，与人交往要彼此有利。所谓兼爱，涵括平等与博爱等元素，墨子是最早主张平等的思想家，要求兄弟、父子、君臣都要在平等的基础上相互友爱，反对社会上出现的贵傲贱、富侮贫、强执弱、智诈愚的不平等现象，认为其根源都是天下人不互爱，因此，墨子曰："以兼相爱、交相利之法易之。"②此外，墨子的博爱思想还上升到国家层面的高度，针对各国之间相互攻伐的现象，墨子主张"非攻"，反对战争，追求和平，这也是兼爱的最高境界。

　　墨子认为，自私自利是动乱的原因，比如"亏君而自利""亏臣而自利""亏父而自利""亏兄而自利""亏子而自利""亏弟而自利""攻异国以利其国""乱异家以利其家"等皆为自私自利的结果。概言之，不遵守互利共赢的兼爱原则的必然后果就是"贵傲贱、富侮贫、强执弱、诈欺愚"的社会不平等乱象。"兼相爱"不反对自爱，要求把自爱和互爱统一起来；"交相利"不否定自利，强调自利和互利的结合，从而实现"夫爱人者，人必定从而爱之；利人者，人必定从而利之"的美好图景。在这种博爱的关系中，天下一定能实现和谐和富足，因此，互利兼爱是国家治理之道。

　　兼爱是墨子人权理念的核心元素，他将社会动乱的原因归咎于人们不能兼爱，主张"兼以易别"，反对儒家"爱有差等"的观点。"兼相爱，交相利"，将人们之间权利层面的平等互爱与物质利益层面的平等互利相关联，折射出墨子对功利的重视。"兼相爱，交相利"，要求爱护别人如同爱护自己，对待别人要像对待自己一样，所有人之间都相亲相爱，不要受家族、地域和等级地位限制，这是中国哲学家对平等思想的最早阐释与倡导。

　　为了实现其"兼爱"的人权理想，墨子还勾画了具体的实施路径，主张"尚贤"及"尚同"，并将其视为治理国家的关键所在。"夫尚贤

---

① 《墨子卷四·兼爱中第十五》。
② 《墨子卷四·兼爱中第十五》。

者，政之本也。"① 墨子主张破除论资排辈和血统界线，所有人机会平等，大家都崇尚贤能之人，他认为这是为政的根本。墨子的这一理念，是其平等思想的发展延伸，主张平等选拔和科学使用人才，选贤任能，机会平等是前提。具体来说，尚贤就是选举贤者为官吏，选举贤者为天子国君。墨子是中国历史上最早论及民主选举的思想家，在两千多年前，就关注和讨论平民的选举及参政权利。墨子认为，"尚贤"就是不拘一格选用人才，不论血统和背景，全都挑选有才能的人，比如，由民众选出圣人来当国君，选出贤能之人作为官吏辅佐圣人治理国家，首次明确平民有平等参与政治的权利，否定贵族血统论，否定贵族世袭政治，实行"能者上，庸者下"的用人机制，这无疑是推动社会发展进步的先进思想与理念。

"尚同，为政之本而治要也。"② 国家混乱必然会危及百姓的权利，只有秩序才能保障民众的权利。墨子认为公众意见不一是混乱的根源："天下之人异义，是以一人一义，十人十义，百人百义。其人数兹众，其所谓义者亦兹众。是以人是其义，而非人之义，故相交非也。"③ "尚同"是墨子针对当时国家混乱而提出的施政纲领。"尚同"即"上同"，就是将人们的意见统一于上级，最终统一于天。无统一之思想，必然无一致的行动，因而墨子主张"一同天下之义"，必须将天下人的思想统一起来，将尚同视为国家治理的根本，尚同就是要求百姓与天子皆上同于天志，上下一心，实行义政。即用统一的理念——"天志"来治理国家。

有学者认为，尚同思想是明显的集权主张，而墨子试图通过集权来实现国家秩序，从而保障百姓的权利，"上欲中圣王之道，下欲中国家百姓之利"。④ 即上要符合圣王之道，下要符合国家百姓之利。他指出，只要治理国家的人对于人民能够做到"疾爱使之，致信持之，富贵导其前，明罚率其后"，政策得当，就肯定能统一整个国家的思想，达成民富国治。

---

① 《墨子·尚贤》。
② 《墨子·尚同》。
③ 《墨子·尚同》。
④ 《墨子·尚同》。

如何才能"尚同"？尚贤是一个关键和必要的条件，必须做到尚贤，就是通过选出天下圣贤之人，拥戴为天子，任用为三公、诸侯、左右将军、大夫及乡里之长，墨子指出，天下之所以混乱就是因为没选出合格的首领，于是主张应选择"仁人"和"贤者"担任各级官吏。因此，尚同与尚贤在本质上基本一致，都是对当时贵族统治的批判。主张社会全体成员均尚同于天子之"义"，并且做到"上有过，规谏之"。社会所有成员的意见能够层层上达，同天子以及各级官吏一起按相同的"义"来行动，从而做到"天下治"。如何判断天子行为是否与天下之义相符，根据就是其是否尚同于天，这样就可以阻止最高统治者的恣意乱政。违者将遭到天灾与天罚，墨子指出：若只做到尚同于天子，但未能做到尚同于天，这种情况就会导致天灾不断发生。所以，当出现极端寒热天气，雪霜雨露不按时令，五谷不能熟，六畜不能顺遂，疾灾戾疫和飘风苦雨接踵而至等怪象，"此天之降罚也"。① 上天将惩罚那些不能尚同于天的人。

墨子的学术活动集中在战国初期，且墨子精于手工业制作，据说技艺堪与同时代的名匠公输般（鲁班）相媲美。学术上他最初师从儒家，"墨子学儒者之业，受孔子之术，以为其礼烦扰而不悦，厚葬靡财而贫民，（久）服伤生而害事，故背周道而用夏政"②。墨子自立门户，自成学派之后，对儒学进行了猛烈抨击，成为法家崛起之前公开向儒学树起批判大旗的最大学派。儒、墨两家也是中国思想史上最早出现的互相对立的两大学派。关于墨子与儒家分道扬镳的深层原因，马作武教授认为，墨子对儒家的反叛，表面上看是不满儒家繁文缛节的礼教，但从本质上说，墨子是不满儒家对以"礼治"为象征的旧体制、旧秩序的维护。作为"农与工肆之人"的代表，墨子急于破旧立新，建立一套符合小生产者、手工业者利益的新体制、新秩序。③ 墨子出于儒而反儒，建言立说偏偏与儒家针锋相对：儒家讲"亲亲"，墨子讲"尚贤"；儒家讲有等差之爱，墨子讲无等差之爱；儒家讲繁礼，墨子讲节用；儒家讲厚葬，墨子

① 《墨子·尚同》。
② 《淮南子·要略训》。
③ 马作武：《墨子的法律观评析》，《法学评论》2004 年第 2 期，第 138—144 页。

讲节葬；儒家讲远鬼，墨子讲明鬼；儒家讲兴乐，墨子讲非乐；儒家不言利，墨子讲"交相利"。

顾颉刚认为，墨子"有坚定的主义，有具体的政治主张"①，其中"兼爱"是核心，"兼爱"尊重人的基本权利，②是其一切政治法律观的出发点和归宿，内里所涵摄的平等意识。其一，爱无等差。"兼相爱"要求一视同仁地爱所有的人，无分亲疏、贵贱与贫富，所谓"厚不外己，爱无厚薄"（《大取》），"爱人，待周爱人而后为爱人"（《小取》），"视人之国若视其国，视人之家若视其家，视人之身若视其身"（《兼爱中》）。无分彼此厚薄，将别人的国、家、身当作自己的国、家、身一样尊重和爱护。为什么要"兼爱"呢？墨子认为在"天志"之下，国与国、人与人都是平等的。《法仪》篇说得更明确："今天下无大小国，皆天之邑也；人无幼长、贵贱，皆天之臣也。""天"对每个人都平等以待，"兼而爱之，兼而利之"，从而保护每一个人，不准肆意"相恶相贱"，做到"强不执弱，众不劫寡，富不侮贫，贵不傲贱，诈不欺愚"（《兼爱中》）。可见，"墨翟所讲的兼爱含有反抗压迫和等级歧视的意义"③。其二，兼以易别。墨子的"兼爱"与孔、孟的"仁者爱人"不同，后者以血缘关系为基础，以"亲亲""尊尊"为原则，主张仁爱有等，"轻重厚薄"有别；前者以现实的物质功利为基础，以"爱无差等"为原则，主张"远施周遍"，不分亲疏厚薄。儒家的爱发自内在心理的"仁"，以伦理为本位；而墨家的爱源于外在互利的"义"，具有功利主义色彩。儒家的爱重"别"，"别"者区别也，注重远近、贵贱、亲疏、上下之别；而在墨子看来，"别"是祸乱之源。"别者，处大国则攻小国，处大家则乱小家，强劫弱，众暴寡，诈谋愚，贵傲贱。"通过"兼以易别"（《兼爱下》），达到人格平等地位的最终实现。④

朦胧的平等权意识，正是墨子思想中极有价值处。刘师培说："人君承天命以治国，则亦当爱民。其爱民也，亦当无所不用其爱。无所不用

---

① 顾颉刚：《古史辨自序》。
② 马作武：《墨子的法律观评析》，《法学评论》2004 年第 2 期，第 138—144 页。
③ 冯友兰：《中国哲学史新编》（上卷），人民出版社 1998 年版，第 229 页。
④ 马作武：《墨子：让爱的思想破土而出的第一人》，《光明日报》2016 年 11 月 7 日第 16 版。

其爱，即平等也。故大小平等、强弱平等、智愚平等、贵贱平等，无复压制与受压制之等差，然后可以为法。"（《中国民约精义》）韦政通说："在西方文化中，基督教的上帝代表博爱，因此有上帝面前人人平等的信念。这个信念，启发了近代法律面前人人平等的观念。同样地，在以兼爱为基本伦理的墨者团体中，也产生了普遍性的法律观念。"他认为所谓的"墨者之法"就是墨家"有法律观念的证据"。"无等差的平等之爱，是现代社团伦理的基础。唯有在这样的伦理基础上，才容易接受现代意义的法律观念，也才容易发展出权利义务的观念。"①

墨子学儒者之业而自创学说，以兼爱为根本，以平等为宗旨，构建了一个"非儒"的墨学体系。墨学体系沿"法仪"观将其平等哲学投射于各个环节，显现为一种平等的制度精神。"非命""节用""尚贤""明鬼"诸论，均拢合于墨学的平等法则。②"非命"，也是其平等法思想的哲理基础。"非命"饱含着平等的呼吁，深含人格意识与人文色彩。墨子认为，"命富则富，命贫则贫；命众则众，命寡则寡；命治则治，命乱则乱；命寿则寿，命夭则夭"③的宿命论，隐藏着"执有命者"播糠眯目的险恶用心。统治者处心积虑，深扃固钥，将现实不平等的根源归结为"命"，从而掩饰其讳莫如深的实质原因。墨子"非命"的初衷就是将这一层窗户纸捅破。墨子曰："今天下之士君子，中实将欲求兴天下之利、除天下之害，当若有命者之言，不可不强非也。"④"非命"正本清源，否定命运安排，追求客观真理，强调人的主体性与能动性。同时，"非命"隐含着理性思量正义公平问题的一个基础性前提，即对包括血缘、权势、财富等各人既定状况的遮蔽祛除。⑤

"兼爱"在经济维度表象为"节用"，亦即"尚俭"，"节用"是反对王公大人奢侈浪费的时代强音，主张将有限的财富转移到社会民生，具

---

① 转引自马作武《墨子：让爱的思想破土而出的第一人》，《光明日报》2016 年 11 月 7 日第 16 版。

② 马腾、马作武：《墨家平等思想探析》，《法学评论》2014 年第 32 卷第 3 期，第 170—177 页。

③ 《墨子·非命上》。

④ 《墨子·非命下》。

⑤ 马腾、马作武：《墨家平等思想探析》，《法学评论》2014 年第 32 卷第 3 期，第 170—177 页。

有平等化倾向而符合人民大众的利益，对社会稳定与经济发展富有积极意义。墨子主张仿效古者圣王制为"节用之法"，始终遵循"诸加费不加于民利者，圣王弗为"①的分配准则，扭转"饥者不得食，寒者不得衣，劳者不得息"的局面，都是平等思想在社会基本制度中的应有之义，彰显墨子的民生人权观。"兼爱"在政治维度反映为"尚贤"。墨子的"尚贤"就是要打破世袭贵族的特权以及他们对政治的垄断，让平民中的贤能之人参与政治活动。墨子说"求国家之富、人民之众、刑政之治"，只有"尚贤"，"尚贤"乃"为政之本"。②墨子提出"在贤能面前人人平等的思想"。③"尚贤"分为"道"与"术"两个层面：在"尚贤之道"上，墨子宣扬"官无常贵""民无终贱"，强调君主应做到"有能则举之，无能则下之，举公义，辟私怨"④；在"众贤之术"上，墨子譬喻曰："譬若欲众其国之善射御之士者，必将富之，贵之，敬之，誉之。"⑤即便是"农与工肆之人"，墨子也主张"有能则举之，高予之爵，重予之禄，任之以事，断予之令"。这种"众贤之术"，是物质之"利"与精神之"义"珠联璧合的结晶。在"尚贤之道"与"众贤之术"的阐述中，墨家平等的思路一以贯之，演绎出一种平等旨趣的政法原则与职官制度。⑥墨家的赏刑平等观，以"明鬼"为保障。"明鬼"并非专言"怪力乱神"，故弄玄虚，而是墨家正义观的一种独特表述，并蕴含着墨家的赏罚平等思想。⑦"鬼神之所赏，无小必赏之；鬼神之所罚，无大必罚之。"⑧"明鬼"之旨归，在于保障"兼爱"：奉行"兼爱"则为鬼神所赏，违背"兼爱"则为鬼神所罚。

　　概言之，当下越来越多的学者看重墨子的思想，或许受到了孙中山

---

① 《墨子·节用中》。

② 《墨子·尚贤中》。

③ 杨俊光：《墨子新论》，江苏教育出版社1992年版，第83页。

④ 《墨子·尚贤上》。

⑤ 《墨子·尚贤下》。

⑥ 马腾、马作武：《墨家平等思想探析》，《法学评论》2014年第32卷第3期，第170—177页。

⑦ 马腾、马作武：《墨家平等思想探析》，《法学评论》2014年第32卷第3期，第170—177页。

⑧ 《墨子·明鬼下》。

特别推崇墨子人权理念的影响，但更重要的原因无疑是墨子平等人权思想本身的价值，墨子不仅是中国古时代最讲"爱"的思想家，也当之无愧是"世界平等博爱主义第一大家"。① 墨子的平等思想，从"历史"而言是古代社会的异端思想，从"当下"而言则可谓富有理性精神的高明远识。牟复礼说："现代的社会变革也需要重视墨家的平等思想，它可以破除家族中心的态度，这是转变社会杠杆。"②

第三节　法家"否定式"人权理念

"否定式人权"是对法家人权思想的一个基本概括。法家厉行严刑峻法，实行愚民政策，限制人民的自由和权利，对人民进行无情镇压。换言之，法家的暴力主义与人权可谓"冰炭不可同器"。法家鼓吹集权专制，如韩非曰："事在四方，要在中央。圣人执要，四方来效。"③ 漠视个人的存在和权利，在法家的视域里，人并非主体，而是客体，即统治的对象。对于法家的这种"否定式"人权理念，史学家司马迁持坚定的否定立场，尽管司马迁充分肯定商鞅、韩非等法家代表人物个人的杰出才能，也承认商鞅变法的成效，并不抹杀其历史作用，但"刻暴少恩"是司马迁评论几乎所有的法家思想与法家人物的"通常用语"，而且"司马迁对法家的否定态度及其反专制主义精神是统一的"。④

关于人性，法家的判断是人性恶，韩非主张"人性恶"比荀子更加彻底。韩非强调趋利避害是人的性情，他说："夫安利者就之，危害者去之，此人之情也。"⑤ 韩非认为人本性自私，"人为婴儿也，父母养之简，子长而怨。子盛壮成人，其供养薄，父母怒而诮之。子、父，至亲也，而或谯或怨者，皆挟相为而不周于为己也"⑥。韩非认为自利是人的本性，

---

① 《孙中山全集》（第6卷），中华书局1985年版，第22页。

② ［美］牟复礼：《中国思想之渊源》，王立刚译，北京大学出版社2009年版，第91—92页。

③ 《韩非子·扬权》。

④ 范振国：《司马迁对法家的否定态度及反专制主义精神》，《河南大学学报》（哲学社会科学版）1988年第1期，第44—50页。

⑤ 《韩非子·奸劫弑臣》。

⑥ 《韩非子·外储说左上》。

他阐释说:"医善吮人之伤,含人之血,非骨肉之亲也,利所加也。故舆人成舆,则欲人之富贵;匠人成棺,则欲人之夭死也。非舆人仁而匠人贼也,人不贵则舆不售,人不死则棺不买。情非憎人也,利在人之死也。"① 既然人性本恶,那么接受其恶的本性,才合乎天意。因此,韩非认为,人性是自然而成的,制定法律就必须以人的本性为依据,而不是对它加以否定,法家毫不隐讳其人性论理论基础是利己和性恶,并以之作为其严刑峻法与漠视人的尊严和权利的理论支撑。《韩非子·六反》说:"父母之于子也,产男则相贺,产女则杀。"父母为什么会重男轻女呢? 这是因为父母"虑其后便,计其之长利也"。这是说父子关系也是出于利己之心,尽管他们之间有着血缘亲情。韩非感叹说:"故父母之于子也,犹用计算之心以相待也,而况无父母之泽乎?"

韩非(约公元前 280 年—公元前 233 年),法家之集大成者,战国时期韩国人,杰出的思想家、哲学家和散文家。韩王之子,荀子学生,李斯同窗。虽然是荀子的学生,却未承袭荀子的儒家学说,而爱好"刑名法术"之学,韩非子将商鞅的"法"、申不害的"术"和慎到的"势"融为一体,主张君主将"法""术""势"三者结合起来治理国家。

法家的否定性人权可从"韩非之死"的凄凉结局中再次得到诠释。关于韩非之死,司马迁在《史记》中有记载:"李斯、姚贾害之,毁之曰:'韩非,韩之诸公子也。今王欲并诸侯,非终为韩不为秦,此人之情也。今王不用,久留而归之,此自遗患也。不如以过法杀之。'秦王以为然,下吏治非。李斯使人遗非药,使自杀。韩非欲自陈,不得见。秦王后悔之,使人赦之,非已死矣。"② 韩非之死说明,即使是法家显赫的代表,其个人的生命权等人权也得不到保障。

法家另一重要代表人物商鞅个人结局也很悲惨,又一次证明法家否定性人权思想的致命缺陷。商鞅(公元前 395 年—公元前 338 年),卫国人,卫国国君之后裔,原名卫鞅,或者公孙鞅,由于在河西之战立功受封赏商之地十五邑,号商君,故又被称为商鞅。因其推行变法使秦国很快崛起为强国,遂以"商鞅变法"名垂史册。公元前 356 年,秦孝公任

---

① 《韩非子·备内》。
② 《史记·老子韩非列传》。

命商鞅为左庶长，在秦国国内推行变法。商鞅在变法中制定法律，限制和剥夺人民的自由权利，制定"连坐法"①，"轻罪用重刑"，此外，还制定禁锢人民思想和迁徙自由的法律，"焚烧儒家经典，禁止游宦之民"。必须指出的是，否定人权精神的法律肯定是恶法，商鞅的法制本质上是人治的表现，并非真正的法治。

　　商鞅漠视人的存在与尊严，以及人权精神的缺失，司马迁对他总体持否定的立场，他评论说："商君，其天资刻薄人也。""且所因由嬖臣，及得用，刑公子虔，欺魏将昂，不师赵良之言，亦足发明商君之少恩矣。余尝读商君开塞耕战书，与其人行事相类。卒受恶名於秦，有以也夫！"②另一位著名史学家司马光也这样评价商鞅："而商君尤称刻薄。"③

　　儒家反对法家的理念，贾谊对商鞅的评价十分负面："商君违礼义，弃伦理，并心于进取，行之二岁，秦俗日败。"④ 在《盐铁论》中，汉昭帝时期的贤良文学认为，商鞅的严酷刑法是导致秦朝快速覆亡的重要原因："商鞅以重刑峭法为秦国基，故二世而夺。"⑤《旧唐书》称商鞅为酷吏："威刑既衰，而酷吏为用，于是商鞅、李斯谲诈设矣。"⑥ 《资治通鉴》也评论商鞅执法严酷："初，商君相秦，用法严酷，尝临渭论囚，渭水尽赤。为相十年，人多怨之。""宠秦国之政，畜百姓之怨。"⑦ 商鞅曾在渭河边一日处决囚犯700人，河水因此变红，号哭之声惊天动地，商鞅漠视民众生命、自由等基本人权，其滥用酷刑的行为招致民众普遍的怨恨与反对。

　　当一个社会里大多数人都缺少基本人权保障之时，这必定是一个恐怖的社会，秦惠文王嬴驷为太子时，曾触犯了商鞅所定之法，商鞅认为："法之不行，自于贵戚。君必欲行法，先于太子。太子不可黥，黥

---

　　① 连坐法的具体内容：一家有罪，九家必须连举告发，若不告发，则十家同罪连坐。不告奸者腰斩，告发"奸人"的与斩敌同赏，匿奸者与降敌同罚。

　　② 《史记·商君列传》。

　　③ 《资治通鉴·卷二·显王十年》。

　　④ 《贾谊新书·卷三·时变》。

　　⑤ 《盐铁论·卷二·非鞅》。

　　⑥ 《旧唐书·卷一百八十六上》。

　　⑦ 《资治通鉴·卷二·显王三十一年》。

其傅师。"① 黥刑显然属于肉刑的一种，是一种野蛮的刑罚，是对人的尊严的极大伤害，商鞅也因此得罪了太子。公元前338年，太子登基，对当年受罚之事耿耿于怀，加之商鞅威望太高，人人都知道商君之法，新王对商鞅更是忌惮，公子虔乘机造谣说商鞅谋反，多种动因叠加在一起，秦惠文王下令逮捕商鞅。商鞅逃亡至边关，欲宿旅店，旅店主人不认识他是商鞅，见他未带证件，告知以商君之法，留宿无证件的客人是要治罪的。商鞅的结局也是悲惨的，最终被依据商君之法车裂而死。作为法家重要代表人物的商鞅，他的死说明法家的严刑峻法既不能保障他人人权，同样也不能保障其自身的人权。

作为法家思想的忠实实践者，被称为"千古一相"的李斯，以辅佐秦始皇统一中国而声名显赫，上《谏逐客书》保护自己，同时为秦国留住了大批人才，制定法律，统一车轨、文书、度量衡。但如此一人，最终也未逃脱受五刑之祸，灭三族之灾，被腰斩于咸阳的结局，想和家人牵黄犬游上蔡东门而不可得。对李斯人格心理影响最大的两位思想家是：他的老师荀子，还有他的同窗韩非。有学者认为，李斯人生悲剧根源于荀子、韩非的人性学说。"一己之心"贯穿他当政为官的全过程。李斯戒惧"厕中鼠"与"仓中鼠"处境差距，视身份卑贱和处境困穷为人最大的耻辱与悲哀，甚至主张在卑贱困穷时不应再信守所谓立身处世的教条，摆脱困境可不讲原则，奉行"仓中鼠"的处世哲学，② "老鼠哲学"既是他奋斗的动力，也是他深层的人生价值观基础。李斯人生最重要的诉求就是改变生存环境，即使做一只"鼠"也要做"仓中鼠"。"谋取高官显位，享受荣华富贵"在他年轻的心里已深深扎根，埋藏在他灵魂深处的是攫取荣华富贵的私心、私欲、私情。③ 卖力迎合并执行秦始皇以酷刑治国的专制意图，建议秦始皇焚烧《诗》《书》百家之语，剥夺民众言论自由，实施愚民政策。妒杀韩非，又将韩非的专制理论付诸实施，以严刑

---

①　《史记·卷五·秦本纪第五》。

②　张永刚：《"仓中鼠"哲学的悲剧——读〈史记·李斯列传〉》，《内蒙古师范大学学报》（哲学社会科学版）1996年第2期，第81—83页。

③　周东风：《李斯的"一己之心"与人生悲剧》，《政工学刊》2017年第1期，第93—96页。

峻法作为治国的手段，将全国变成一个大监狱。① 法家人性恶的理念及作为，使李斯不愿甚至拒绝维护人的尊严和权利，否定人的价值和主体性存在，也是酿成其自身悲剧的主要原因。

由于否定人权价值，法家所谓的法治实质是人治，商鞅提出"垂法而治"②"任法而治"③，管仲主张"以法治国"④，韩非宣称"以法为本""唯法为治"⑤，慎到强调"事断于法"⑥。马作武教授认为，"中国古代的所谓'法治主义'其实是专制主义的别称"⑦ 并指出，法家重刑主义学说"必然导致对生命的蔑视、民生的摧残、基本人权的践踏，秦朝的暴政充分印证了这一点"。⑧ 法家的人权思想中唯一值得肯定的是，法律面前人人平等的思想。关于平等权利，法家反对儒家"礼不下庶人，刑不上大夫"的等级观念，提出法律面前人人平等的思想。韩非认为，无论高贵的人还是有权势的人法律都必须同等对待，不徇私情，清除贵族特权，他主张，"法不阿贵，绳不绕曲。法之所加，智者弗能辞，勇者弗敢争，刑过不避大臣，赏善不遗匹夫"。⑨ 因此，在人人平等的理念上，法家比儒家有进步性。

第四节　道家"自然无为"向度人权理念

"自然无为"是道家的哲学站位，以此为起点，阐释其平等、自由等人权主张和理念。老子致力于给民众更多的自由，提出"无为而治"的治理模式，老子认为天道主张平等，"天之道，损有余而补不足"。提出

---

① 陈桐生：《荀子、韩非的人性论：李斯悲剧根源》，《学术研究》2007 年第 3 期，第112—115 页。

② 《商君书·壹言》。

③ 《商君书·慎法》。

④ 《管子·明法》。

⑤ 《韩非子·心度》。

⑥ 《慎子·佚文》。

⑦ 马作武：《中国古代"法治"质论——兼驳法治的本土资源说》，《法学评论》1999 年第 1 期，第 50—58 页。

⑧ 马作武：《先秦法家重刑主义批判》，《中外法学》2012 年第 24 卷第 6 期，第 1264—1277 页。

⑨ 《韩非子·有度》。

"民不畏死，奈何以死惧之"的生命权考问，反对统治者对人民施行苛政，视人民的生命如草芥。构想"小国寡民"的民生理想，主张"甘其食，美其服，安其居，乐其俗"的美好生存权愿景。庄子在中国历史上破天荒第一次对平等、自由问题进行了认真的探讨。庄子以其自然观为理论视角，提出"自然平等"理念，主张人人平等乃自然所赋，可谓是一种古老的天赋人权理念，主张"道通为一"，"夫天下也者万物之所一也"。庄子将"逍遥游"作为自由的表达，描绘的是一幅"自然自由"的图景。庄子构想的是一种精神的超越和自由，"乘云气，御飞龙，而游乎四海之外"（《庄子·逍遥游》），"与造物者为人，而游乎天地之一气。……芒然彷徨乎尘垢之外，逍遥乎无为之业"（《庄子·大宗师》），"独与天地精神往来"（《庄子·天下》），进入精神的自由王国。杨朱是老子的弟子，杨朱的人权理念，可从两个维度挖掘出极具积极价值的内涵：一是个人本位与个体权利意识，二是对君主制的挑战与反叛。其人权观以"贵己"和"为我"为思想核心，"贵己"表达个人本位意识，强调的是自我作为独立的个体存在的价值和意义。"为我"是在封建专制社会中隐而未发的对君主制的否定。杨朱在中国社会思想史上第一个提出了以个人为本的思想，认为个人的存在高于国家和社会。老子主张政治自由，杨朱追求个性自由，庄子所倡导的"逍遥"境界更侧重于人的精神自由。

一 老子"天道平等"人权理念

老子，姓李名耳，字聃，春秋末期人，大约于公元前 571 年（周灵王元年、鲁襄公二年、宋平公五年）出生于楚国苦县。《史记·老子韩非列传》记载，老子即李耳，是楚国苦县厉乡曲仁里人。老子曾任东周王朝的图书馆馆员，管图书，孔子是他的后辈，曾向他问礼。《礼记·曾子问》记孔丘曾经问礼于老聃，《吕氏春秋·当染》说"孔子学于老聃"。[1]作为中国古代著名思想家、哲学家、文学家和史学家，是道家学派创始人和主要代表人物，与庄子并称老庄。在道教中，老子被尊为道教始祖，称"太上老君"。在唐朝，老子被追认为李姓始祖。孔子对老子评价极

---

① 高亨：《关于老子的几个问题》，《社会科学战线》1979 年第 1 期，第 35—39 页。

高："鸟，吾知其能飞；鱼，吾知其能游；兽，吾知其能走。走者可以为罔，游者可以为纶，飞者可以为矰。至于龙，吾不能知，其乘风云而上天。吾今日见老子，其犹龙邪！"① 胡适也指出："老子的最大功劳，在于超出天地之外，别假设一个'道'。"②

老子传世之作《道德经》（又称《老子》），是全球文字出版发行量最大的著作之一。早在 18 世纪，西方一些国家就有了《老子》的多种文字版本。据联合国教科文组织统计，《老子》一书是当今除《圣经》外，在全世界出版发行数量最多的一本书，单是日本就有 300 多种版本。到 20 世纪四五十年代，欧洲共有 60 多种《道德经》译文，德国哲学家黑格尔、尼采，俄罗斯大作家托尔斯泰等对《道德经》都有深入的研究，并都有专著或专论问世。③ 美国《纽约时报》曾将《道德经》列为世界十大名著之首。④ 伦敦的大英图书馆广场有世界十大思想家塑像，老子为其中之一。⑤ 尼采将《道德经》形容成一个"永不枯竭且满载宝藏的井泉"，认为只要"放下水桶，便唾手可得"。

老子思想对中国哲学发展具有深刻影响，其思想核心是朴素的辩证法，尽管老子没有明确提出人权这一概念，也没有制度形态的人权制度构建，但老子思想中仍然涵括丰富的观念形态的人权理念："天之道，损有余而补不足"的天道平等理念，"民不畏死，奈何以死惧之"的生命权考问，"无为而治"给人民最大的自由发展理念，"甘其食，美其服，安其居"的"小国寡民"的民生理想国，老子不遗余力阐释宣扬"民"之主体性存在，彰显其厚重的民本理念。

"民"之主体性存在。人作为主体而存在，是在人与万物的关系中，人的这种地位所决定的，正如普罗泰戈拉指出的那样，"人是万物的尺度"。人权发展是一个历史过程，人的主体性的澄明也是一个历史的过

---

① 司马迁：《史记》，岳麓书社 1988 年版，第 493—498 页。

② 胡适：《中国哲学史大纲》，上海古籍出版社 1998 年版，第 34—40 页。

③ 中国大百科全书编委会：《中国大百科全书》（第 13 卷），中国大百科全书出版社 2009 年版，第 396—398 页。

④ 王振顶：《老子语言文化遗产的研究及价值》，《华夏文化》2010 年第 3 期，第 26—28 页。

⑤ 佚名：《老子、孔子、慧能，儒释道三圣塑造中国文化》，《意林文汇》2017 年第 2 期，第 35—39 页。

程，老子已经意识到了"民"自身的主体性存在，甚至把"民"作为一种更为重要的主体而提出。① 在老子的理念中，十分关注民众的处境及命运，十分关注民众这个主体的生命及生存权利，老子说："民不畏死，奈何以死惧之？"（《老子道德经·74 章》）这句话常被解读为老子对当时社会声嘶力竭的控诉，但它又何尝不是为"民"自身利益的呐喊。"民之饥，以其上食税之多，是以饥；民之难治，以其上之有为，是以难治"（《老子道德经·75 章》）、"绝圣弃智，民利百倍；绝仁弃义，民复孝慈；绝巧弃利，盗贼无有"（《老子道德经·19 章》）这些控诉的出发点是"民"，建议的受益者是"民"，无一不显示出老子对"民"的深切同情与关爱，② 彰显老子对民众这个主体生存权利的关注。

自由发展理念。从自由的观念演进到自由的权利，是一个漫长的历史过程。即使只是自由的理念萌芽及生成，各个时代的思想家也做出了各自的努力与贡献，老子致力于给民众更多的自由，提出"无为而治"的治理模式，尽最大可能不扰民，让民众能够充分休养生息，给人民最大的自由发展空间。在政治上，老子极力主张无为而治。在修身方面，老子是道家性命双修的始祖，讲究虚心实腹、不与人争的修持。老子的理论不只能养一己之身，还能养一国之民。在政治上，每每朝代初定，统治者便会提倡无为而治，休养生息，或直接或间接地将老子的学说当作安邦定国的重要手段。老子宣扬"天之道，损有余而补不足，人之道则不然，损不足以奉有余"以及"民不畏死，奈何以死惧之"③ 等民本思想，又不知给了多少治世者以警示，要他们体恤民生，取法天道，宽待百姓，无私无欲。尽管在封建专制社会中，这种"无为"是有限度的，但与法家的极端专制统治理念对个人自由的全面压制相比，无疑具有积极的进步价值。

生命权理念。老子认为，人民不怕死，为什么还要用死去恐吓他们呢？老子反对用重刑，尤其反对以滥杀的方式来维持统治。对于我们每

---

① 龙倩：《老子"无为"思想辨析》，《五邑大学学报》（社会科学版）2016 年第 18 卷第 1 期，第 73—77、95 页。

② 龙倩：《老子"无为"思想辨析》，《五邑大学学报》（社会科学版）2016 年第 18 卷第 1 期，第 73—77、95 页。

③ 任犀然主编：《老子道德经》，中国华侨出版社 2018 年版，第 224 页。

个人来说，生命都是有意义的，生命权是最基本的人权。但是在老子所处的那个年代，社会动荡不安，统治者昏庸无道，他们不但对人民施行苛政而且视人民的生命如草芥，为了满足自己的欲望，不惜伤害人民的性命。人民处在水深火热之中，生命安全得不到保障。在人民看来，生是痛苦的，死倒是一种最好的解脱，所以他们也就不惧怕死亡了。对于不惧怕死的人来说，以死相威胁还有什么意义呢？一旦人民不再畏惧死亡，那么国家的严刑峻法也就无法发挥作用了，或者说它不再有威慑力了。所以，老子才提出了"民不畏死，奈何以死惧之"的质问。"以死惧之"的目的在于使人民畏惧反抗。老子在这里说民众不畏惧死亡，实际是在告诫统治者不要用死亡来威吓人民，这其中夹杂了老子的愤懑情绪，也充分体现了他对人民的仁爱和怜悯。①

民生权理念。"民之饥，以其上食税之多，是以饥。"② 人民之所以会遭受饥饿，是因为统治者榨取吞食赋税过多，老子反对统治者对人民加征苛捐杂税，加重人民的负担。如果统治者以人民的利益为重，那么人民就会生活富足，国家就会太平安定，统治者的地位也就会稳固。与此相反，如果治者不以人民利益为重，只追求自身的安逸，不顾人民的死活，那么人民就会不惜一切地反抗统治者的压迫。"民之难治，以其上之有为，是以难治。民之轻死，以其求生之厚，是以轻死。夫唯无以生为者，是贤于贵生。"③ 人民之所以难以统治，是统治者政令繁苛、强作妄为。人民之所以不惜轻生冒死去触犯法律，是统治者为了奉养自己，把民脂民膏都搜刮净了，所以人民"求生之厚"。只有那些不去追求生活享受的人，才比奉养奢厚的人更超然。

"小国寡民"的民生理想。即使在那个远古时代，老子也在为民众积极谋划幸福生活，尽管他所在的时代不可能有幸福权的概念，但这并不妨碍老子践行"人民的幸福生活是最大的人权"的理念，"小国寡民"就是老子为人民勾勒设计的理想生存图景及治理模式。"甘其食，美其服，

---

① 任犀然主编：《老子道德经》，中国华侨出版社 2018 年版，第 225 页。

② 任犀然主编：《老子道德经》，中国华侨出版社 2018 年版，第 227 页。

③ 任犀然主编：《老子道德经》，中国华侨出版社 2018 年版，第 227 页。

安其居，乐其俗。邻国相望，鸡犬之声相闻，民至老死，不相往来。"①
就是让人民有香甜美味的饮食，漂亮华丽的衣服，安适稳定的住所，欢
乐的风俗。国与国之间互相望得见，鸡犬的叫声都可以听得见，但人民
从生到死，彼此也不互相往来。在老子提出的"小国寡民"理想国中，
没有战争，人民安居乐业，不用智能，自得其乐。老子强调，理想的国
家不宜过大，人口也不宜过多。由于老子所处的那个时代是一个战乱、
压迫、贫瘠、饥饿、荒淫、贪婪的时代，老子设计的"理想国"就像一
个安静的村落，国中的百姓很少，但是人人富足，生活安定，各种器具
应有尽有，但是人们都不去使用这些器具，统治者清心寡欲，从不把自
己的意志强加到人民的身上，也不干涉人民的生活，使人民重视自己的
生命。

天道平等理念。 在人类历史发展的早期进程中，尽管人与人之间不
平等的现象和制度大行其道，但人们对平等的追求从未泯灭，"平等自由
的愿望，从奴隶仅被当成会说话的工具之时起，就在奴隶心中酿成"②。
为实现这个权利梦想，不同社会、不同时代的思想家提出了各式各样的
平等理念，老子也在著述中阐释了其朴素的平等思想。老子认为，天道
是主张平等的，"天之道，损有余而补不足。人之道，则不然，损不足以
奉有余"③。天之道就是减少有余而补充不足的。老子认为，自然的规律，
不是很像张弓射箭吗？弦位高了就把它压低一些，低了就把它举高一些，
弓弦拉得过满了就把它放松一些，拉得不足了就把它拉满一些。什么是
人之道呢？就是人类统治者所奉行的社会法则。人之道与天之道截然相
反，人之道是"损不足以奉有余"。在老子看来，人之道是造成天下贫富
不均和权利不平等的根源，而天之道则追求平等，所以它能长久，能够
使人心安宁，防止动乱的发生。"孰能有余以奉天下？唯有道者。"有道
之人会把自己多余的衣物、粮食和财物拿出来奉献给贫穷的人，以达到
社会均等的目标，从而实现社会的安定。尽管在阶级社会中，奴隶主与
奴隶以及地主与农民之间不可能实现真正的平等，但老子的平等理念对

---

① 任犀然主编：《老子道德经》，中国华侨出版社 2018 年版，第 239 页。
② 韩德培：《人权的理论与实践》，武汉大学出版社 1995 年版，第 440 页。
③ 任犀然主编：《老子道德经》，中国华侨出版社 2018 年版，第 232 页。

于被压迫阶级的解放及人权发展进步有一定的启蒙意义。

二 庄子"逍遥自由"人权理念

庄子（公元前 369 年—公元前 286 年）①，战国中期思想家、哲学家和文学家。姓庄，名周，宋国蒙人。是继老子之后，战国时期道家学派的主要代表人物。与老子并称为老庄。庄子因崇尚自由而不应楚威王之聘，生平只做过宋国地方的漆园吏，史称"漆园傲吏"，被誉为地方官吏之楷模。庄子最早提出"内圣外王"思想，对儒家影响深远，庄子洞悉易理，深刻指出"《易》以道阴阳"；庄子"三籁"思想与《易经》三才之道相合。他的代表作品为《庄子》，其中的名篇有《逍遥游》《齐物论》等。尽管庄子所处的时代不可能有制度形态的人权制度的生成与构建，但其著述中的确涵括宝贵的作为观念形态的人权理念，特别是其关于平等、自由的人权理念值得发掘。

马作武教授认为，庄子在中国历史上破天荒第一次对平等、自由问题进行了认真的探讨，是中国古代个人意识觉醒的标志，其所包含的对君主专制政治的批判与声讨精神乃是中国古代政治法律思想中最有价值的内容。② 严复指出，西方近代关于平等、自由的理念精神，均可以从中国古代的庄子那里找到出处，换言之，庄子是最早阐释平等、自由理念的中国人，无疑也是世界平等、自由理念的最早的启蒙思想家，严复说："晚近欧西平等、自由之旨，庄生往往发之，详玩其说，皆可见也。"③ 章太炎则从庄子的著作文本出发，发掘庄子的平等自由思想，章太炎说《庄子》"内篇以《逍遥》《齐物》开端，浅言之，逍遥者，自由之义；齐物者，平等之旨"④。自由、平等理念在传统中国文化中凤毛麟角，甚为罕见，既然庄子思想中有迹可循，我们就有责任发明于微，抚去历史

---

① 参见刘固盛、刘韶军、肖海燕《近代中国老庄学》，福建人民出版社 2014 年版，第 449 页。庄子大约生于公元前 369 年，关于庄子卒年，马叙伦详考各种相关史籍，结合战国时期帝王纪年，得出了一个大致的范围（公元前 298 年—公元前 286 年）。

② 马作武：《庄子平等、自由观发微》，《中山大学学报》（社会科学版）2007 年第 1 期，第 40—45、125 页。

③ 参见严复《庄子·寓言》评语，载伍杰编著《严复书评》，河北人民出版社 2001 年版。

④ 参见章太炎《国学讲演录·诸子略说》，华东师范大学出版社 1995 年版。

的尘埃，让先哲的智慧之光重现于今，为新时代人权发展提供文化资源和指引。

庄子的平等理念。庄子以其自然观为理论视角，提出"自然平等"理念，主张人人平等乃自然所赋，可谓是一种古老的天赋人权理念。巧合的是，古罗马的西塞罗也提出过人类自然平等的观念，只不过西塞罗是从自然法理论出发得出这一结论的。西塞罗认为："任何人都有区别于禽兽的共同人性，人与人之间在自然法面前，都以共同的理性为基础。"①庄子的道论，具有一种对传统及世俗的以贵贱有等、上下有别为精神的社会等级秩序观念予以颠覆和解构的理论因素。从人性的真谛便是自然性出发，庄子强调各种社会关系及规范都是对人性的桎梏和斫伐，并认为人人平等不仅是自然所赋，也是人性的本质要求。②庄子视人为自然的一部分，认为人是自然之"气"聚合的产物。"人之生，气之聚也。聚则为生，散则为死。"③人之死，不过是回归了自然，不必悲伤。于是就有了妻子死，庄子"鼓盆而歌"的故事："庄子妻死，惠子吊之。庄子则方箕踞，鼓盆而歌。惠子曰：'与人居，长子，老身，死不哭，亦足矣。又鼓盆而歌，不亦甚乎？'庄子曰：'不然。是其始死也，我独何能无概？然察其始而本无生；非徒无生也，而本无形；非徒无形也，而本无气。杂乎芒芴之间，变而有气，气变而有形，形变而有生。今又变而之死。是相与为春秋冬夏四时行也。人且偃然寝于巨室，而我嗷嗷然随而哭之，自以为不通乎命，故止也。'"

既然人的根本属性是自然性，那么，人从本性而言应该是平等的。庄子提出了"道通为一"④"齐一"的自然法思想。认为"齐万物以为首"⑤，"夫天下也者万物之所一也"。⑥"一"则"齐"，无分彼此，也就是平等。可见庄子自然法的"道"具有平等性。"以道观之，物无贵

---

① 吕世伦：《西方法律思想史论》，商务印书馆 2006 年版，第 42 页。
② 马作武：《庄子平等、自由观发微》，《中山大学学报》（社会科学版）2007 年第 1 期，第 40—45、125 页。
③ 《庄子·知北游》。
④ 《庄子·齐物论》。
⑤ 《庄子·天下》。
⑥ 《庄子·田子方》。

贱"①"天地与我并生，万物与我齐一"②"天地之养也一，登高不可以为长，居下不可以为短"。不仅无高下之分，也无贵贱之别。"以道观之，何贵何贱？……万物齐一，孰短孰长？"③ 即便是天子，在自然面前也是一个人，与其他人并无什么差别。"与天为徒者，知天子之与己，皆天之所子。"④"天"就是自然，人人都是自然之子，人人都是"天子"，所以，人人都是平等的，这种平等也是天赋的。针对当时流行的"维齐非齐"论，庄子明确批驳道："以不平平，其平也不平。"⑤ 显然，这种从人性出发而形成的平等意识比法家的法律面前的有限平等论高出了一个层次，也比墨家"兼爱"论中隐含的平等意识更直观、更具理论的完整性。庄子认为人的不平等，都是人为地树立某种标准所致。用道德仁义来划分君子小人，掩盖了人本性的一致性。

《齐物论》是庄子的代表作之一，也是庄子平等意识的独特表达。庄子所要破除的是人的差异性和歧见，所谓"天地与我并生，万物与我合一"。"我"代表人类，"我"与万物是合一的，则所谓齐物，不就是庄子抒发的对人类平等性的诉求么？以心齐物，则必须"吾丧我"。"丧我"和《逍遥游》中的"无己"一样，都是要求放弃自我的成心成见。因为正是这种成心成见才使得人类产生隔阂，产生等级，产生不平等。章太炎先生说："齐物者，一往平等之谈。详其实义，非独等视有情，无所优劣，盖离言说相，离名字相，离心缘相，毕竟平等，乃合《齐物》之义。"⑥

庄子的自由理念。庄子表达的自由理念是一种最原初、最淳朴的"自然自由"观。庄子将"逍遥游"作为自由的表达，描绘的是一幅"自然自由"的图景。庄子认为无拘无束、无知无欲的自然之情乃是人的本性，而社会一切的人为制度和关系都是对人性的桎梏，庄子强烈希望

---

① 《庄子·秋水》。
② 《庄子·齐物论》。
③ 《庄子·秋水》。
④ 《庄子·人间世》。
⑤ 《庄子·列御寇》。
⑥ 《齐物论释》，《章太炎全集（六）》，上海人民出版社 1986 年版，第 61 页。

打破这些桎梏，恢复人的自然本性。① 他说："且夫待钩绳规矩而正者，是削其性者也；待绳约胶漆而固者；是侵其德者也；屈折礼乐，呴俞仁义，以慰天下之心者，此失其常然也。"② 庄子将自由表述为"逍遥游"，即心灵的无拘无束，自由翱翔在苍穹之中。陈鼓应先生注意到庄子"大量使用'游'这一概念，用'游'来表达精神的自由活动"，他总结出《庄子》各篇中屡屡可见诸如"游无穷者""乘物以游心""游心乎德之和""游乎天地之一气""游心于淡""游无何有之乡""游心于无穷""游心于物之初""心有天游"等语句，并认为："我们可知庄子所谓'游心'，乃是对宇宙事物做一种根源性的把握，从而达致一种和谐、恬淡、无限及自然的境界。在庄子看来，'游心'就是心灵的自由活动，而心灵的自由其实就是过体'道'的生活，即体'道'之自由性、无限性及整体性。"③ 庄子强调精神自由、心灵自由、意志自由。在天地、四海、自然之中体验无拘无束的自由，尽管人们在现实世界中仍会受到物质生活条件的种种约束，但庄子构想的是一种精神的超越和自由，"乘云气，御飞龙，而游乎四海之外"④。"以出六极之外，而游无何有之乡。"⑤ "与造物者为人，而游乎天地之一气。……芒然彷徨乎尘垢之外，逍遥乎无为之业。"⑥ 这种逍遥的境界，就是要超越于人群社会之外，顺应自然，"独与天地精神往来"⑦，达到物我两忘，进入精神的自由王国。

庄子乐于表达并追求的是自由的绝对性，他认为真正的逍遥游就是"无所待"。"夫列子御风而行，泠然善也，旬有五日而后反，彼于致福者，未数数然也。此虽免乎行，犹有所待者也。若夫乘天地之正，而御六气之辩，以游无穷者，彼且恶乎待哉！"⑧ 大鹏"水击三千里，抟扶摇而上者九万里"，需要有若"垂天之云"的大翼；列子"御风而行"，

---

① 马作武：《庄子平等、自由观发微》，《中山大学学报》（社会科学版）2007年第1期，第40—45、125页。

② 《庄子·骈拇》。屈折：周旋；呴俞：爱抚。

③ 陈鼓应：《老庄新论》，香港：中华书局1991年版。

④ 《庄子·逍遥游》。

⑤ 《庄子·应帝王》。

⑥ 《庄子·大宗师》。

⑦ 《庄子·天下》。

⑧ 《庄子·逍遥游》。

"有所待"于风。这都不是真逍遥、真自由。真逍遥、真自由必须是"无所待"的。庄子企图超越事物存在的条件来构建理想的自由王国，导致其将许多现实的必然视为自由的障碍，使自由和必然对立起来，而终使其追求的自由难免陷入主观幻想。"如果说，老子主要提倡了政治自由，那么杨子追求的则主要是个性自由，而庄子所倡导的'逍遥'境界就更侧重于人的精神自由。"① 也有学者将庄子的自由与世界哲学史上具有典型意义的自由观相比较，而称庄子为"情态自由"②。崔大华认为，庄子所认识和追求的自由——"逍遥"，与具有典型意义的自由观，即卢梭、康德等的意志自由，以及斯宾诺莎、黑格尔等的认识必然的理性自由相比，是一种情态自由。卢梭和康德的意志自由论所揭示和坚持的是认为人的行为在其根源上是独立自主的，因而人是社会立法的主权者，人是道德法则的主体。这和庄子的情态自由论所描述和追求的超脱人生困境，理智、理性地升华人所固有的感情、感性，从而达到无待、无累、无患的自在情境，是完全异趣的。理性自由论所揭示和坚持认为的自由是人的理性的自觉，与庄子所追求的那种精神上无任何负累的、逍遥情境的自由也是不同的。

　　台湾学者韦政通先生指出："老、庄反抗集权，以及主张政府不应干涉人民的生活，这一点与西方自由主义略同。其不同者，在老、庄所争取的自由，与权利无关，而是心灵上的无拘束感。为了达到这种心灵的自由，他们所反抗的不止是政治的干涉，尚须扩及社会制度，甚至整个的现有文明。他们认为只有在原始的自然状态里，才能获得这种自由，因此任何的社会规范都是障碍。这种弃人文返自然的个人自由，生活情调和心理结构，都可以与保守主义相调和。"③

　　庄子在论说人类社会不平等根源的某些现象时和卢梭是一致的，但在消除不平等的途径和手段上以及对平等的理想社会的描述上，两人却大相径庭。庄子认为，消除不平等首先要绝智去欲。"洒心去欲，而游于

---

　　① 刘蔚华：《黄老所完成的历史性过渡》，载丁原明《黄老学论纲》，山东大学出版社1997年版，第2页。
　　② 参见崔大华《庄学研究》，人民出版社1992年版，第162—165页。
　　③ 韦政通：《中国的智慧》，吉林文史出版社1988年版，第47页。

无人之野。"① "纯粹而不杂，静一而不变，淡而无为，动而以无行。"②
排除一切杂念，置七情六欲于度外，顺任自然，无为以行，只有如此才
能使人类复归到平等自由的自然状态。卢梭认为，使人重新得到平等的
途径是找出一种理想的政治结合形式，这种理想的政治结合形式就是基
于社会契约，实行法制的民主共和国，在这个国家中，人们能获得更高
阶段的平等和自由。③

庄子是从消极、被动的意义上给平等自由下定义的，即把平等自由
视为没有障碍，不受强制，除"道"以外不受任何制裁，听命自然。卢
梭是从积极意义给平等自由下定义，即把平等自由看成自觉服从公意的
结果。服从公意并不意味着屈从任何外界强加的束缚，而恰恰是服从自
己的意志。卢梭确定社会状态下的平等自由远远高于自然状态中的平等
自由。④

用历史唯物主义观点来考察庄子的自然法平等观，显然其有无法弥
补的缺陷与历史局限，不平等是当时历史不可逆转的事实，想不正视现
实，返依自然，只能是倒退。但我们应该看到庄子的平等观是针对社会
贵贱贫富悬殊的不平等社会现象有感而发的，特别是庄子强调的精神自
由与意志自由，作为平等的正当性基础，无论对于人权发展的历史还是
现实，均具有重要的启蒙意义。当然，卢梭的平等观是建立在私有制基
础上的，财产私有制产生以及财富不平等的占有是社会一切不平等的根
源。"自从人们觉察到一个人据有两个人食粮的好处的时候起，平等就消
失了，私有制就出现了。"⑤ 其平等仍然是资产阶级的形式上的平等。正
如恩格斯指出的："平等要求的资产阶级方面是由卢梭首先明确地阐述
的，但不是作为全人类要求来阐述。"⑥ 但我们应该看到平等要求"特别
是通过卢梭起了一种理论的作用，……今天差不多在一切国家的社会主

---

① 《庄子·山本》。

② 《庄子·刻意》。

③ 费开文、马作武：《试比较庄子与卢梭的自然法平等观》，《中南政法学院学报》1986 年
第 4 期，第 29—31 页。

④ 费开文、马作武：《试比较庄子与卢梭的自然法平等观》，《中南政法学院学报》1986 年
第 4 期，第 29—31 页。

⑤ 卢梭：《论人类不平等的起源和基础》，李常山译，商务印书馆 1962 年版，第 121 页。

⑥ 《马克思恩格斯全集》第 20 卷，第 669 页。

义运动中仍然起着很大的鼓动作用"。①

三　杨朱"贵己"个人本位人权理念

　　杨朱，又称杨子、阳生、阳子，战国诸子之一，生卒年不可考，相传是卫人。然《史记》无其传，《汉志》无其书，《古今人表》也无其名。按《庄子》的有关记载，杨朱是老子的弟子，起码是见过老子的。②道家思想源于上古黄帝思想，到春秋战国时期形成了以老子、杨朱、庄子为主的道家学派。"杨朱之学，盖仍原出道家。"③道家自老子后有所分化，专注治国安邦之术者演变为黄老之学，而重个体性命者，遂衍生出杨子之学，以"贵己"和"为我"为思想的核心。杨朱实有其人，生活在"百家争鸣"的战国时期。据《孟子·滕文公下》载："圣王不作，诸侯放肆，处士横议。杨朱、墨翟之言盈天下。天下之言不归杨，则归墨。杨氏为我，是无君也。墨氏兼爱，是无父也。无君无父，是禽兽也。"杨朱提倡为我，墨翟提倡兼爱，二者的观点是无君无父的禽兽观点。④杨朱被孟子视为大患，所谓"杨、墨之道不息，孔子之道不著"，并号召弟子抵制之，"能言距杨、墨者，圣人之徒也"⑤。《吕氏春秋·慎势》将"杨子贵己"，与"老耽贵柔、孔子贵仁、墨翟贵廉"等十人并列，且称："此十人者，皆天下之豪士也。"⑥在中国传统伦理文化中，韩非较早揭露了利己人性，杨朱和《列子·杨朱篇》阐扬了"一毛不拔"之论而引发论争。儒家伦理文化既然主张以社会群体利益为重，就必然要求人们大公无私。以儒家为主干的传统伦理文化特别强调群体本位。当个人利益与社会利益发生冲突时，个人的利益再大也是小事，社会利益再小也是大事，"杀身成仁""舍生取义"成为儒家所高扬的一面人生

---

　　①　《马克思恩格斯全集》第 20 卷，第 113 页。

　　②　《庄子·应帝王》："阳子居见老聃。"《寓言》："阳子居南之沛……而遇老子。"清人崔述在《洙泗考信录》卷一中曾放言："《道德五千言》……要必杨朱之徒之所伪托。"

　　③　吕思勉：《先秦学术概论》，云南人民出版社 2005 年版，第 44 页。

　　④　柴文华：《论中国传统伦理文化中的利己主义思想》，《求是学刊》1992 年第 6 期，第 36—39 页。

　　⑤　《孟子·滕文公下》。

　　⑥　柯卫、马作武：《杨朱思想的法学解读》，《法学评论》2009 年第 27 卷第 3 期，第 150—153 页。

大旗。尽管杨朱因人们对其"拔一毛而利天下，不为也"这句话的误读被视为极端利己主义者，而含诟千年，但杨朱的人权理念，仍可从两方面挖掘出极具积极价值的内涵：一是个人本位与个体权利意识，二是对君主制的挑战与反叛。①

《列子·杨朱篇》中禽子问杨朱曰："去子体之一毛以济一世，汝为之乎？"杨子曰："世固非一毛之所济。"禽子曰："假济，为之乎？"杨子弗应。禽子出语孟孙阳。孟孙阳曰："子不达夫子之心，吾请言之。有侵若肌肤获万金者，若为之乎？"曰："为之。"孟孙阳曰："有断若一节得一国，子为之乎？"禽子默然有间。孟孙阳曰："一毛微于肌肤，肌肤微于一节，省矣。然则积一毛以成肌肤，积肌肤以成一节，一毛固一体万分中之一物，奈何轻之乎？"禽子曰："吾不能所以答子，然则以子之言问老聃、关尹，则子言当矣；以吾言问大禹墨翟，则吾言当矣。"孟孙阳因顾与其徒说他事。杨朱进而论述道："伯成子高不以一毫利物，舍国而隐耕。大禹不以一身自利，一体偏枯。古之人损一毫利天下不与也。悉天下奉一身不取也。人人不损一毫，人人不利天下，天下治矣。"

以孔孟为代表的先秦儒家曾提出以仁爱为核心的伦理价值系统，这种仁爱包含"泛爱"的因素，但它以严格的血缘、尊卑秩序为基础，主张"差别爱"。墨家代表人物墨翟站在小生产者的立场上，力主"兼爱"，即广泛的爱、博爱，这在当时虽是一种理论童话，但其锋芒直指不平等的宗法等级制度。试想，对君子、小人、父亲、儿子实施平等的爱，这就抹杀了尊卑贵贱，违背了儒家差别爱的宗旨。爱父亲和爱儿子一样，那么怎能突出父亲的地位呢？说墨翟"无父"即眼里没有尊卑也不为过。正因为墨学中有这种虽幼稚但公正的观点，与宗法等级制度格格不入，所以在整个封建社会中几乎成为"绝学"。②

---

① 柯卫、马作武：《杨朱思想的法学解读》，《法学评论》2009 年第 27 卷第 3 期，第 150—153 页。

② 柴文华：《论中国传统伦理文化中的利己主义思想》，《求是学刊》1992 年第 6 期，第 36—39 页。

杨朱在中国社会思想史上第一个提出了以个人为本的思想，认为个人的存在高于国家和社会。刘泽华对此评价道："杨朱的思想可以说是一种个人本位论。个人作为一种自然的独立存在，与他人是平等的，又具有不可侵犯性。这种思想在当时可以说是最激进的思想之一，是反抗等级制和人身依附关系的强大思想武器。"① 马作武教授认为，杨朱思想体系中所阐发的"为我""贵己"等思想蕴含着极为宝贵的个人本位和权利意识。②

杨朱贵己重生、全性保真的理论，以自身为重，以自身的生命和心神纯真宁静、完满恬淡为目的，而以自身以外的所有与养生有益的事物为手段，揭开并抛弃了加于个人身上的种种宗法等级关系的束缚，把人看成一个与外部不发生任何关系的、不具有隶属关系的生命体，进而发现了人的独立价值。同时这个生命体对于每个人来说都是共同的、平等的。这一学说从繁杂的社会关系中找出了构成社会的基本因子，看到了统治阶级最不重视的个体生命价值，在当时的社会条件下，具有重大意义，"表达了个体与个体之间生命的平等"。③ 杨朱利己但不损人，并非真正的利己主义者。孔子讲个人的仁是在社会角色定位下有序的个体，真正凸显个人人性和价值的还是杨朱。

"杨朱的不为物累，珍视生命的思想，与老子的'厚生'之说相同。其'贵己'思想乃是对个体生命的尊重与个性的阐扬，体现了道家崇尚自然生命的一贯特点。"④ 杨朱与老、庄有个最大的不同：他不主张将个人融化在自然之中，相反，他特别强调作为人的个体的独立性和可贵性，树起了"为我"和"贵己"的旗帜。杨朱的"贵己"反映出个人本位意识，强调的是自我作为独立的个体存在的价值和意义。所谓"不以物累形"，就是不要让外物妨碍、损害了自己的形体。功名利禄、天下国家不

---

① 刘泽华：《中国政治思想史》（先秦卷），浙江人民出版社 1996 年版。

② 马作武、沈玮玮：《杨朱思想之法律观辨析——以"一毛"与"天下"之辩为切入》，《政法学刊》2008 年第 4 期，第 83—86 页。

③ 马作武、沈玮玮：《杨朱思想之法律观辨析——以"一毛"与"天下"之辩为切入》，《政法学刊》2008 年第 4 期，第 83—86 页。

④ 转引自柯卫、马作武《杨朱思想的法学解读》，《法学评论》2009 年第 27 卷第 3 期，第 150—153 页。陈鼓应：《老子与先秦道家各流派》，载陈鼓应《老庄新论》，香港中华书局 1991 年版。

过是外物而已，自己才是最重要的。杨朱的"己""我"是具有普遍意义的抽象概念，并非局限于杨朱自己或任何个体，这恰恰符合个人主义或个人本位意识的含义。个人本位对自己利益的重视与保护并不以损害他人的利益为前提或代价，这在杨朱那里也是明确的。[①]

杨朱生活的时代，人身依附关系和等级隶属关系像一张巨大的网，束缚着广大社会成员。传承下来的专制文化，更是一副精神的枷锁，禁锢了个体意识的成长。有关个人的价值、地位与意义的问题，没有被认真对待和讨论。杨朱的特立独行，在于他朦胧地意识到了人的可贵性、人的主体性，并抒发了个人本位的意念。这是一种觉醒，而这种觉醒乃是人的平等、自由观念生成的前提。再往前跨步，就可以走向关于人的意识的真正启蒙。因此，有学者认为，杨朱的个人主义与古希腊个人主义的首创者普罗泰戈拉（Protagoras）"不谋而暗合"。[②]

杨朱倡"为我"，其隐而未发的是对君主制的否定，对此，孟子看得很清楚，他说："杨氏为我，是无君也。"[③] 君主专制主义将一切个人沦为奴仆和从属物，决不承认个体存在的价值和地位。君主制要求人人"为君"，彻底放弃个人的观念和意识。一旦人人"为我"，君主制便丧失了存在的前提，这是君主专制主义所不能接受、不能容忍的。难怪一代宗师孟子在这大是大非问题上也顾及不了自己的身份，竟破口大骂杨朱是"禽兽"。"孟子的攻击，不仅曲解了杨朱本意，而且表现出他对异己言论的极端排斥。"[④]

法家基于君主专制主义的立场，自然也仇视杨朱。韩非清醒地意识到了杨朱的贵生说对君主专制政治的危害，故猛烈抨击。《韩非子·显学》说：今有人于此，义不入危城，不处军旅，不以天下大利易其胫一毛，世主必从而礼之，贵其智而高其行，以为轻物重生之士也。……今上尊贵轻物重生之士，而索民之出死而重殉上事，不可得也。韩非知道民众一旦"轻物重生"，君主就难以驱民使众。在他看来，所有个人都是

① 柯卫、马作武：《杨朱思想的法学解读》，《法学评论》2009 年第 27 卷第 3 期，第 150—153 页。

② 参见李石岑《中国哲学十讲》，江苏教育出版社 2005 年版，第 12 页。

③ 《孟子·滕文公下》。

④ 陈鼓应：《老子与先秦道家各流派》，载陈鼓应《老庄新论》，香港中华书局 1991 年版。

君主的工具而已，岂能"贵己""为我"？与孟子不同的是，韩非并不满足于骂人，而是将此中利害明明白白告诉君主。韩非作为君主专制理论的集大成者，这方面的心计与老辣远在孟子之上。

第 三 章

汉至明清时期人权理念

第一节 汉代人权理念

董仲舒的人权观是汉代人权思想的典型代表，他在封建专制统治的框架下精心建构其人权思想，不可避免地刻下了那个时代的烙印，主要内容涵括四点：第一，"性三品"的人性论，即"圣人之性""斗筲之性""中民之性"；第二，"人本于天"的民本思想；第三，确立"三纲"为内核的政治等级论，"王道之三纲，可求于天"；第四，经济平等思想，"富者足以示贵而不至于骄，贫者足以养生而不至于忧"。王充是东汉最有影响的人本主义思想家，王充认为，人性并非一成不变，"人之性，善可变为恶，恶可变为善，犹此类也"，关键在于教育。其"饥寒致乱"的生存权创见对后世有重要的价值和影响，是对管仲"仓廪实则知礼节，衣食足则知荣辱"的思想的发展。

一 董仲舒"富不至骄，贫不至忧"平等人权理念

董仲舒（公元前179年—前104年），西汉广川（河北景县广川镇）人，思想家、政治家、教育家。汉景帝时任博士，讲授《公羊春秋》。其"罢黜百家，独尊儒术"的政见被汉武帝采纳，让儒学迅即成为中国封建社会的主流思想，影响长达两千多年。《春秋繁露》是其代表作，其人权思想主要涵括："性三品"的人性论，"人本于天"的民本思想，政治等级论，经济平等思想，义利观等。

人性论。不同于孟子单纯的"性善论"与荀子纯粹的"性恶论"，关于人性，董仲舒提出了所谓的"性三品"论，将人划分为圣人、中人、

小人三类。圣人生来性善，性善圣人是天生的统治者；中人之性，可善可恶，中人之性可以教化，可以变善；至于小人则是"斗筲之性"，小人生来性恶，只能接受圣人的统治。董仲舒的人性论建立于他的天人合一思想之上，天规定了人性的来源和本质。"以性为善，此皆圣人所继天而进也，非情性质朴之能至也，故不可谓性。"并认为："圣人之性，不可以名性，斗筲之性，又不可以名性，名性者，中民之性。"① 董仲舒将人性分成上、中、下三等，这个观点被王充与韩愈传承及发展，东汉王充依据禀气多少把人性分成善、中、恶三种，唐代韩愈则明确提出"性情三品"说，把性与情分为上、中、下三品，且把"性"与"情"对立起来，"性"涵括"仁、义、礼、智、信"，被视为"与生俱生"，"情"涵括"喜、怒、哀、惧、爱、恶、欲"，因"接于物而生"。②

民本思想。这是董仲舒人权思想的精粹所在，提出"人本于天"的观点，他说："为人者，天也，人之人本于天，天亦人之曾祖父也，此人之所以乃上类天也。"董仲舒重视人的存在，提出了"天人合一"的学说，强调"为人者天"，并作了多维度的阐释："人之形体，化天数而成；人之血气，化天志而仁；人之德行，化天理而义；人之好恶，化天之暖清；人之喜怒，化天之寒暑；人之受命，化天之四时；人生有喜怒哀乐之答，春秋冬夏之类也。喜，春之答也，怒，秋之答也，乐，夏之答也，哀，冬之答也，天之副在乎人，人之情性有由天者矣，故曰受，由天之号也。为人主也，道莫明省身之天，如天出之也，使其出也，答天之出四时，而必忠其受也，则尧舜之治无以加，是可生可杀而不可使为乱，故曰：非道不行，非法不言。此之谓也。"③ 董仲舒关于人与天关系的阐释，一方面使人的主体性得到了空前的提升与彰显，另一方面，在其整个神学学说体系中，人的地位仍处于"天"与"君"之下，关于君民关系，董仲舒提出了"民为君体"的重要理念，人的权利绝不可能高于神权、君权和父权。④

---

① 《春秋繁露·实性第三十六》。
② 《原性》。
③ 《春秋繁露·为人者天第四十一》。
④ 《春秋繁露·为人者天第四十一》。

政治等级论。确立"三纲"为内核的封建等级制度:"王道之三纲,可求之于天。"① 也就是君作为臣纲,父作为子纲,夫作为妻纲等"三纲"。董仲舒还特别论证了其合理性:"是故仁义制度之数,尽取之天","君为阳,臣为阴,父为阳,子为阴,夫为阳,妻为阴,阴阳无所独行,其始也不得专起,其终也不得分功,有所兼之义。是故臣兼功于君,子兼功于父,妻兼功于夫,阴兼功于阳,地兼功于天。"② 在这里,董仲舒论证与厘定了君权、父权和夫权的统治地位,将封建等级制度与政治秩序神圣化成宇宙的根本法则。

经济平等思想。董仲舒强调,社会贫富差距拉大一定会危及社会稳定,他指出:"孔子曰:'不患寡而患不均。'故有所积重,则有所空虚矣。大富则骄,大贫则忧,忧则为盗,骄则为暴,此众人之情也。"董仲舒敏锐地洞察到财富分配是社会的关键问题,虽然他未能提出分配正义的概念,也没有上升到经济基础的理论高度,但他已经将经济平等问题与国家和社会治理相关联,他分析说:"则富者愈贪利而不肯为义,贫者日犯禁而不可得止,是世之所以难治也。"因此,他从人道的立场积极主张缩小贫富差距,追求社会公平:"故其制人道而差上下也,使富者足以示贵而不至于骄,贫者足以养生而不至于忧,以此为度而调均之,是以财不匮而上下相安,故易治也。"③

义利观。董仲舒强调义和利对于人都是不可或缺的,利作为物质是身体的基础和支撑,义作为精神是人更高层次的需求,强调义高于利,精神高于物质,这与儒家重视道德精神的修为是一致的,他说:"天之生人也,使人生义与利,利以养其体,义以养其心,心不得义,不能乐,体不得利,不能安,义者、心之养也,利者、体之养也,体莫贵于心,故养莫重于义,义之养生人大于利。"④ 董仲舒认为,一个人虽然贫贱,有义无利也是光荣的,即使富贵,有利无义也是耻辱的,而且无义富也不能自存。"今人大有义而甚无利,虽贫与贱,尚荣其行以自好,而乐

---

① 《春秋繁露·基义第五十三》。
② 《春秋繁露·基义第五十三》。
③ 《春秋繁露·度制第二十七》。
④ 《春秋繁露·身之养重于义第三十一》。

生，原宪、曾、闵之属是也；人甚有利而大无义，虽甚富，则羞辱大，恶恶深，祸患重，非立死其罪者，即旋伤殃忧尔，莫能以乐生而终其身，刑戮夭折之民是也。夫人有义者，虽贫能自乐也；而大无义者，虽富莫能自存。"① 概言之，董仲舒的义利观强调义高于利。

二　王充"饥寒致乱"生存人权理念

王充（公元 27 年—约 97 年），字仲任，会稽上虞（今属浙江）人。东汉唯物主义哲学家，代表作有《论衡》《讥俗节义》《政务书》等。王充是东汉最有影响的人本主义思想家，其有关人性论、生存权学说、平等思想的创见对后世有重要的价值和影响。

关于人性论，与孟子"性善论"和荀子"性恶论"都不同，王充提出人性"有善有恶"观点，指出"论人之性，定有善有恶"②。"人性有善有恶，犹人才有高有下也。"③ 与董仲舒不同，王充并没有将人分为上、中、下三等，而是从整个社会来考察人性，而且，王充认为所有人的人性并非一成不变，善可以变恶，恶可能变善，关键在于教育。"人之性，善可变为恶，恶可变为善，犹此类也。"④ "善恶在所养焉。"⑤ 因此，王充与董仲舒的人性观有根本的区别，董仲舒认为圣人天生就善，小人生来就恶，且圣人和小人两者的人性都不可能改变，王充认为："玉生于石，有纯有驳，性情生于阴阳，安能纯善？仲舒之言，未能得实。"⑥ 人性在教育与环境的影响下，是可以改变的，王充说："染之蓝则青，染之丹则赤。""夫人之性犹蓬纱也，在所渐染而善恶变矣。"⑦ 可以看出，王充关于人性的看法更能体现平等精神，更为客观。

王充的人本主义最精粹的部分是其从经济向度关注人的物质生活条件和生存权利，人乃"万物之生，含血之类，知饥知寒"。吃饭穿衣是人

① 《春秋繁露·身之养重于义第三十一》。
② 《论衡·卷二·率性篇》。
③ 《论衡·卷三·本性篇》。
④ 《论衡·卷二·率性篇》。
⑤ 《论衡·卷三·本性篇》。
⑥ 《论衡·卷三·本性篇》。
⑦ 《论衡·卷二·率性篇》。

生存的权利，"口欲食而目欲视，有嗜欲于内，发之于外，口目求之，得以为利欲之为也"①。衣食是人最基本的生活条件，温饱作为人最基本的要求和权利，倘若这一权利得不到满足与保障，饥寒必定导致社会动乱，他说："夫世之所以为乱者，不以贼盗众多，兵革并起，民弃礼义，负畔其上乎？若此者，由谷食乏绝，不能忍饥寒。"② 王充的"饥寒致乱"说无疑彰显了其朴素的唯物主义立场，他甚至认为，人的行为善还是恶，根本原因不在于人性本身的善恶，而在于饥荒年还是丰收年。"故饥岁之春，不食亲戚，穰岁之秋，召及四邻。不食亲戚，恶行也；召及四邻，善义也。为善恶之行，不在人质性，在於岁之饥穰。"③ 这与管仲"仓廪实则知礼节，衣食足则知荣辱"④ 的思想高度一致，司马迁在《史记·管晏列传》中将"则"改为"而"，使"仓廪实而知礼节，衣食足而知荣辱"这一思想广为流传。因此，王充的"饥寒重于人性"学说不仅契合经济基础决定上层建筑的理念，还论证了生存权利是最基本人权。

王充主张平等，反对封建特权。没有平等，没有机会平等，当然不可能人尽其才，只会出现高才不被用而才疏受重用的不平等乱象，"或高才洁行，不遇退在下流；薄能浊操，遇，在众上"⑤。王充还举例说："孔子绝粮陈、蔡，孟轲困于齐、梁，非时君主不用善也，才下知浅，不能用大才也。"⑥ 之所以如此，用人是君主的特权，没有一个平等的选人用人机制，"处尊居显，未必贤，遇也；位卑在下，未必愚，不遇也"⑦。而且，因为资源稀缺，生存竞争更激烈，必然危及个人的其他权利和自由，"位少人众，仕者争进，进者争位，见将相毁"⑧，"不能慎择友""不能钩同""不能常欢"衍生三累，个人才能有高下，得不到社会的公平对待，就会有诋毁、嫉妒、诽谤"三害"，这是社会不平等的产物和表现，

① 《论衡·卷十八·自然篇》。
② 《论衡·卷十七·治期篇》。
③ 《论衡·卷十七·治期篇》。
④ 《管子·牧民》。
⑤ 《论衡·卷一·逢遇篇》。
⑥ 《论衡·卷一·逢遇篇》。
⑦ 《论衡·卷一·逢遇篇》。
⑧ 《论衡·卷一·累害篇》。

"夫乡里有三累，朝廷有三害。累生于乡里，害发于朝廷，古今才洪行淑之人遇此多矣"①。这样必然会阻碍个人的自由全面发展。"身蒙三害，虽孔丘、墨翟不能自免，颜回、曾参不能全身也。"②

第二节　唐代人权理念

尽管没有任何的唐代典籍正式记载"人权"一词，但在唐代的文学作品中，已留下了许多闪耀着人权思想光芒的佳作，进步的人权理念犹如星星之火照亮历史的夜空。民本主义思潮得到了进一步发展，白居易不仅是一位大诗人，也是一位曾官拜刑部侍郎乃至刑部尚书的"兼济"之士，其为官勤政爱民，反对贫困，关心民生，重视民众的基本生存与发展权利，期盼和争取婚姻自由的权利，反对恢复残酷的肉刑，关注司法人权，争取更多作为人的尊严和权利。"制裘诗"是白居易民本主义理念的深刻体现，坚定主张"丈夫贵兼济，岂独善一身"，大声疾呼"稳暖皆如我，天下无寒人"。韩愈则积极倡导"一视同仁"博爱平等人权理念，在漫长的封建专制社会中，人性长期被"神性"压制，阻碍人的解放和自由，韩愈重视人性，研究人性，反对神性，反对崇拜偶像，也反对宗教，特别反对皇帝所崇拜的佛教和道教。韩愈力主在教育与人才选拔上给予社会成员平等权，主张"一视而同仁，笃近而举远"，提倡民主和平等的师生观及知人善用的人才观，强调师道"无贵无贱，无长无少，道之所存，师之所存也"。关注选拔人才制度的公正性，提倡唯才是举，打破门第限制，不问亲疏贵贱，反对以出身衡量人才，反对以貌取人。柳宗元否定天命神权，确立人的主体地位和权利。提出了一个崭新的命题："受命不于天，于其人；休符不于祥，于其仁。"论证其"利人备事，吏为民役"的民本人权理念。积极倡导和主张"思利乎人""利满天下"的民生人权观。柳宗元在柳州还有一个突出的政绩就是解放奴婢，身体力行促进民众平等和自由权利的实现。

---

① 《论衡·卷一·累害篇》。
② 《论衡·卷一·累害篇》。

一 白居易"兼济"人权理念

白居易（772 年—846 年），字乐天，号香山居士，又号醉吟先生，祖籍山西太原，到其曾祖父时迁居下邽，生于河南新郑。白居易既是唐朝的一个极负盛名的现实主义大诗人，同时又是一个不可多得的法律思想家和政治家。[①] 白居易与元稹共同倡导新乐府运动，世称"元白"，与刘禹锡并称"刘白"。白居易的诗歌题材广泛，形式多样，语言平易通俗，有"诗魔"和"诗王"之称。官至翰林学士、左赞善大夫。从做官后的第一次升堂开始，他就为自己明确立下了铁的规矩："不为钱贵，唯理从事；钱路堵衙，法理通天。"由于性格坚毅、品行高贵，白居易最终官至刑部尚书。[②] 公元 846 年，白居易在洛阳逝世，葬于香山。有《白氏长庆集》传世，代表诗作有《长恨歌》《卖炭翁》《琵琶行》等。尽管白居易所处的时代不可能出现制度形式的人权样态，但进步的人权理念并未被完全遮蔽，在白居易的思想中，进步人权理念的火花并不鲜见，他为官勤政爱民，反对贫困，关心民生，重视民众的基本生存与发展权利，期盼和争取婚姻自由的权利，反对恢复残酷的肉刑，争取更多的作为人的尊严和权利，主张"刑礼道，迭相为用"，反对单纯倚重刑治。白居易"既主崇礼法，正五伦以维护封建的等级制度，宗法制度，剥削制度，又主薄税节用以减轻人民的过重负担，反对奢侈浪费，以恤民命"。"主张民贵君轻，善政善教，提醒最高统治者适当的尊重民意，收揽人心。"[③]

民本理念。白居易的民本思想在《策林》中就有所流露。[④] 蹇长春先生认为激进的民本主义是白居易前期思想的主流。[⑤] 但是，蹇长春先生所论述的白居易激进的民本主义思想似显宽泛。同时，也很难说长庆二年（822 年）出任杭州刺史后，白居易的民本思想就完全消退，[⑥] 谢思炜先

---

① 吴霖：《怒花涌朝：儒家语境中的白居易法律思想》，硕士学位论文，华东政法大学，2008 年。

② 李宁卿：《白居易法学思想探源》，《兰台世界》2012 年第 30 期，第 79—80 页。

③ 王秉钧：《论白居易的政治思想》，《兰州大学学报》1980 年第 3 期，第 76—85 页。

④ 付兴林：《白居易散文研究》，中国社会科学出版社 2007 年版，第 284、285 页。

⑤ 蹇长春：《白居易评传》，南京大学出版社 2002 年版，第 335—405 页。

⑥ 《新唐书》卷一一九《白居易传》记载："为杭州刺史，始筑堤捍钱塘湖，钟泄其水，溉田千顷；复浚李泌六井，民赖其汲。"（宋）欧阳修，吉林人民出版社 1995 年版，第 3244 页。

生认为，因为对自己的阶级地位十分清楚，白居易能够设身处地地为民考虑，这是将白居易的民本主义思想与其阶级地位相联系。① 饱尝生活的艰辛，就会产生对于人生苦难的深刻认识，白居易对于下层民众有着深沉的怜悯之心。《纳粟》："有吏夜叩门，高声催纳粟。家人不待晓，场上张灯烛。扬簸净如珠，一车三十斛。犹忧纳不中，鞭责及僮仆。昔余谬从事，内愧才不足。连授四命官，坐尸十年禄。常闻古人语，损益周必复。今日谅甘心，还他太仓谷。"正是因为曾经亲身经历这样的遭遇，白居易的民本主义思想更为激进。② 江州之贬的打击并未泯灭白居易兼济天下的政治热情，而是进一步让他将兼济理想变为实际的行动和爱民利民的具体成果。于地方官任上屡屡施行仁政，且民本思想也贯穿诗歌创作的始终。③ "制裘诗"是白居易民本主义思想的深刻体现，且在后期思想中始终坚持，可见其前后期"兼济"思想的同一性。④ "稳暖皆如我，天下无寒人。"《新制布裘》是其前期作品：

> 桂布白似雪，吴绵软于云。布重绵且厚，为裘有余温。朝拥坐至暮，夜覆眠达晨。谁知严冬月，支体暖如春。中夕忽有念，抚裘起逡巡。丈夫贵兼济，岂独善一身。安得万里裘，盖裹周四垠？稳暖皆如我，天下无寒人。

此诗写于元和九年（814 年），当时作者正处于丁母忧期间，在老家居丧。唐制规定，丁忧期间官员无俸禄。此时的白居易也是异常清贫，生活上靠元稹等几位好友救济。然而，天有不测风云，这年冬天关中地区风雪交加，冻馁的饥民随处可见。作者目睹萧条的山村、饥冻的灾民，情不能已，慨然写下了："丈夫贵兼济，岂独善一身。安得万里裘，盖裹

---

① 谢思炜：《白居易集综论》，中国社会科学出版社 1997 年版，第 311—313 页。

② 傅绍磊：《白居易的民本思想与政治主张》，《中华文化论坛》2014 年第 11 期，第 131—136 页。

③ 白兴光：《论白居易兼济思想的后期流变》，《云梦学刊》2007 年第 S1 期，第 53—56 页。

④ 左安源：《从"制裘诗"来看白居易后期"兼济"思想》，《名作欣赏》2013 年第 32 期，第 56—58、97 页。

周四垠？稳暖皆如我，天下无寒人。"学界往往把此诗的最后两句与杜甫的"安得广厦千万间，大庇天下寒士俱欢颜"联系起来，两者有异曲同工之妙，彰显白居易的民本情怀和理念。① 长庆二年（822 年）白居易主动请求外任杭州刺史。就在这一年，白居易写下了《醉后狂言酬赠萧殷二协律》：

> 余杭邑客多羁贫，其间甚者萧与殷。天寒身上犹衣葛，日高甑中未拂尘。江城山寺十一月，北风吹沙雪纷纷。宾客不见绨袍惠，黎庶未沾襦裤恩。此时太守自惭愧，重衣复衾有余温。因命染人与针女，先制两裘赠二君。吴绵细软桂布密，柔如狐腋白似云。劳将诗书投赠我，如此小惠何足论。我有大裘君未见，宽广和暖如阳春。此裘非缯亦非纩，裁以法度絮以仁。刀尺钝拙制未毕，出亦不独裹一身。若令在郡得五考，与君展覆杭州人。

白居易要把更大的大裘盖裹在杭州人民身上。他所说的"大裘"，用的不是丝织原料，也非刀尺所能裁制，他要用法律制度去剪裁，用仁爱做棉絮。② 此后不到三年的时间，白居易以实际行动践行了"勤恤人庶，下苏凋瘵"的誓言。先是筑堤捍湖，解决了困扰多年的西湖水患问题；又疏通六井，方便了城内居民吃水。

大和五年（831 年）白居易六十岁，这一年他担任河南尹，是洛阳的最高长官，生活富足、俸禄优厚。仍然心怀天下黎民百姓，写下《新制绫袄成感而有咏》：

> 水波文袄造新成，绫软绵匀温复轻。晨兴好拥向阳坐，晚出宜披踏雪行。鹤氅毳疏无实事，木棉花冷得虚名。宴安往往叹侵夜，卧稳昏昏睡到明。百姓多寒无可救，一身独暖亦何情！心中为念农桑苦，耳里如闻饥冻声。争得大裘长万丈，与君都盖洛阳城。

---

① 左安源：《从"制裘诗"来看白居易后期"兼济"思想》，《名作欣赏》2013 年第 32 期，第 56—58、97 页。

② 余蒨：《白居易与西湖》，杭州出版社 2004 年版，第 27 页。

日本冈山大学的学者下定雅弘认为，支撑白居易兼济、独善观念的是共生思想。比如，他冬天常穿"裘"，觉得很温暖、很幸福，在觉得温暖的同时，经常表现出一个愿望，即盼望贫士和百姓也和自己一样能享受这种舒适生活。① "争得大裘长万丈，与君都盖洛阳城"与前文"安得万里裘，盖裹周四垠？稳暖皆如我，天下无寒人"和"若令在郡得五考，与君展覆杭州人"一脉相承，体现出白居易民本思想的连贯性、一致性。居庙堂之高则忧其君，处江湖之远则忧其民，而对于白居易来说，无论身处何地、何时，总是念念不忘黎民百姓。

重民生。长庆二年（822 年）年，白居易被任命为杭州刺史，任内有修筑西湖堤防、疏浚六井等政绩。在白居易到杭州之前，西湖未得到有效整治，每逢干旱，西湖水很浅，不够农田灌溉，每遇暴雨，则湖水泛滥，不能积蓄。此种状况使西湖未能发挥应有效用，民用和农用水源等民生问题凸显。到任杭州刺史后，白居易见杭州有六口古井因年久失修，便主持疏浚六井，以解决杭州人饮水问题。又见西湖淤塞、农田干旱，便主持修堤蓄积湖水，以利灌溉，舒缓旱灾所造成的危害，这一民生政绩被记入了《钱塘湖石记》（《西湖志》卷十九）。钱塘湖，即杭州西湖，《钱塘湖石记》作于长庆四年（824 年）三月十日，收录记载有白居易在杭州刺史任上所写的修治西湖水利以灌田、沦井、通漕的文告，内容精深，计划周密，文风平易，语言清新，是水利史上不可多得的美文。《钱塘湖石记》表达了作者对人民的关爱。字里行间处处为人民着想，处处为国家着想，让人民专心于农耕，且希望有好的收成。将治理湖水的政策、方式与注意事项，刻石置于湖边，供后人知晓，对后来杭州的湖水治理有很大的影响。宝历元年（825 年），又被任命为苏州刺史，在苏州刺史任内，白居易为了便利苏州水陆交通，开凿了一条长七里、西起虎丘东至阊门的山塘河，山塘河河北修建道路，叫"七里山塘"，简称"山塘街"。

白居易特别关注老有所养，在其著述中曾专门论及其关于养老的政

---

① ［日］下定雅弘：《杜甫与白居易——兼论其"独善"和共生思想》，《复旦学报》（社会科学版）2019 年第 61 卷第 4 期，第 61—75 页。

见，主张"养老，在使之寿富贵"。① 强调好的养老政策是得民心之举，他指出："昔者西伯善养老，而天下归心。"他认为良善的养老政策应该以立田制、安民业、厚民生作为基础，解决民众的土地问题，使百姓能够安居乐业，民生富足，老有所养自然就不成问题，他说："善养者，非家至户见，衣而食之，盖能为其立田里之制，以安其业；导树畜之产，以厚其生。使生有所养，老有所终，死有所送也。"他批评当朝统治者施行的养老政策都是些小恩小惠的办法，不能从根本上解决养老问题，"近代之主，以为老者，非帛不暖，非肉不饱；而特颁其布帛肉粟之赐，则为养老之道，尽于是矣。臣以为此小惠也，非大德也"。并进而指出："赐之以布帛，仁则仁矣；不若劝其桑麻之业，使天下五十者可以衣帛矣。赐之以肉粟，惠则惠矣；不若教其鸡豚之畜，使天下七十者可以食肉矣。"随后他又完整阐释了其老有所养的政见，慎罚尊老、勿夺民力、勿扰民时，就是要让老者能够长寿、富裕及受尊重。"然后牧以仁贤，慎其刑罚；虽不与之年，而老者得以寿矣。不夺其力，不扰其时；虽不与之财，而老者得以富矣。使幼者事长，少者敬老；虽不与之爵，而老者得以贵矣。"②

反贫困。作为新乐府运动主要倡导者，白居易不仅写下了众多反映人民疾苦的诗篇，还洞察现实，关心民生疾苦，提出消除贫困的进步主张。他认为，贫困是犯罪根源，"贫困思邪而多罪也"。要减少犯罪，关键在于消除贫困，"刑之繁省，系于罪之众寡也；教之废兴，系于人之贫富也"。白居易承继并发展孔子及管子的主张，"臣闻仲尼之训也：既庶矣，而后富之；既富矣，而后教之。管子亦云：仓廪实，知礼节；衣食足，知荣辱。然则食足财丰，而后礼教所由兴也。礼行教立，而后刑罚所由措也"。白居易继承并发挥了孔子"富而后教"以及管子"仓廪实则知礼节"的思想，指出"食足财丰，而后礼教所由兴也；礼行教立，而后刑罚所由措也"，意即只有衣食丰足，礼乐教化才能奏效，只有礼乐教化深入人心，无人犯罪，刑罚才能措而不用。因此，他主张："止狱措刑，在富而教之。"

---

① 《白居易全集》，珠海出版社 1996 年版，第 1065 页。
② 《白居易集》（全四册），中华书局 1979 年版，第 1375 页。

他还特别举例对比论证："成、康御宇，图圄空虚；文、景继统，刑罚不用；太宗化下，而人不犯。成此功者，其效安在？桀、纣在上，比屋可诛；秦氏为君，赭衣满道。致此弊者，其故安在？""当汉文、景之时，节用劝农，海内殷实，人人自爱，不犯刑法；故每岁决狱，仅至四百。及我太宗之朝，勤俭化人，人用富庶，加以德教，致于升平；故一岁断刑，不满三十。""及秦之时，厚赋以竭人财，远役以殚人力；力殚财竭，尽为寇贼，群盗满山，赭衣塞路；故每岁断罪，数至十万。"① 他列举历代一些贤明的帝王为例：西周成康之时，天下富庶，人存廉耻之心，"故图圄空虚四十余年"；西汉文景之世，海内殷实，人人自爱，"故每岁决狱，仅至四百"；唐太宗时期，百姓富足，教化流行，"故一岁断刑，不满三十"。这一方面是由于统治者仁德贤明，能够恤狱慎刑；另一方面是由于百姓生活富足、品德端正而少有过错。与之相反，在夏桀、商纣、秦始皇那样的暴虐之君统治之时，他们荒淫无道、横征暴敛，百姓穷困潦倒，无法生存，只得铤而走险，以致"奸宄并兴""群盗满山""比屋可戮""赭衣塞路"。

白居易反复强调，消除贫困是消弭犯罪的治本之策。"是以财产不均，贫富相并，虽尧舜为主，不能息忿争而省刑狱也。衣食不充，冻馁并至，虽皋陶为士，不能止奸宄而去盗贼也。若失之于本，求之于末；虽圣贤并生，臣窃以为难矣。""澄流于源：则在乎富其人，崇其教，开其廉耻之路，塞其冤滥之门；使人内乐其生，外畏其罪，则必过犯自省，刑罚自措。"② 据此他得出结论："刑之繁省，系于罪之众寡也；教之废兴，系于人之贫富也。"如果财产不均、贫富悬殊，即使尧、舜那样贤明的君主也无法平息纷争和减省刑狱；如果衣食不足、饥寒交迫，即使皋陶那样正直的法官也不能禁止奸宄和消除盗贼。所以，要想彻底解决问题，必须正本清源，"富其人，崇其教，开其廉耻之路，塞其冤滥之人，使人内乐其生，外畏其罪，则必过犯自省，刑罚自措"。

在白居易看来，一个朝代刑罚的繁简取决于犯罪的多少，而犯罪的多少又取决于人民生活的贫富。由此他得出"贫困思邪而多罪"的结论，

---

① 《白居易集》（全四册），中华书局 1979 年版，第 1355 页。
② 《白居易集》（全四册），中华书局 1979 年版，第 1356 页。

明确指出了贫穷是产生犯罪的根源，而"富其人"则是消弭犯罪的一个根本途径。白居易的这一主张显然具有一定的现实针对性。更为大胆的是，他进一步指出："君之奢俭，为人富贫之源"，把百姓贫困的原因直接归于皇帝的奢欲。①

反对肉刑。白居易旗帜鲜明地主张废除肉刑，并在其著述中多次论及肉刑对于人身体的残忍与暴虐，"夫肉刑者，盖刵劓椓黥刖之类耳，《书》所谓五虐之刑也"。坚定主张肉刑"可废，不可用"，坚决反对恢复使用肉刑，"实言之，则可废而不可复也"②。白居易认为："圣人之用刑也，轻重适时变，用舍顺人情，不必乎反今之宜，复古之制也。"他进一步指出："况肉刑废之久矣，人莫识焉。今一朝卒然用之，或绝筋，或折骨，或伤面，则见者必痛其心，闻者必骇其耳，又非圣人适时变、顺人情之意也。征之于实既如彼，酌之于情又如此：可否之验，岂不明哉？《传》曰：'君子为政，贵因循而重改作。'又曰：'利不百不变法。'臣以为复之有害而无利也，其可变而改作乎？"③

白居易高度肯定汉文帝与唐太宗废弃肉刑之仁政，"汉文帝始除去之，而刑罚以清。我太宗亦因而弃之，而人用不犯"。他还引用具体的历史事实与事例论证肉刑之弊，指出："昔苗人始淫为之，而天既降咎。及秦人又虐用之，而天下亦离心。"白居易提醒执政者："若举而复用，义恐失于随时。"强调肉刑对于人的非正义的定性，违反人性，危及人改过自新的正当权利，白居易指出："此缇萦所谓虽欲改过自新，其道亡由者也。"④ 显然，一千多年前白居易关于司法人权保障的这些理念与思考，无疑是难能可贵的思想遗产。

白居易反对偏重刑罚，主张"刑礼道，迭相为用"。他详细阐释刑礼道各自的功用："圣王之致理也，以刑纠人恶，故人知劝惧；以礼导人情，故人知耻格；以道率人性，故人反淳和：三者之用，不可废也。"⑤

---

① 马小红、姜晓敏：《中国法律思想史（第三版）》，中国人民大学出版社 2015 年版，第126 页。

② 《白居易集》（全四册），中华书局 1979 年版，第 1351 页。

③ 《白居易集》（全四册），中华书局 1979 年版，第 1352 页。

④ 《白居易集》（全四册），中华书局 1979 年版，第 1351 页。

⑤ 《白居易集》（全四册），中华书局 1979 年版，第 1352 页。

说明各自的具体适用条件："臣闻：人之性情者，君之土田也。其荒也，则薙之以刑；其辟也，则莳之以礼；其植也，则获之以道。故刑行而后礼立，礼立而后道生。始则失道而后礼，中则失礼而后刑，终则修刑以复礼，修礼以复道。"①

白居易还解释了为什么要综合运用刑礼道，主要是因为这三种治理方式均有局限："夫刑者，可以禁人之恶，不能防人之情；礼者，可以防人之情，不能率人之性；道者，可以率人之性，又不能禁人之恶。循环表里，迭相为用。"其主张体现了实事求是的务实立场，他强调："是以衰乱之代，则弛礼而张刑；平定之时，则省刑而弘礼；清净之日，则杀礼而任道。亦如祁寒之节，则疏水而附火；徂暑之候，则远火而狎水。""顺岁候者，适水火之用；达时变者，得刑礼之宜。适其用，达其宜，则天下之理毕矣，王者之化成矣。"②

追求婚姻自由。在以"父母之命，媒妁之言"作为婚姻缔结原则的封建时代，白居易对婚姻自由的追求难能可贵。白居易曾爱恋一个叫湘灵的邻家女子。在其11岁那年，因避家乡战乱，随母将家迁至父亲白季庚任官所在地——徐州符离（今安徽省宿县境内）。之后在那里与一个比他小4岁的邻居女子相识，她的名字叫湘灵，长得活泼可爱，还懂点音律，于是两人就成了朝夕不离、青梅竹马的玩伴。到白居易19岁、湘灵15岁时，情窦初开，两人的初恋便开始了。白居易有一首诗名为《邻女》，追叙了15岁的湘灵，赞美湘灵的美丽和她悦耳的嗓音。

贞元十四年（798年），白居易27岁的时候，为了家庭生活和自己的前程，他不得不离开符离去江南叔父处。一路上他写了三首怀念湘灵的诗。分别是《寄湘灵》《寒闺夜》和《长相思》。由诗可以清楚地看出，白居易与湘灵经过17年的相处和8年的相恋，感情已经很深了。离别后不但苦苦相思，而且已考虑过结婚问题。但是湘灵担心她家门第低，高攀不上白居易。最后表示了"愿至天必成"和"步步比肩行"的恳切愿望。

贞元十六年初，29岁的白居易考上了进士，回符离住了近10个月，

① 《白居易集》（全四册），中华书局1979年版，第1352—1353页。
② 《白居易集》（全四册），中华书局1979年版，第1353页。

恳切地向母亲请求允许他与湘灵结婚，但被封建观念极重的母亲拒绝了。白居易无奈，便怀着极其痛苦的心情离开了家。贞元二十年（804年）秋，白居易在长安做了校书郎，需将家迁至长安，他回家再次苦求母亲允许他和湘灵结婚，但固执地认为门户大于一切的母亲，不但再次拒绝了他的要求，且在全家迁离时，不让他们见面。他们的婚姻无望了，但他们深厚的爱情并没从此结束。白居易以不与他人结婚惩罚母亲的错误，并三次写了怀念湘灵的诗：《冬至夜怀湘灵》《感秋寄远》和《寄远》。在近8年里，母亲再没让白居易和湘灵见面，也不允许他提起湘灵。

　　白居易37岁时才在母亲以死相逼下，经人介绍与同僚杨汝士的妹妹结了婚，但直到元和七年还写诗思念湘灵。例如《夜雨》《感镜》等。后来白居易蒙冤被贬江州途中，和杨夫人一起遇见了正在漂泊的湘灵父女，白居易与湘灵抱头痛哭了一场，并写下了题为《逢旧》的诗。这时白居易已经44岁，湘灵也40岁了，但未结婚。这首诗里白居易再次用了恨字，此恨与《长恨歌》的恨不会毫无关系，可以说白居易亲身经历的这段悲剧般的爱情为《长恨歌》打下了基础。直到白居易53岁的时候，他在杭州刺史任满回洛京途中，看到旧村邻已换，而湘灵已不知去向的时候，这段长达35年之久的恋爱悲剧才画上了句号。

　　人才观。白氏认定国家的治乱兴废，在于朝廷是否得人，并针对中唐时弊，白居易提出了选贤任能、量才授职、革慎默之俗的政治主张。他认为治理国家，首先要有好的政策路线；而好的政策路线，要有贤明有才能的人来制定推行。怎样能得到贤明有才能的人，就在君王用怎样的礼节来对待这些贤能的人。他把人才分为师之才、友之才、大臣之才、左右之才、厮役之才五等。认为"得师者帝，得友者王，得大臣者霸，得左右者弱，得厮役者乱"[1]。

　　法制人权理念。中唐以来，战乱不已，民生多艰，白居易从现实出发，重在解决眼前问题，因此，白居易有很多反映民生疾苦之作。白居易除了儒家理念之外，还有老子和法家思想。[2] 如何依靠法制保障人权。先秦法家奠定了重刑思想的理论基础，从李悝的《法经》直至后世各朝

① 王秉钧：《论白居易的政治思想》，《兰州大学学报》1980年第3期，第76—85页。
② 吴相周：《韩愈、白居易思想比较论纲》，《齐鲁学刊》1995年第4期，第26—32页。

的法律，无不以重刑思想为其立法的指导原则，然重刑思想漠视司法人权保障，白居易极力倡导宽刑，"白居易主张实行宽刑政策，强调据罪论刑，对罪犯实行人道主义，不能不说是一种有益于人民的思想"。① 白居易针对贵族拥有法律特权往往有罪无刑，而平民百姓犯罪却被严惩的同罪异罚的现象，主张"理大罪，赦小过"，②"舍小过以示仁，理大罪而明义"。从而使天下之人"畏爱悦服之化，阗然而日彰于天下矣"③。

刘禹锡在《天论》中提出了"人之道在法制"④ 的著名观点，认为人权保障关键在于建立法制。白居易对刘禹锡的这一观点极为赞同，他在《策林·立制度，节财用，均贫富，禁兼并，止盗贼，起廉让》中指出："仁圣之本，在乎制度而已。夫制度者，先王所以下均地财，中立人极，上法天道者也。"⑤ 强调均贫富，禁兼并，保障平等权利均离不开法制。他进一步阐释说："圣人制五等十伦，所以伦衣食，等器用，不使之逾越为害也。此所谓法天而立极者也。"⑥ 在《策林》中白居易表达了丰富的法律人权思想：刑是礼的前提，礼是道的根本；贫困是犯罪的根源；法令贵一，自上行之；反对恢复肉刑；理大罪，赦小过；赦不能废除，也不能频繁；重视法律人才的培养和选拔；重视官吏廉政。⑦

白居易从正反两方面事例的对比中，得出了贫穷产生犯罪的结论。他说："刑之繁省，系于罪之多寡也，教之兴废，系于人之贫富也。圣王不患刑之繁，而患罪之众；不患教之废而患人之贫。故人苟富，则教斯兴矣，罪苟寡，则刑斯省矣。"⑧ 就是说，解决犯罪问题的关键在于治本，

---

① 刘富起：《白居易的法律思想评介》，《吉林大学社会科学学报》1981年第5期，第62—66页。

② 张辉：《中唐文人法律思想探析——以韩愈、柳宗元和白居易法律思想为代表》，《黑龙江教育学院学报》2014年第33卷第12期，第108—109页。

③ 《白居易集》卷65《使人畏爱悦服，理大罪，赦小过》。

④ 《刘禹锡集》，上海人民出版社1975年版，第51页。"天之道在生植，其用在强弱；人之道在法制，其用在是非。"

⑤ 朱金城编著《白居易集笺校》，上海古籍出版社1988年版，第3481页。

⑥ 吴霖：《怒花涌朝：儒家语境中的白居易法律思想》，硕士学位论文，华东政法大学，2008年。

⑦ 吴霖：《怒花涌朝：儒家语境中的白居易法律思想》，硕士学位论文，华东政法大学，2008年。

⑧ 《白居易集》卷65《止狱措刑》。

让人们有衣穿，有饭吃。如果人们长年累月挨饿受冻，再有怎样好的司法官吏，也不可能根除"奸宄"和"盗贼"，即使皋陶在世也无能为力。① 白居易认为解决官吏的清廉问题，也得从解决他们的温饱入手。他说，官吏之"所以未尽贞廉者，由禄不均而俸不足也"，② 要想减少贪官污吏，就得尽量"厚其禄，均其俸"，"使天下之吏，温饱充于内，清廉形于外，然后示之以耻，纠之以刑"。③

升法科，选法吏。法要靠人来执行，没有好的司法官吏，单有好的法律也不会自行起作用。为了维护法制，必须从吏治入手。白居易坚决主张朝廷"悬法学为上科，则应之者，必俊义也，升法直为清列，则授之者，必贤良也。然后考其能，奖其善，明察守文者，擢为御史，钦恤用情者，迁为法官"。④

税赋法律思想。白居易不仅是一位大诗人，也是一位曾官拜刑部侍郎乃至刑部尚书的"兼济"之士。白居易赞颂租庸调、反对两税法，反对盐铁榷估之法，坚持还利于民等主张。他认为，盐法会导致财富的不平等分配，国家、人民的利益皆有可能被商人掠为私有。⑤ 白居易质疑盐铁榷估之法抢夺百姓之利："山海之利，关市之征，皆可以助佐征徭，又虑其削侵黎庶。舍之则乏用于军国，取之则夺利于生人。取舍之间，孰可为也？"⑥ 白居易进一步对薄赋与重赋的社会影响及后果进行历史对比："故唐尧、夏禹、汉文之代，虽薄农桑之税，除关市之征，弃山海之饶，散盐铁之利，亦国足而人富安矣……秦皇、汉武、隋炀之时，虽入太半之赋，征逆折之租，建榷估之法，出舟车之算，亦国乏用而人贫弊矣。何则？欲不节而用不省也。"⑦ 白居易指出，汉文之时，实行很低的税制，国富民强，相反，秦皇汉武穷兵黩武，征收重税，虽财政收入增加，却

---

① 刘富起：《白居易的法律思想评介》，《吉林大学社会科学学报》1981 年第 5 期，第 62—66 页。

② 《白居易集》卷 64《君不行臣事》。

③ 《白居易集》卷 64《君不行臣事》。

④ 《白居易集》卷 65《论刑法之弊，升法科，选法吏》。

⑤ 杨昂、张玲玉：《〈策林〉及〈讽喻〉所见白居易之经济税赋法律思想》，《华南理工大学学报》（社会科学版）2006 年第 5 期，第 28—31 页。

⑥ 《白氏长庆集·策林二·不夺人利》。

⑦ 《白氏长庆集·策林一·议盐铁与榷酤诚厚敛及杂税》。

导致人民贫弊。

二　韩愈"一视同仁"博爱平等人权理念

韩愈（768—824 年），字退之，号昌黎，邓州南阳（今河南孟县）人，是唐代杰出的思想家和文学家。韩愈的著作很多，《韩愈全集》是研究其思想的重要资料。"安史之乱"后，唐王朝的国势由盛而衰，各种矛盾尖锐对立。在思想领域，由于李唐皇帝崇尚佛教，又宣布老子为其祖先，使得佛教、道教兴盛，对儒家思想的正统地位构成严重威胁。韩愈是唐代中叶反对佛教、道教，力主复兴儒学的著名代表人物。尽管在韩愈所在的封建王朝不可能有制度形态的人权存在，但先进的知识精英对平等的追求并未停止，对权利的启蒙仍未懈怠，韩愈的人权理念闪现在其众多作品和著述之中，熠熠生辉，不能遮蔽，主要涵括：人性论、"博爱"平等理念、法制人权理念、教育人权理念等。

人性论。人权是人之为人应该有的权利，人权是合乎人性的存在方式。人性是人区别于其他动物的特质，人性因此成为界定"什么是人"的一个重要标准，深刻影响人权的实现，特别是在人权发展演进的历史长河中，奴隶长期仅被视作一个会说话的工具，被剥夺了做人的权利，丧失人权。此外，人性长期被"神性"压制，阻碍人的解放和自由，这无疑是人权发展进步的羁绊。同时，人性的彰显以及对人性的认知是一个渐进的历史过程。为了反对佛、道二教"清净""无为""无知""无欲"的人性说，韩愈提出了"性三品"说。根据人性中是否具有和具有多少"仁、义、礼、智、信"五德的情况，将人性划分为上、中、下三等："上焉者，善焉而已矣；中焉者，可导而已矣；下焉者，恶焉而已矣。"（《原性》）亦即上等人性本善，下等人之人性恶，中等人可以被教导，人性可以由恶向善。人不仅有性，而且有"喜、怒、哀、惧、爱、恶、欲"这七情。与"性三品"相对应，人的情也分三品。韩愈提出，"圣人"同一般人的差别，不在于消灭情欲，而在于使情欲合乎中道。这就与佛、道宣扬虚无、遁世的人性论形成了尖锐的对立。韩愈自称继承儒家正统，但他的人性观却背离了孔子的理论，而是在孟、荀、扬三家思想的基础上提出了"性三品"说。从表面上看，韩愈把人性分为三等，似乎和孔子有点相似，但他实际上用后天之性来代替了先天的禀赋，不过是把孟子、荀子、扬雄三家的人性观杂凑一下而已。[①] 孟子提出"性善"论以后，荀子在《性恶》篇里提出"人之性恶，其善者伪（人为）也"来和"性善"说抗衡。西汉末年的扬雄又提出"人之性也善恶混"（扬雄《法言·修身篇》），孔子关于人性的表述为"性相近也，习相远也"。

韩愈重视人性，研究人性，反对神性，反对崇拜偶像，也反对宗教，特别反对皇帝所崇拜的佛教和道教。韩愈揭穿了这种人造的偶像，也指出了一切偶像都是迷信者自己"造"出来欺骗自己和别人的。他在《论佛骨表》中，指出皇帝以信佛求长生的虚幻。他说："汉明帝时，始有佛法，明帝在位才十八年耳。其后乱亡相继，运祚不长。宋、齐、梁、陈、元魏以下，事佛渐谨，年代尤促。惟梁武帝在位四十八年，前后三度舍身施佛，宗庙之祭，不用牲牢，昼日一食，止于菜果。其后竟为侯景所逼，饿死台城，国亦寻灭。事佛求福，反更得祸。由此观之，佛不足事，亦可知矣。"韩愈认为佛不能降福于人，正与柳宗元所说天不能降祸福于人的观点本质相通。韩愈确信神性不可能造福于人，让人获得幸福，只能遮蔽和压制人性，带来更多灾祸。韩愈反佛不全是哲学上的问题，而主要是因为佛教和道教危及唐朝政治。[②]

法制人权理念。 韩愈认为，法律的目的是避免纷争，明晰和保障人的权利，使人能够安居乐业，圣人创制法律的目的在于维护保障民众的幸福生活和权利。他指出，儒家的圣人尧、舜、禹、汤、文、武、周公、孔、孟是上品之人，天生性善，道德高尚。他们是自古以来不易之道的继承者和传播者，是他们创造了人类社会，决定着社会历史的发展，是他们使人类结束了茹毛饮血、穴居野处的生活，逐渐从野蛮走向文明。为避免纷争，使人得以安居乐业，圣人制礼、作乐、立政、设刑，创造了法律。法律来源于"道"，是由传仁义之道的圣人所发明的，它是稳定社会秩序、推动人类进步的重要工具。尽管韩愈并没有系统论述关于法

---

① 刘知渐：《韩愈、柳宗元哲学思想的异同》，《重庆师范大学学报》（哲学社会科学版）1982 年第 1 期，第 1—10 页。

② 刘知渐：《韩愈、柳宗元哲学思想的异同》，《重庆师范大学学报》（哲学社会科学版）1982 年第 1 期，第 1—10 页。

制人权的理论，但他已看到法制对于人权实现的重要作用与价值，认为这是文明社会的重要表征。在封建专制统治之下，虽然民众的各项自由权利受到极大的遏制，但法律仍然能够保障民众的一些最基本的人权，比如生命权及财产权等，早在汉初刘邦颁布的影响深远的《约法三章》中，法律明文规制"杀人者死，伤人及盗抵罪"，侵犯他人生命及财产权利将会受到法律严厉制裁。在唐律中对侵犯人身财产权利的犯罪有更加严密科学的规制，比如，为了对人身伤害行为更准确地定罪量刑，唐律规定了"保辜"制度：在规定的期限内，伤人者采取积极措施，挽救被害人的生命，可以减轻自己的罪刑。① 韩愈高度认同依据圣人之道所创制的法律，认为其可以保障民众的基本权利，使民众得以安居乐业。韩愈的法制人权理念格外引人注目。

"博爱"平等理念。 韩愈在其《原道》开篇提出了"博爱之谓仁"。韩愈以"博爱"论"仁"，从内涵上看，"博爱"一词，融会了《论语》之"博施济众"与"泛爱"两种含义。韩愈以"博爱"释"仁"，继承了汉唐儒学仁为外治、崇尚礼教的精神，其渊源于荀学。以荀学观之，博爱的基础实在于礼，故虽博爱而不废亲亲尊贤、仁民爱物之次第，故韩愈在《读墨子》中直接以孔墨并论而不担心有淆乱之危险，所谓"孔子泛爱亲仁，以博施济众为圣，不兼爱哉"。在荀子哲学影响下产生的"博爱为仁"的意见，与墨子之"兼爱"判然有别。荀子以礼释仁，因此"博爱"是以尊重礼的原则为前提。"博爱"乃君王以礼教化天下的成就，故博爱有别于兼爱。强调"仁"对于现实世界的意义和作用，所谓"推恩广施""宽制容众"。② 因此，韩愈之"博爱"与现代的平等博爱理念仍有质的区别。

以"博爱"言"仁"在汉代就已经明确，但将博爱之仁规定为人的本质属性，选择价值理性而非工具理性作为价值本体，韩愈是第一人。③ 韩愈博爱的人道主义思想，充分表现在其力主在教育与人才选拔上给予

① 《中国法制史》编写组：《中国法制史》，高等教育出版社 2017 年版，第 155 页。

② 刘宁：《韩愈"博爱之谓仁"说发微——兼论韩愈思想格局的一些特点》，《中国典籍与文化》2006 年第 3 期，第 89—95 页。

③ 参见刘真伦《韩愈"博爱之谓仁"的现代诠释》，《韩愈与岭南文化（韩愈研究第五辑）》，学苑出版社 2006 年版。

社会成员平等权。《原人》中"一视而同仁，笃近而举远"，就是对博爱的诠释，道赋予人类全体以仁的人性，人性普遍平等。韩愈提出博爱谓仁论，是在其晚年时期，《原人》以"一视同仁"所表示的天赋人性本善、人性普遍平等，乃是他晚年成熟定型的人性思想，也是韩愈对自己早年所作《原性》提倡人性三品说的彻底纠正①。

教育人权理念。韩愈主张博爱，提倡民主和平等的师生观及知人善用的人才观。② 韩愈重视德育，强调德育重要作用："是故以之为己则顺而详，以之为人则爱而公，以之为心则和而平，以之为天下国家，无所处而不当。"（《原道》）必须重视道德教育，如此可使社会"和而平""处而当"，即和谐协调而健康发展。韩愈期望所育之才达到知行合体、美善相乐、仁智契合的和谐发展境界，追求仁智契合的教育目标。

众所周知，孔子正是基于天下之人性普遍本善、人性普遍平等的人性思想，才提出"有教无类"的教育平等思想。韩愈也是基于天赋人性本善、人性平等的人道思想提出博爱、一视同仁说，从而继承与发扬儒家的有教无类的和谐教育理念。③

倡导民主、平等、互动的师生观。唐代之前，教育领域的师生关系一直以师道尊严为主流，坚持教师在教育中的统治地位，主张教师的权威性。韩愈在《师说》中提出关于师生关系的新见解，打破了唯师道尊严是从的传统观念，赋予生和师平等的地位。韩愈认为："弟子不必不如师，师不必贤于弟子。闻道有先后，术业有专攻，如是而已。"教师放下师道尊严的架子，向学生学习，教学中的民主、友爱自然显露，和谐、平等的师生氛围在无形中洋溢在每个角落。"生乎吾前，其闻道也，固先乎吾，吾从而师之；生乎吾后，其闻道也，亦先乎吾，吾从而师之。吾师道也，夫庸知其年之先后生于吾乎？是故无贵无贱，无长无少，道之所存，师之所存也。"（《师说》）只要闻道在先，术业有专攻，能胜任传

---

① 参见邓小军《新儒学本体—人性论的建立——韩愈人性思想研究》，《孔子研究》1993年第 3 期。

② 陈秋琴：《论韩愈的和谐教育观与人才观》，《深圳大学学报》（人文社会科学版）2008年第 25 卷第 3 期，第 146—149 页。

③ 陈秋琴：《论韩愈的和谐教育观与人才观》，《深圳大学学报》（人文社会科学版）2008年第 25 卷第 3 期，第 146—149 页。

道、授业、解惑的任务，就可以为师。韩愈的师生观以师生平等为前提，提倡师生相互学习，倡导民主、和谐的师生氛围。

人才观是其教育人权理念的重要组成部分。韩愈人才观的核心是知人善用、人尽其才。人尽其才、知人善用带来公平、公正的社会人才选拔。唯才是举是选拔人才的良方。在《马说》一文中阐述了发现人才的重要性："世有伯乐，然后有千里马，千里马常有，而伯乐不常有。"以马为喻，说明人才需要发现。关注选拔人才制度的公正性，提倡唯才是举，打破门第限制，不问亲疏贵贱，反对以出身衡量人才，反对以貌取人。当时以门第论人的社会现象依然存在，韩愈坚决反对以门第论人选才："以臣之愚，以为宜求纯信之士，骨鲠之臣，忧国如家、忘身奉上者，超其爵位，置在左右……"（《论今年权停举选状》）对于当时吏部"身、言、书、判"选人标准中的以貌取人，韩愈也进行了抨击："昔之圣者，其首有若牛者，其形有若蛇者，其喙有若鸟者，其貌有若蒙倛者。彼皆貌似而心不同焉，可谓之非人邪？即有平胁曼肤，颜如渥丹，美而很者，貌则人，其心则禽兽，又恶可谓之人邪？然则观貌之是非，不若论其心与其行事之可否为不失也。"（《杂说》）总而言之，韩愈认为选举人才应做到唯才是举，不拘泥于其他偏见。韩愈这种选才思想，其本质是追求国家人才选拔制度的公平、公正。

对待人才，要知人善用，让他们才尽其用。韩愈以木材为喻，倡导知人善用："大木为宋，细木为桷。欂栌侏儒，椳闑扂楔。各得其宜，施以成室者，匠氏之工也；玉札丹砂，赤箭青芝，牛溲马勃，败鼓之皮，俱收并蓄，待用无遗者，医师之良也；登明选公，杂进巧拙，纡余为妍，卓荦为杰，校短量长，唯器是适者，宰相之方也。"（《进学解》）各种木料在建房时各有其不可替代的位置，而人才也是各有不同，各有特长，关键是要按照他们的才能品格分配适当的职务，合理地使用人才。韩愈希望人们的才能都得到赏识和任用、发挥，统治者要量才而善用，合理利用物与人的特点。

韩愈认为"任有大小，惟其所能"，"人不可遍为，宜乎各致其能以相生也。"（《圬者王承福传》）又提出"取其一，不责其二，即其新，不究其旧"（《原毁》），对人才不求全责备，体现出宽容与大度。"占小善者率以录，名一艺者无不庸"（《进学解》），可见他认为人各有所能，用其所长，而不必责究其所短了。这种用人不责备求全的思想，保证了人才资源利用的可行性。

韩愈作《师说》倡导从师，并提出互动、平等的和谐师生观，破除传统师道尊严的观念，开启师生关系的新篇章。柳宗元《答韦中立论师道书》云："由魏晋氏以下，人益不事师。今之世，不闻有师。有，辄哗笑之，以为狂人。独韩愈奋不顾流俗，犯笑侮，收召后学，作《师说》，因抗颜而为师。世果群怪聚骂，指目牵引，而增与为言辞。愈以是得狂名，居长安，炊不暇熟，又挈挈而东，如是者数矣。"①

三 柳宗元"利人备事，吏为民役"民本人权理念

柳宗元（773 年—819 年），字子厚，河东（今山西永济县）人，世称"柳河东"，因晚年被贬为柳州刺史，又有"柳柳州"之称，是唐代著名的文学家、思想家和政治家。柳宗元一生著作甚丰，其遗稿由刘禹锡受托编纂为《柳河东集》，今人据此整理、出版了《柳宗元全集》——是研究柳宗元人权理念的主要资料。他短短一生经历了代、德、顺、宪四朝，前期作为一位激进朝官参加了著名的"永贞革新"。失败后被贬出朝廷，到永州做了十年"司马"闲员，后改任柳州刺史，四年后死于任所。柳宗元生活的时代正是唐朝由盛转衰的过渡时期，经历了长达八年的"安史之乱"，整个社会处于困境与突破的特殊转折时期，改革、变通、试图"中兴"的思想已经逐渐演变为一种思潮，影响着社会发展。柳宗元自身的经历使得他对传统民本思想有了深刻的理解，他吸收了古代传统的民本思想，并对其进行了大胆发展和创新，关心"生人"成为他思想的指南，民本思想便处处体现在他的笔下和行为中。②

人的主体性理念。柳宗元否定天命神权，确立人的主体地位和权利。斥责宣扬天命神权的董仲舒等儒学大师为"淫巫瞽史"，明确指出那些受命于符、受命于天的说教纯属欺人之谈。③ 提出并论证一个崭新的命题：

---

① 《答韦中立论师道书》，《全唐文》卷575，中华书局1983年版，第5813页。

② 于海平：《柳宗元民本思想述论》，《东南文化》2004年第4期，第43—46页。

③ 马小红、姜晓敏：《中国法律思想史（第三版）》，中国人民大学出版社2015年版，第127页。

"受命不于天，于其人；休符不于祥，于其仁。"① 他认为，帝王不是受命于天，而是受命于人。真正美好的"符"不是什么天降祥瑞，而是"仁德"。国家的治乱兴衰同"祥瑞"抑或"灾异"没有任何关系，真正决定国家命运的是人心的向背，是统治者能否实施仁政、推行德治。柳宗元劝告统治者，只有一心一意行仁德，努力争取民心，才能扭转危局，巩固李唐王朝的统治。民众才是国家和社会的真正主体。他明确指出，"未有丧仁而久者也，未有恃祥面寿者也"②，即没有谁丧失仁德而能长治久安，没有谁只依靠祥瑞而能益寿延年。柳宗元说："圣人之道，不穷异以为神，不引天以为高，利于人，备于事，如斯而已矣。"③

柳宗元是唐代著名的唯物主义哲学家，他在唯物主义者荀子的天人相分和王充元气自然思想的基础上提出"天人不相预"的新命题，批判了神学目的论。④ 在批判神学目的论方面，柳宗元和刘禹锡的基本观点是一致的，都认为天不能干预人事。柳宗元对"人"这一范畴的理解也和前人有所不同。东汉时期的唯物主义者王充的理论主要缺点之一，就在于忽视人的主观能动性。他把人类社会的发展看作由纯粹自然的天时和历数所决定，任何人都是无能为力的，最终陷入了自然命定论。柳宗元吸取了荀子关于人有"善假于物"的能动性这一积极思想，肯定人的主观能动作用，承认人有认识客观规律的能力。人们认识客观规律，掌握并利用客观规律为人类服务，是人之能，都属于"人"的范畴。⑤

刘禹锡以旅行为例证明"天人交相胜"："夫旅者，群适乎莽苍，求休于茂木，饮乎水泉，必强有力者先焉，否则虽圣且贤莫能竞也，斯非天胜乎群次乎邑郭，荫于华榱，饱于饩牢，必圣且贤者先焉；否则强有力莫能竞也，斯非人胜乎？"（《天论中》）按刘禹锡的看法，"莽苍之先"是由"气雄相君，力雄相长"，互相竞争的自然规律（天）决定的；"邑郭之先"是由"义制强豁，礼分长幼，右贤尚功，建极闲邪"（《天论上》）的礼法制度（人）决定的。柳宗元否定这种分法，认为两者都是人

① 《柳宗元全集》，上海古籍出版社 1997 年版，第 8 页。
② 《柳宗元全集》，上海古籍出版社 1997 年版，第 8 页。
③ 《柳宗元全集》，上海古籍出版社 1997 年版，第 23 页。
④ 杨达荣：《试论柳宗元的天人观》，《广西师范学院学报》1983 年第 3 期，第 59—64 页。
⑤ 杨达荣：《试论柳宗元的天人观》，《广西师范学院学报》1983 年第 3 期，第 59—64 页。

而不是天。"……莽苍之先者，力胜也；邑乳之先者，智胜也"（《答刘禹锡天论书》），只有"力胜"与"智胜"的不同。柳宗元既肯定客观规律不以人的意志为转移，同时强调了人有掌握并利用客观规律的主观能动性，① 彰显和高扬人的主体性。

大思想家韩愈在《原人》一文中，论述了"天道""地道""人道"问题，保留了有意志的天，认为"贵与贱、祸与福存乎天"《与卫中行书》。"所谓顺乎在天者，贵贱穷通之来，平吾心而随顺之，不以累于其初。"《答陈生书》宣扬人应该"顺天"，不要破坏人的先天善性。柳宗元作《天说》批判了韩愈关于"天能赏功罚祸"的诞说。②

如何解决天人关系问题？是顺天意、恃祥瑞，还是相信人、行仁政，它是关系国家安危存亡的大事，因此，有究明的必要。柳宗元意识到：不信天命，摆正天人关系，就会使为政者光大仁德，敬理政事。"究贞符之奥，思德之所未大，求仁之所未备，以极于邦理，以敬于人事。"③ 反之，相信天，不信人，依靠祥瑞，不施仁政，就不能使国家长治久安。"未有丧仁而久者也，未有恃祥而寿者也"④，"法制与悖乱，皆人也"。⑤统治者之所以得天下，关键在于能够顺从人们生存的愿望，能够以"生人"为己任。即便是唐代的统治也是如此，"唐家正德受命于生人之意"⑥。

民本理念。章士钊先生指出："（柳宗元）取唯民主义以为政本，一切轻君而重民。"⑦ 柳宗元所主张和践行的"利人备事"的重农观、"思利乎人"的赋税观、"廉吏商博"的富利观等经济思想，彰显着爱民、利民和富民的民本思想。⑧ 中国的民本思想发展演变的过程中有三个节点值

---

① 杨达荣：《试论柳宗元的天人观》，《广西师范学院学报》1983 年第 3 期，第 59—64 页。

② 吴乃恭：《柳宗元的天人论》，《东北师大学报》（哲学社会科学版）1986 年第 1 期，第 36—41 页。

③ 《柳宗元全集》，上海古籍出版社 1997 年版，第 9 页。

④ 《柳宗元全集》，上海古籍出版社 1997 年版，第 8 页。

⑤ 《柳宗元全集》，上海古籍出版社 1997 年版，第 255 页。

⑥ 《柳宗元全集》，上海古籍出版社 1997 年版，第 7 页。

⑦ 章士钊：《柳文指要》下部，卷一，中华书局 1974 年版大字本。

⑧ 曾少文：《试论柳宗元以民为本的经济思想》，《中共桂林市委党校学报》2009 年第 9 卷第 3 期，第 61—65 页。

得特别注意，从《南风歌》的"解愠阜财"奠基，到孟子的"民贵君轻"加以发展，再到柳宗元的"官为民役"形成高峰。①

借鉴孟子的"贵民"措施，提出了"养人术"。柳宗元在《时令论》中写道："圣人之道，不穷异以为神，不引天以为高，利于人，备于事，如斯而已矣。"柳宗元认为，只要有利于民众的生产生活、能够完备妥当地处理各种事务就行了，大可不必用神异的东西来提高威慑力。尤为重要的是，他找到了可贵的"养人术"："吾问养树，得养人术。传其事以为官戒。"（《种树郭橐驼传》）柳宗元从郭橐驼的养树经验中所总结出来的"养人术"就是："顺人之天，以致其性"，即遵循顺从民众生产生活的天然规律，促使其天然本性得以充分显现。联系到柳宗元在《晋问》等其他文章中的一贯主张，这种所谓的遵循顺从，就是要由官吏的"利民"转变为"民自利"，由"富民"转变为"民自富"。从历史经验中不难看到，官吏的所谓"利民"措施往往演变为扰民的灾难。②

提出"心乎生民"说。柳宗元曾写过一篇《伊尹五就桀赞》，柳宗元认为："圣人出于天下，不夏、商其心，心乎生民而已。"柳宗元打破常规定论，认为王朝君主是姓夏还是姓商并不重要，重要的是心系于民，解民于倒悬比君权的归属更重要。发展了孟子关于"民贵君轻"的观点，提出"吏为民役"说。《送薛存义序》："凡吏于土者，若知其职乎。盖民之役，非以役民而已也。凡民之食于土者，出其十一佣乎吏，使司平于我也。今我受其值，怠其事者，天下皆然；岂唯怠之，又从而盗之。"官吏是去当人民的仆役，而不是去奴役人民。柳宗元的"官为民仆说"，显然是将中国的"民本"思想提升到了一个新的高度。

柳宗元在《断刑论》下篇中批判了中国传统的死刑执行制度"秋冬行刑"制，"秋冬行刑"的刑罚执行制度萌芽于奴隶社会的神权思想，"伪"在"言天而不言人"，借"天命"而愚民；柳宗元斥责这种借"天

---

① 陈仲庚：《舜歌〈南风〉与中国民本思想之源流——中国民本思想发展演变的三个节点》，《中国文学研究》2011 年第 2 期，第 37—40 页。

② 陈仲庚：《舜歌〈南风〉与中国民本思想之源流——中国民本思想发展演变的三个节点》，《中国文学研究》2011 年第 2 期，第 37—40 页。

命"以残人的刑罚理论为"惑于道者也",是"曲顺其时,以谄是物"。① 在《断刑论》中描述道:犯死者"大暑者数月,痒不得搔,痹不得摇,痛不得摩,饥不得时而食,渴不得时而饮,目不得瞑,支不得舒,怨号之声,闻于里人"。② 柳宗元抨击这一制度漠视对犯人基本司法人权的保障。

柳宗元是唐代中期一位有作为的政治家、思想家、文学家,先后任校书郎、集贤殿书院正字、蓝田县尉、监察御史里行、礼部员外郎,因参与王叔文、王伾倡导的"永贞革新"被贬为韶州刺史,再贬为永州司马,后复出为柳州刺史。柳宗元向往"励才能,兴功力,致太康于民,垂不灭之声",虽然仕途坎坷、饱经磨难,但他仍"无忘生人之患",为官从政以利民辅物为己任,政绩卓著,声名远播。他在自己的有关著作中提出并深刻论述了"吏为民役"的宝贵思想。③ 他的朋友薛存义,曾代零陵县令二年,"蚤作而思夜,勤力而劳心,讼者平,赋者均,老弱无怀诈暴憎,其为不虚取直也的矣"。④ 对于薛存义的政绩,柳宗元"重以言辞",予以赞扬。柳宗元"吏为民役"思想,主要体现在《送薛存义之任序》《〈贞符〉并序》《封建论》《天对》《全义县复北门记》《种树郭橐驼传》《晋问》《梓人传》等作品之中。他认为,一个王朝兴起是由于符合"生人之意"(《〈贞符〉并序》),如果让人民处在水深火热之中,无法生活下去,失去了民心,就会被人民推翻。人民主宰着历史的发展、王朝的兴衰、官吏的成败。这是"吏为民役"思想的哲学基础。柳宗元大胆地提出"生人之意"是历史发展中的决定力量。⑤ 官吏的职责乃是做人民的仆役,而不是役民。柳宗元说:"凡吏于土者,若知其职乎?盖民之役,非以役民而已也。"⑥(《送薛存义之任序》) 这就给官吏作了定位:

---

① 翟冰林:《解读柳宗元的〈断刑论〉》,《当代教育论坛》2005 年第 3X 期,第 90—91 页。

② 《柳宗元全集》,上海古籍出版社 1997 年版,第 25 页。

③ 艾新强:《柳宗元"吏为民役"思想述论》,《经济与社会发展》2005 年第 3 卷第 10 期,第 159—164 页。

④ 《田家三首》,《柳宗元全集》(四十三),上海古籍出版社 1997 年版。

⑤ 吴乃恭:《柳宗元的天人论》,《东北师大学报》(哲学社会科学版) 1986 年第 1 期,第 36—41 页。

⑥ 《柳宗元全集》,上海古籍出版社 1997 年版,第 191 页。

官吏是人民用钱雇佣来办事的。"凡民之食于土者，出其十一佣乎吏"①，官吏靠百姓供养，百姓是官吏的衣食父母。百姓"佣乎吏"的目的是要官吏"司平于我"，也即要官吏认真地、公平地为自己办事。柳宗元说："夫为吏者，人（民）役也。役于人而食其力，可无报也？""贤者之作，思乎利人，反是罪也。"也就是说，百姓养活了官吏，官吏是应该报答的，反其道而行之就是犯罪。怎样去报答呢？就是要"致其慈爱礼节，而去其欺伪凌暴"②。"吏为民役"的政治思想虽然有一定局限性，却是对儒家传统"民为贵，君为轻"的民本思想的继承。③

民生人权理念。柳宗元在永州与劳动人民有了更广泛更直接的接触，加深了对老百姓的了解和同情。这在他的许多诗文中都有所表露。如《田家三首》就用细腻形象的笔调描绘了农民生活的艰辛。在《捕蛇者说》中，柳宗元更以悲愤的心情揭露了官府对农民的残酷剥削，揭露了当时的"赋敛之毒"比毒蛇还厉害。④《捕蛇者说》是柳宗元关心民众，批判苛制专政的千古传诵的名篇。文章以永州郊外一家三代为了免除赋役，宁愿去捕毒蛇而相继惨死的经历，揭露了当时直至偏僻"南荒"的暴政酷役之害，最后发出了"苛政猛于虎"的激愤呼号，彰显柳宗元关心民众的真挚、深切的情感。除了揭露地方官吏的横征暴敛外，柳宗元继孔子、孟子、管子与同时代陆贽的"富民""均税""薄赋"的思想之后，提出了"讼者平，赋者均"⑤的主张，竭力肯定"宽徭、啬货、均赋之政起，其道美矣"。⑥这种均赋的主张，是与限制豪强兼并联系在一起的。中唐时期，豪强地主通过各种形式兼并土地，均田制逐渐被豪强势力的庄园经济所代替，而豪强地主勾结官吏、隐瞒资产、行贿逃税，竟然把繁重的田亩税额全部转嫁到贫户身上，使农民遭到土地兼并和重赋的双重打击。⑦

① 《柳宗元全集》，上海古籍出版社 1997 年版，第 191 页。
② 《柳宗元全集》，上海古籍出版社 1997 年版，第 191 页。
③ 于海平：《柳宗元民本思想述论》，《东南文化》2004 年第 4 期，第 43—46 页。
④ 《柳宗元全集》，上海古籍出版社 1997 年版，第 138 页。
⑤ 《柳宗元全集》，上海古籍出版社 1997 年版，第 191 页。
⑥ 《柳宗元全集》，上海古籍出版社 1997 年版，第 258 页。
⑦ 于海平：《柳宗元民本思想述论》，《东南文化》2004 年第 4 期，第 43—46 页。

"贫者固免""富者固增"的赋税观。关于赋税的目的，柳宗元认为，赋税不能加重农民负担，要使人民生活富裕，人丁兴旺，并大兴教化。他在《答元饶州论政理书》中指出："不唯充赋税养禄秩足己而已，独以富庶且为大任。"① 主张按贫富差别收税，柳宗元采取的具体办法就是"固必问其实"，必须查清贫富财产的实际情况，如果查清了贫富财产的情况，那么"贫者固免，而富者固增税矣"。② 穷人理应能免税，富人理应能增税了。③

"思利乎人""利满天下"的富利观。柳宗元十分重视百姓利益，在他的富利观中贯穿着"贤者之作，思利乎人""人不惭愧，利满天下"的民利思想。就是说，贤能的人凡做事，都要考虑人民，全心为天下百姓谋利，人生才不后悔。何谓民利？柳宗元指出，"不苦兵刑，不疾赋力，所谓民利，民自利者是也"④，也就是百姓不受酷刑和赋税之苦，才真正是百姓的权利。柳宗元从为百姓谋利益，让民众自利的观点出发，在柳州任职四年，施行德政，身体力行，为百姓做了大量善事，都足以说明，他的"思利乎人""利满天下"的社会理想，其目的是要惠及下层民众。

解放奴婢。柳宗元在柳州的一个突出政绩是解放奴婢。在唐代，蓄奴仍然相当普遍，朝廷虽然有禁止买卖奴隶的法令，但上自宫廷、贵族，下到民间富户，以良口饷买卖的现象大量存在，禁令徒成具文。⑤ 柳宗元对蓄奴和掠卖奴隶现象非常痛恨。他的《童区寄传》揭露了当时社会上掠卖奴隶的罪恶行径，《童区寄传》是其任柳州刺史时所写，讲述一"郴州荛牧儿"以智慧战胜劫持他的两个强盗，光明磊落"愿以闻于官"的事件。在掠卖人口的问题上，热情歌颂了劳动人民敢于并善于跟邪恶势力做斗争的精神，抨击地方官"因以为己利"而造成"户口滋耗"的严重后果。柳宗元针对这一情况作出规定：让卖身为奴者按服役期限计算

---

① 《答元饶州论政理书》，《柳宗元全集》（三十二），上海古籍出版社 1997 年版。

② 《晋问》，《柳宗元全集》（十五），上海古籍出版社 1997 年版。

③ 曾少文：《试论柳宗元以民为本的经济思想》，《中共桂林市委党校学报》2009 年第 9 卷第 3 期，第 61—65 页。

④ 《鞭贾》，《柳宗元全集》（二十），上海古籍出版社 1997 年版。

⑤ 《唐律疏议》中已有关于禁止买卖奴婢的规定；唐宪宗时发布《禁饷遗人口诏》，见《全唐文》卷六十。

报酬，当报酬和债款相当则自动解除奴役关系。① "因其土俗，为设教禁，州人顺赖"②，柳宗元在柳州施政实践中，针对当时柳州"其俗以男女质钱，约不时赎，子本相侔，则没有奴婢"③ 等买卖奴婢的社会弊病，"冲破先王禁区，采取有力措施，大胆释放奴婢，使归其家的有千多人"。④

教育人权理念。柳宗元一生重视教育，他继承和发展了孔子、荀况、王充等人的思想，强调德育在教育中的重要地位。他的一生不但重视教育理论，更重视教育实践，注重教育的施教方法，在《种树郭橐驼传》中提出只有"顺木之性"才能"以致其性"，这是非常精粹的教育思想。韩愈提出教师要发挥自己的主体能动性，柳宗元则师友并称，强调学生的主体性，认为君子不是天生的，强调后天学习，提倡博览群书、博采众长。他的"交以为师"师生观具有一定的民主平等精神。⑤

"期以明道"的教育目的。他认为应当开发民智，培养人才，用改革的措施来使统治阶级的思想合于"道"的要求，以使国家长治久安。因此他提出"期以明道"的教育主张，即通过教育手段以期培养统治阶级的治术人才。柳宗元认为教育的目的就是培养君子，柳宗元所说的君子，除正统儒家学者经常强调的"忠君、孝亲"那一套伦常标准之外，还强调以能否符合"公之大者"的政治要求，以及是否具有"生人之意"的政治理想为标准。柳宗元认为君子的历史使命是"行道""济世安民"。"圣人之言期以明道，学者务求诸道而遗其辞。辞之传于世者，必由是书。道假辞而明，辞假道而传，要之之道而已耳。"（《报崔黯秀才论为文书》）这就是说，圣人教人，旨在明道。圣人之言之所以能流传下来，就是因为能明道的缘故。他尤其强调德育在教育中的首要地位，认为"君子进德修业"是学习的根本，知识是为德育服务的工具。"君子学以植其志，信以笃其道"（《送薛判官量移序》)，"周乎志者，穷踬不能变其操；

---

① 于海平：《柳宗元民本思想述论》，《东南文化》2004 年第 4 期，第 43—46 页。

② 《柳子厚墓志铭》，《韩昌黎集》卷三二；另参见新旧《唐书》柳宗元本传。

③ 《进农书状》，《柳宗元全集》（三十九），上海古籍出版社 1997 年版。

④ 曾少文：《试论柳宗元以民为本的经济思想》，《中共桂林市委党校学报》2009 年第 9 卷第 3 期，第 61—65 页。

⑤ 赵新国：《论柳宗元的教育思想及影响》，《湖南师范大学教育科学学报》2009 年第 8 卷第 2 期。

周乎艺者，屈抑不能变其名"（《送元秀才下第东归序》）。君子"周乎志""周乎艺"，志艺两方面都应完备。

柳宗元充分肯定教师的作用。他认为无师便无以明道，要"明道"必从师。"孟子称，人之患在好为人师。由魏晋以下，人益不事师，今之世不闻有师，有则哗笑之以为狂人。"（《答韦中立论师道书》）韩愈在《师说》中强调："师道之不传也久矣。"柳宗元同意韩愈的"师道论"，认为师道是很重要的。① 他写下了《师友箴》《答韦中立论师道书》《答严厚舆秀才论为师道书》等文章，阐述了自己的师道观。其核心观点就是"交以为师"。柳宗元在《师友箴》中说："不师如之何？吾何以成！不友如之何？吾何以增！"提出"交以为师"的主张，即师生之间应和朋友之间一样，相互交流、切磋、帮助，在学术研讨上是平等的。

"化人及物"的人才标准。柳宗元对人才的选拔，提出了一个德才兼备、"化人及物"的标准。柳宗元始终向往"励才能，兴功力，致大康于民"（《答贡士元公瑾论进士书》），提出"即及辞，观其行，考其智，以为可化人及物者，隆之"（《送崔子符罢举诗序》）。可见柳宗元的选拔人才的标准是：不仅仅看他的辞章，还要看他的才能，考查他的知识，能道化黎民、为国家社稷出力做番事业。② 只有选拔培养这样一批有才能、有知识、能化人及物的人才，"俗其以厚，国其以理"，"致大康于民"，"生人之性得以安，圣人之道得以光"（《送崔子符罢举诗序》）。

历史局限。柳宗元之所以信佛，关键在于他相信人死后还有灵魂，不是一个"无鬼论"者。这从他为亡女写的《下殇女子墓砖记》中可以得到证明。这篇文章很短，记述他的女儿名叫和娘，自幼信佛，"自名佛埠"，后来"去发为尼，号之为初心"，元和五年死于永州时，年才十岁，说明她之信佛，也是柳宗元的影响。柳宗元在铭文中写道："孰致也而生？孰召也而死？焉从而来？焉往而止？魂气无不之也，骨肉复归于此。"无疑是肯定了灵魂的存在，这当然就不是"无鬼论"者的语言了。

---

① 赵新国：《论柳宗元的教育思想及影响》，《湖南师范大学教育科学学报》2009 年第 8 卷第 2 期。

② 赵新国：《论柳宗元的教育思想及影响》，《湖南师范大学教育科学学报》2009 年第 8 卷第 2 期。

柳宗元是不相信天地山川有什么神灵的，这在他的《天说》等文章中写得非常肯定，毫不含糊。显然是由于佛教的信仰干扰了他，使他不能成为彻底的"无神论"者。柳宗元"幼而好佛"，到老就信佛更深，从宗教信仰自由的角度来说，是无可厚非的。但如果从哲学的角度来说，如此笃信佛教，大大损害了他的唯物主义成就。①

第三节　宋代人权理念

作为北宋著名思想家、政治家、文学家、改革家，王安石不仅在文学与政治上有卓著的成就，其在人权场域也有重要贡献，不仅有创新的人权理念，更有生动的人权实践。其人权理念涵括：国权是保障人权的基础；生存权是最根本的人权；人格的尊严是人权的灵魂；以法律的手段保护人权，通过改革变法，立"善法"以保障人权，强调"立善法于天下，则天下治，立善法于一国，则一国治"。均平与中道不仅是王安石变法的秩序诉求，也是其变法始终坚守的政治与人权理念。在社会财富的分配上，均平政治不等于平均主义，它是一种相对均等的观念，提倡贫富差距处在一种均衡的状态，使得贫者不伤其性而生。在人的价值实现上，均平政治主张人性平等的观念。提出"国以民为本"的观点，主张"均天下之财使百姓无贫"。教育人权不仅是个人发展的必然要求，也是个体发展的基本权利。王安石提出的培养人才方案，即教、养、取、任之法。"教"就是通过教育让士大夫能够为天下国家所用，"养"就是"饶之以财、约之以礼、裁之以法"，"取"是建立合理的考选士人之法，"任"则是按其才能各得其所。

程朱理学的人权理念是宋代人权思想的典型代表，其人权理念直接体现在"存天理，灭人欲"的主张中，十分清楚地表现为对人的权利要求的克制倾向与限度上。同时，他们也提出了"重民保民"的民本思想，继承和发展孟子"民贵君轻"的民本思想，提出重民、爱民、顺民心、厚民生、不扰民的新见。继承"王者以民为天，而民以食为天"的理念，

---

① 刘知渐：《韩愈、柳宗元哲学思想的异同》，《重庆师范大学学报》（哲学社会科学版）1982年第1期，第1—10页。

提出"民以食为命"的观点,"保民之道,以食为本"的主张。但其"饿死事小,失节事大"的观点公然将封建礼教置于妇女的生命权和平等权之上,是封建统治压制人权的一个典型表现,在较长历史时段对人权发展都产生了十分消极的影响,必须予以否定。

尽管陆王"心学"传承了理学"存天理,灭人欲"的观点,但心学打破了程朱理学一统天下的垄断,高扬人的主体精神,彰显人的能动性。将玄妙不可及的天理拉回到人的"心"里来,心学唤醒自我意识,主张"致良知""知行合一""心外无理",提倡个性解放,但又主张对个人权利要求进行克制的矛盾立场,主张去除心中的私欲,"只要去人欲、存天理,方是功夫"。关于民生权利,陆九渊极力主张"宽民力""厚民生"。

一 王安石"善法"人权理念

王安石(1021年—1086年),字介甫,号半山,人称半山居士。被封为舒国公,后又改封荆国公,世人又称"王荆公"。汉族,宋抚州临川(今江西抚州)人,北宋著名思想家、政治家、文学家、改革家。庆历二年(1042年)进士,先后任淮南判官、鄞县知县、舒州通判、常州知州、提点江东刑狱等地方官职。治平四年(1067年)知江宁府,旋召为翰林学士。熙宁二年(1069年),宋神宗任命王安石为参知政事,次年又升任同中书门下平章事,① 推行新法。熙宁九年(1076年)罢相后,隐居,病死于江宁(今江苏南京)钟山,谥号"文",又称王文公。其变法已具备近代变革的特点,被列宁誉为"中国十一世纪伟大的改革家"。在文学上颇有成就,为"唐宋八大家"之一。王安石不仅在文学与政治上有卓著的成就,其在人权场域也有重要贡献,不仅有创新的人权理念,更有生动的人权实践。有学者概括其人权思想特征为:第一,外争国权是保障人权的基础;第二,生存权是最根本的人权;第三,人格的尊严是人权的灵魂;第四,以法律的手段保护人权。② 王安石认为国家要以民为本,以民为本就要树立人权观念。强调维护国权、捍卫国家和平是实现

---

① 陈忠海:《"改革皇帝"宋神宗》,《文史天地》2018年第3期,第14—18页。

② 王大鹏、叶新源:《试论王安石著述中人权思想的主要特征》,《赤峰学院学报》(汉文哲学社会科学版)2012年第33卷第3期,第10—12页。

人权的前提条件；就时代而言，百姓的生存权是维护人权的根本；积极推动变法，立"善法"加强法制，才能使人权得到有效的保障，平民百姓才能感觉到做人的尊严。①

北宋时，辽和西夏两个少数民族政权，是宋王朝国家安全的最大威胁。庞大的军费开支与输敌的金绢费用，都由百姓来负担，加重了百姓的生存压力。军事上的弱势，使百姓常常有着生活在屠刀下的不安之感。王安石写道："边夷外畔，士卒内溃，吏民骚动，死伤接踵。"②"边夷"直接威胁人民的安居乐业及基本权利。"外则不能无惧于夷狄，天下之财力日以困穷"③，百姓生存的负担日益加重而愈加贫困。只有捍卫国权，消除辽与西夏的安全威胁，才能减轻百姓的生存负担，才能维护人民的生命与财产安全。

王安石自幼聪颖，酷爱读书，过目不忘，下笔成文。稍长，跟随父亲宦游各地，接触现实，体验民间疾苦。王安石在任鄞县知县四年，兴修水利、扩办学校，初显政绩。皇祐三年（1051 年），王安石任舒州通判，勤政爱民，治绩斐然。王安石主张"发富民之藏"以救"贫民"。"有司必不得已，不若取诸富民之有良田得谷多而售数倍之者。贫民被灾。不可不恤也。"

熙宁三年（1070 年），王安石任同中书门下平章事，位同宰相。他在全国范围内推行新法，进行大规模的改革运动。所行新法在财政方面有均输法、青苗法、市易法、免役法、方田均税法、农田水利法；在军事方面有置将法、保甲法、保马法等。熙宁四年（1071 年），王安石颁布改革科举制度法令，废除诗赋词章取士的旧制，恢复为以春秋三传明经取士。同年秋，实行太学三舍法制度。通过变法集中实践了其平等人权理念、民生人权理念、教育人权理念、法制人权理念。

王安石变法的根本目的，是要改变北宋积贫积弱的局面，增强对外防御对内弹压的能力，以巩固和加强封建统治。从新法次第实施，到新

---

① 王大鹏、叶新源：《试论王安石著述中人权思想的主要特征》，《赤峰学院学报》（汉文哲学社会科学版）2012 年第 33 卷第 3 期，第 10—12 页。

② 《论罢春燕札子》，宁波等校点：《王安石全集》，吉林人民出版社 1996 年版，第 430 页。

③ 《论罢春燕札子》，宁波等校点：《王安石全集》，吉林人民出版社 1996 年版，第 399 页。

法为守旧派所废罢，其间将近十五年。在这十五年中，每项新法在推行后，虽然都不免产生了或大或小的弊端，但是，基本上都能收到一些效果，特别是"富国强兵"的效果是十分显著的。政府财政收入大幅增长。通过一系列理财新法的实行，国家增加了"青苗钱""免役宽剩钱""市易息钱"等新的财政收入项目，在发展生产、均平赋税的基础上，财政收入有了明显的增加，国库充裕，宋神宗年间国库积蓄可供朝廷二十年财政支出。

新法在一定程度上抑制了豪强地主的兼并势力，青苗法取代了上等户的高利贷，限制了高利贷对农民的盘剥；方田均税法限制了官僚和豪绅大地主的隐田漏税行为；市易法使大商人独占的商业利润中的一部分收归国家，打击了大商人对市场的操纵和垄断；免役法的推行使农户所受的赋税剥削有所减轻，大力兴建农田水利工程，对农业生产的发展发挥了巨大作用。社会经济发展，人民负担减轻，呈现了百年来不曾有过的繁荣景象。

人性论。王安石对儒家人性论的思考，经历了性善论、性有善有恶论、性无善无恶论三个阶段。第一阶段王安石主要受孟子的影响，认为"性归于善"。在《性论》篇中，我们可以很明显地看到王安石持一种人性善的观点。王安石在《性论》篇中说："古之善言性者，莫如仲尼；仲尼，圣之粹者也。仲尼而下，莫如子思；子思，学仲尼者也。其次莫如孟轲；孟轲，学子思者也。仲尼之言，载于《论语》。子思、孟轲之说，盖于《中庸》，而明于七篇。……以一圣二贤之心而求之，则性归于善而已矣。其所谓愚智不移者，才也，非性也。性者，五常之谓也。才者，愚智昏明之品也。欲明其才品，则孔子所谓'上智与下愚不移'之说是也。欲明其性，则孔子所谓'性相近习相远'、《中庸》所谓'率性之谓道'、孟轲所谓'人无有不善'之说是也。夫有性有才之分，何也？曰：性者，生之质也，五常是也。虽上智与下愚，均有之矣。盖上智得之之全，而下愚得之之微也。……智而至于极上，愚而至于极下，其昏明虽异，然其于恻隐、羞恶、是非、辞逊之端则同矣。"①

第二阶段王安石通过对现实的思考和理论的反思，逐渐认识到性善

---

① 王水照主编：《王安石全集》，复旦大学出版社 2016 年版，第 1827—1828 页。

论的不足，并且随着对扬雄"性善恶混"认识的加深，在试图融合孟子性善论和扬雄性善恶混的基础上，开始提出性有善有恶论；治平初年，王安石在《再答龚深父〈论语〉〈孟子〉书》中明确提出了"性有善有恶"的观点。王安石说："所论及异论具晓，然道德性命，其宗一也。道有君子有小人，德有吉有凶，则命有顺有逆，性有善有恶，固其理，又何足以疑?"①

　　第三阶段，王安石又认为"性不可善恶言"。能够体现这一阶段王安石人性论的主要有《原性》和《性说》两篇文章。在这一阶段，王安石的人性论与韩愈的性三品说彻底决裂。在早期的《性论》中，王安石虽然反对韩愈混淆性与才而把性分为上、中、下三品，却接受了他以仁、义、礼、智、信五常为性的观点；而在《原性》篇当中，王安石直接否认了这一说法，他说："夫太极者，五行之所由生，而五行非太极也。性者，五常之太极也，而五常不可以谓之性。此吾所以异于韩子。"② 最终，王安石明确地说："韩子之言性也，吾不有取焉。"③ 当然，在王安石退居金陵后，他更多关注佛教的人性论。王安石人性论的批判对象是韩愈，对照韩愈的《原性》一文可以看出，《性说》是对《原性》的逐句批驳。王安石认为，一个人是上智、中人还是下愚，不是一生下来就决定了的，而要看最终的结果。最终成为上智、下愚或者中人的决定性因素是"习"，即后天的学习。韩愈主张人性是不可变的，王安石主张"非生而不可移"。④ 在此阶段，王安石认为"性不可善恶言"是对孔子的"性相近"学说更深一步的理解。性本身无所谓善恶，但是由性所生之情发于外而有善恶之别，所以，后天的"习"对德性的培养就显得尤为重要。⑤

　　王安石人性论的独特之处，是其逻辑的起点都是从客观的、现实的经验世界出发，形成自然的人性观。正因为主张这种自然的人性观，故

---

① 《临川先生文集》，中华书局 1959 年版，第 765 页。
② 《王文公文集》，上海人民出版社 1974 年版，第 316 页。
③ 《王文公文集》，上海人民出版社 1974 年版，第 316 页。
④ 张呈忠：《"以中人为制"——王安石政治思想的人性基点与制度理念》，《政治思想史》2017 年第 8 卷第 4 期，第 19—35、197—198 页。
⑤ 关素华：《王安石人性论新探》，《南昌大学学报》（人文社会科学版）2018 年第 49 卷第 1 期，第 14—23 页。

而王安石非常重视后天人为教养的作用。主张通过后天的"习"和"养",来培养有道德的君子。在社会政治层面,王安石主张"天人相分",强调人为力量的重要性,因而他始终主张积极有为,改革变法。①当然,王安石的人性思想当中也存在体系不完整、"顺气言性"等不足。王安石对人性的研究只是承袭先秦告子、荀子和汉代以来的"顺气而言性"的道路,他的人性只是"才性""气性""气质之性",而非"天命之性""义理之性"。这既体现了王安石人性研究强调后天"习""养"作用、重视人为力量的特点,也反映了其人性研究的不彻底性。②

平等人权理念。均平与中道不仅是王安石变法的秩序诉求,也是其变法始终坚守的政治与人权理念。与商鞅变法不同,商鞅将"势"的观念作为自己改革的逻辑基础,"抱法处势则治",以"合势"为本。商鞅的变法对人是冷漠的,它将人建构为生产和战争的机器,蔑视人本身具有的价值和需求。王安石则将自己的变法依托建立在人性善、中道以及均平的理念之上,以均平为主。王安石将法的精神解释为:灋之字从水从廌从去。从水,则水之为物,因地而为曲直,因器而为方圆,其变无常,而常可以为平。③ 王安石认为,法度以"平"为本,水能够因势而变化,虽然没有固定的形态,但总是可以做到平允、均平,这正是法度的内在精神。在社会财富的分配上,均平政治不等于平均主义,它是一种相对均等的观念,提倡贫富差距处在一种均衡的状态,使得贫者不伤其性而生。在人的价值实现上,均平政治主张人性平等的观念,制度的建立要以人性价值的实现为本旨,"万物各尽其性",只有这样才是真正的"均平"。④ 均平政治要求从人性的价值出发,赋予人更多的尊严,要在自然理势的发展中注以人的要求,人要按人的方式去生活。它并不是罔顾自然的理势,而是突出人性的要求。中道就是合乎人性的秩序,王安石

---

① 关素华:《王安石人性论新探》,《南昌大学学报》(人文社会科学版) 2018 年第 49 卷第 1 期,第 14—23 页。

② 关素华:《王安石人性论新探》,《南昌大学学报》(人文社会科学版) 2018 年第 49 卷第 1 期,第 14—23 页。

③ 王安石:《周官新义》,文渊阁四库全书本,台湾商务印书馆 1985 年版,第 11 页。

④ 肖永奎:《合势与均平:两种变法的理念——兼对王安石与商鞅变法的反思》,《宜宾学院学报》2019 年第 5 期,第 18—26 页。

论述"大中之道"要合乎人性,"阴阳和,万物各尽其性、极其材,言庶草者,以为物之尤微而莫养,又不知自养也,而犹繁芜,则万物得其性皆可知也"(《洪范传》)①。这是一个物性自由发展的天地,阴阳和合,万物各得其所,各尽其能,即使是最卑微的庶草,也能够努力实现自身的性分,得到自己存在的价值。②

民生人权理念。王安石关心民间老百姓的生活疾苦,试图为老百姓提供安居乐业的生活环境和条件。王安石的民本思想具有多重维度,一是反对兼并,二是将财富在穷人和富人之间平均分配,三是增强对老百姓的思想教化。存在的局限性主要表现在阶级和思想两个层面。王安石本身就是地主阶级,他不可能和自身所在的阶级完全割裂,因而在他的民本思想中就会存在某些妥协。③

王安石重新解读儒家的民本观念。其核心在于实现均平政治,首要是恤农,兴修水利,开垦农田。④ 王安石继承了先贤孟子"民贵君轻"思想,提出了"国以民为本""均财无贫""教以孝友"等观点,充分体现了王安石变法革新的民本思想。⑤ 宋神宗熙宁二年(1069 年)二月,王安石始任参知政事,领导变法。其变法内容彰显鲜明的民本思想,如熙宁二年九月实行青苗法,十一月颁布农田水利条约等,则体现了其以民为本的理念,兴农重农,抑制兼并,从根本上维护封建统治阶级的利益。梁启超称赞说:"荆公救时惠民之第一良政也。"⑥

王安石赞同孟子的"民贵君轻"思想,提出了"国以民为本"的观点,强调在维护封建专制统治的同时,也要一定程度上考虑到人民的利益。"摧制兼并,均济贫乏,变通天下之财。"⑦"以义理天下之财,则转

---

① 王水照主编:《王安石全集》第六册,复旦大学出版社 2017 年版,第 1189 页。

② 肖永奎:《合势与均平:两种变法的理念——兼对王安石与商鞅变法的反思》,《宜宾学院学报》2019 年第 5 期,第 18—26 页。

③ 冯润喆:《论王安石变法革新中的民本思想》,《大众文艺》2018 年第 1 期,第 243—244 页。

④ 肖永奎:《王安石变法拒绝"媚民"》,《理论与当代》2017 年第 12 期,第 63 页。

⑤ 高建立:《论王安石变法革新中的民本思想》,《中州大学学报》2006 年第 2 期,第 70—72 页。

⑥ 梁启超:《王安石评传》第 10 章,江西抚州王安石研究会翻印。

⑦ 《宋史纪事本末·王安石变法》,中华书局 1957 年版,第 261 页。

输之劳逸不可以不均，用度之多寡不可以不通，货贿之有无不可以不制，而轻重敛散之权不可以无术。"① 王安石 "均天下之财使百姓无贫"②。挫兼并，目的是 "均平赋税，遽夺其田以赋贫民"③，王安石继承历史上反兼并的思想，认真探讨这个问题存在的原因及其严重性。宋朝的不抑兼并政策，是有宋以来就存在的一个突出问题。赵匡胤不仅不抑兼并，而且还鼓励兼并。他说："富室连我阡陌，为国守财尔。急盗贼窃发，边境扰动，兼并之财乐于输纳，皆我之物。"④ 如此穷了百姓，养饱少数富人，这势必对王权构成威胁。王安石主张先安天下黎庶，反对 "操聚敛之赢以为功，而不知百姓与足之义"⑤。

"教化本也刑政本也。""或曰教化，或曰政教，或曰刑政，何也？教化，本也；刑政，末也。至于王道衰则其本先亡矣。故不足于教化，而后言政教；不足于政教，而后言刑政。苟则其末亦有所不足，此其所以可哀也。"⑥ 王安石确信风化天下，教以孝友，可以 "群天下之民"⑦。并谓："不得贤而与之教，则不足以明天下之善。"⑧

王安石在变法中全方位落实其民生人权理念。比如 "青苗法"，其针对的是过去常平仓制度存在的弊端，在农户青黄不接时通过发放低息贷款的方式帮其渡过难关，解决农户生产资金不足的问题。"青苗法者，以常平籴本作青苗钱，散与人户，令出息二分。春散秋敛。"⑨ "以谓百姓当五谷青黄未接之时，势多窘迫。贷钱于兼并之家，必有倍蓰之息。官于是结甲请钱，每千有二分之息，是亦济贫民而抑兼并之道。"⑩ 王安石推行青苗法有济贫民抑兼并之意，从王安石推行青苗法的动机看，抑兼并

---

① 《王安石文集》，上海人民出版社 1974 年版，第 364 页。

② 《资治通鉴长编》卷 223，上海古籍出版社 1985 年版。

③ 《续资治通鉴长编》卷 231，上海古籍出版社 1985 年版。

④ 王明清：《挥尘录·余语》卷 I（祖宗兵制名枢庭备检）。

⑤ 《王安石文集》，上海人民出版社 1974 年版，第 110 页。

⑥ 《诗义钩沉》，中华书局 1982 年版，第 10 页。

⑦ 《王安石老子注辑本》，中华书局 1981 年版，第 5 页。

⑧ 《王安石老子注辑本》，中华书局 1981 年版，第 5 页。

⑨ 《宋史·王安石传》。

⑩ （宋）魏泰：《东轩笔录》卷 4，上海古籍出版社 2012 年版，第 25 页。

振贫弱确是其本意之一。① 王安石曾在基层试行过该办法，效果很好，但青苗法在全国推广的效果不佳，原因在于各级官员把它当成一项摊派下来的任务来完成，不需要的农户被强行摊派，急需资金扶持的却找不到门路，一些办事人员还利用这个机会"吃拿卡要"，好端端的制度却饱受诟病。欧阳修当时正任青州知州，针对曾两度上奏表示反对青苗法，拒绝在本辖区实行，已外任的前宰相韩琦也上奏折强烈反对青苗法。② "市易法"设置常平市易司对市场进行管理，该机构通过贱买贵卖的方法调节物价高低，既稳定了市场，朝廷又能赚到钱。"均输法"由朝廷拨款成立发运使，统一采购原本由各地负责采办的物资，朝廷现存不急需的物资，也可以通过发运使向各地销售，不仅调节了供需，而且解决了各地向朝廷供应物资标准不统一、运价高昂等问题，发运使两边赚差价，还为朝廷赚了钱。③

　　方田均税法的实行一定程度上抑制了土地兼并；青苗法帮助了不少农民渡过难关；免役法尽管在一些地方执行中出现了偏差，但也受到许多地方百姓的欢迎；还有农田水利法，它的推行掀起了一股兴修水利工程的热潮，据《宋会要辑稿》记载，改革期间全国共兴修水利工程17093处，受益农田达3617万多亩，全国垦田面积不断扩大，宋初的开宝九年（976年）全国农田数为2.95亿亩，到宋神宗元丰六年（1083年）已增至4.61亿亩，增加了56.3%。人口数也大为增加，据宋神宗元丰六年的统计，当时全国总户数上升至1721.2万户，是北宋初年的5倍。改革前的景德年间，全国税粮收入约为682.97万石，宋神宗熙宁十年（1077年）增加到5210.1万石，增加了近10倍，朝廷府库"储积如山，屋溢不能容"。④

　　教育人权理念。培养人才不仅是个人发展的必然要求，也是个体发展的基本权利。王安石提出陶冶人才的方案，即教、养、取、任之法。"教"就是通过教育让士大夫能够为天下国家所用，"养"就是"饶之以

　　① 傅允生：《制度变迁与经济发展：王安石青苗法与免役法再评价》，《中国经济史研究》2004年第2期，第23—33页。
　　② 陈忠海：《"改革皇帝"宋神宗》，《文史天地》2018年第3期，第14—18页。
　　③ 陈忠海：《"改革皇帝"宋神宗》，《文史天地》2018年第3期，第14—18页。
　　④ 陈忠海：《"改革皇帝"宋神宗》，《文史天地》2018年第3期，第14—18页。

财、约之以礼、裁之以法"，"取"是建立合理的考选士人之法，"任"则是按其才能各得其所。①

宋神宗熙宁年间，王安石在推行理财、整军变法的同时，对科举制度也进行了改革。贡举改革不但是推行新法的重要措施，而且它本身也是整个变法的一个组成部分。王安石贡举改革的主要内容为：罢明经、诸科，专以进士一科取士；罢诗赋、帖经、墨义，专以经义、论、策取进士；律令大义逐渐成为进士考试的内容之一。王安石认为，科举考试的内容直接关系到所取之士对于天下国家是否有用，因此，贡举改革具有重要意义。首先，变诗赋取士为经术取士，有利于封建国家造就和选拔"通经致用"的人才。诗赋是两种文学体裁，以诗赋取士，对于造就文学家、推动文学的发展，或许有一定作用；对于选拔和造就"通经致用"的人才，不但无益，反而有害。如前所述，王安石早就指出，诗赋是"雕虫篆刻之学""无补之学"，以此取士，是"败坏人才"。吕公著也说："取人以言，固未足见其实；至于诗赋，又不足以观言。是以昔人以鸿都篇赋比之尚方技巧之作，此有识者告知其无用于世也。"② 王安石在贡举考试中，毅然罢诗赋，而代之经义，这对于造就和选拔"通经致用"的人才是有好处的。其次，罢帖经、墨义，以大义试经术，是贡举考试的一个进步。宋代"帖经"和现在的"填空白"十分相似，故宋人亦称之为"填帖"。③ 所谓墨义，也不过是考试背诵经文及其注疏而已。内容和方法也都极为简单。这种帖经、墨义，只以记诵为工，很难分别高下。王安石正是为了克服"学究但知诵书，反更愚鲁不晓事"的弊病，断然罢帖经、墨义。最后，王安石断然罢黜诗赋，专以论策试进士，比范仲淹的"先策论""简程式"更为彻底，也更有进步意义。此外，加试律令大义，可以促使士人粗通法律，有利于实行法治。王安石不但将旧科明法改为新科明法，优先差注司法官，同时规定所有进士及第者，必须先考试律令大义和断案，按等第注官；而且后来又规定，进士在考试

---

① 张呈忠：《"以中人为制"——王安石政治思想的人性基点与制度理念》，《政治思想史》2017 年第 8 卷第 4 期，第 19—35、197—198 页。

② 《宋朝诸臣奏议》卷七十八，《上神宗答诏论学校贡举之法》。

③ 《宋朝诸臣奏议》卷七十八，《上神宗答诏论学校贡举之法》。

经义、论、策之外，必须加试律令大义。这就必然会促使举人们平时注意学习律令、断案等法律知识，在登科做官之后，也就能够按照有关律令处理政务。在贡举考试中，王安石不但注意"防奸之法"，尤其讲究"求才之道"。王安石十分注意贡举所试与入仕所用的统一。贡举考试的内容不仅直接关系人才的选拔，也必然直接影响到人才的培养。只有把贡举所试与从政所用统一起来，才能解决学非所用、用非所学的问题。在贡举考试中，他特别反对以记诵为功，而主张要讲求弄通义理，发挥己见。这对于学与用都是有益的。①

法治人权理念。王安石意识到唯有法律才能革除弊政，才能有效地保障百姓人权，主张"是以国家之势，苟修其法度以使本盛而末衰"。②可以看出，王安石认为法律是维护百姓人权的重要手段。只有依靠法律，才有可能从根本上解决践踏百姓人权的问题。王安石这种切实维护百姓人权的法治思想，在当时无疑是难能可贵的。王安石指出，官员的贪婪和渎职的行为直接侵害百姓人权。"特愁吏之为，十室灾八九"③；官僚统治者贪赃枉法，"莫敢强横犯法，其自重或甚于闾巷之人"④；"其意虽善，在位者犹不能推行，使膏泽加于民，而吏辄缘之以为奸，以扰百姓"⑤；豪强不法，为非作歹，肆意践踏百姓人权，"霸者擅一方，窘彼自丰足"⑥。

在变法实践中，王安石形成一套独具特色的保障人权的法治理论。王安石认为"变风俗，立法度"是当务之急。他指出："天下之财力日以困穷，而风俗日以衰坏，四方有志之士，谣诅然常恐天下之久不安。此其故何也？患在不知法度故也。"⑦ 所谓"立法度"，其基本内容就是以

①　张希清：《论王安石的贡举改革》，《北京大学学报》（哲学社会科学版）1986 年第 4 期，第 68—79 页。

②　《议茶法》，宁波等校点：《王安石全集》，吉林人民出版社 1996 年版，第 753 页。

③　《感事》，宁波等校点：《王安石全集》，吉林人民出版社 1996 年版，第 115 页。

④　《本朝百年无事札子》，宁波等校点：《王安石全集》，吉林人民出版社 1996 年版，第 433 页。

⑤　《上仁宗皇帝言事书》，宁波等校点：《王安石全集》，吉林人民出版社 1996 年版，第 399 页。

⑥　《寓言（其四）》，宁波等校点：《王安石全集》，吉林人民出版社 1996 年版，第 94 页。

⑦　《王安石全集》，吉林人民出版社 1996 年版，第 399 页。

法律形式对内反对大地主兼并土地，对外反对屈膝投降，维护国家主权。①

王安石主张"大明法度"，重视法律的作用，运用法律的武器对社会进行全面改革，用"善法"治理天下。王安石说："盖君子之为政，立善法于天下，则天下治，立善法于一国，则一国治，如其不能立法，而欲人人悦之，则日亦不足矣。"② 只有立善法，才能使天下大治，只有依靠法律，国家强盛才有保障。何为"善法"？王安石也说得很清楚。他说："是以国家之势，苟修其法度，以使本盛而末衰，则天下之财不胜用。"③ 所谓"本"就是"天下治"，在于使天下安宁，民富国强。王安石积极地把"立善法"的主张付诸实践，制定了均输法、市易法、农田水利法、青苗法、募役法、方田均税法、保甲法等。制定有关经济法规法令，一方面抑制豪强兼并土地，另一方面帮助农民解决生产和生活中的一些困难，使农民安心生产，达到"因天下之力以生天下之财"的目的。同时，"善法"还必须在现实生活中得到贯彻执行。所以他说："古人有言，徒善不足以为政，徒法不能以自行。"④ "守天下法者吏也，吏不良则有法而莫守。"⑤ 是否有高素质的执法官吏，官吏是否依法行事，直接关系到国家的安危。"夫合天下之众者财，理天下之财者法，守天下之法者吏也。吏不良，则有法而莫守；法不善，则有财而莫理。"⑥ 为了明法，必须任贤，即首先"众建贤材"，以"推而行之"。"盖夫天下至大器也，非大明法度，不足以维持，非众建贤才，不足以保守。"⑦ 在司法实践中，坚决主张以法断狱，王安石于熙宁元年在给皇帝赵顼的奏疏中强调的"臣以为有司议罪，惟当守法，情理轻重，则敕许奏裁。若有司辄得舍法以论罪，则法乱天下，人无所措手足矣"⑧ 体现了他坚持按照封建法律办案的精神。在司法实践中，王安石更强调要"刑平而公"，即对违法者一律

---

① 吴萍：《王安石的法治思想探略》，《抚州师专学报》2001年第2期，第48—52页。
② 《王安石全集〈周公〉》，吉林人民出版社1996年版，第690页。
③ 《王安石全集〈议茶法〉》，吉林人民出版社1996年版，第753页。
④ 《王安石全集〈提转考课敕词〉》，吉林人民出版社1996年版，第472页。
⑤ 《王安石全集〈度支副使厅壁题名记〉》，吉林人民出版社1996年版，第865页。
⑥ 《王安石全集〈度支副使厅壁题名记〉》，吉林人民出版社1996年版，第865页。
⑦ 《王安石全集〈上时政疏〉》，吉林人民出版社1996年版，第413页。
⑧ 张国华：《中国法律思想史》，法律出版社1997年版，第304页。

追究，不偏袒豪门贵戚。豪门权贵像老百姓一样循法守令，就是"刑平而公"。大臣贵戚"莫敢强横犯法，其自重慎或甚于闾巷之人，此刑平而公之效也"①。王安石认为要达到"大明法度"，变法图强，就必须做到司法统一，司法公正，即"有司议罪，惟当守法"。

强调"上下守法"，"上"即君主守法，"下"则百姓守法。君主应当率先守法，严格依法行事，不凭"私智"，还要求君主知法、明法、慎法，否则，"不知所出"，何谈"大明法度"。"盖宪者，为法以示人之谓也。所以法以示人者，当率法慎为能"；"总天下万事而断之以私智，则人臣皆将归事于其君而任其责，谣辞邪说并至"。又说："人君听断不知所出，此事之所堕也。"② 王安石提出一些改革科举制度的主张，设立"明法"新科，在科举考试中增加法律、典狱等方面的内容，以培养实际的政法官吏。③ 必须要运用法制手段选拔和任用人才，两者结合得好，就能"制而用之存乎法，推而行之有存乎人。其人足以任官，其官足以行法"。④ 王安石对"上下守法"抱有很大的信心："知天助之不可常恃，知人事之不可怠，终则大有为之时，正在今日。"⑤

二　程朱"理学"人权理念

程朱理学是宋代发展的新儒学，主要代表人物涵括程颢、程颐、朱熹，被称为"程朱学派"。程颢（1032 年—1085 年），字伯淳，学者称明道先生，理学的奠基者，"洛学"代表人物。亲自撰有《定性书》《识仁篇》等，后人集其言论编撰《遗书》《文集》等，皆收入《二程全书》。程颐（1033 年—1107 年），字正叔，河南洛阳伊川县人，世称伊川先生，北宋理学家和教育家，为程颢之胞弟。代表作有《周易程氏传》《易传》《遗书》《经说》，被后人编撰为《程颐文集》，后收入《二程全书》。朱熹（1130 年—1200 年），字元晦，江西省婺源县人，儒学集大成者。代表作有《四书章句集注》《太极图说解》《周易读本》《通书解说》及

---

① 《王安石全集〈本朝百年无事札子〉》，吉林人民出版社 1996 年版，第 434 页。
② 《王安石全集〈郊宗议〉》，吉林人民出版社 1996 年版，第 674 页。
③ 吴萍：《王安石的法治思想探略》，《抚州师专学报》2001 年第 2 期，第 48—52 页。
④ 《王安石全集〈周礼义序〉》，吉林人民出版社 1996 年版，第 881 页。
⑤ 《王安石全集〈本朝百年无事札子〉》，吉林人民出版社 1996 年版，第 435 页。

《楚辞集注》，此外，还有后人编辑的《朱子集语象》和《朱子大全》等。《四书章句集注》的影响最巨，后来被朝廷钦定为教科书与科举考试之标准。论及对于理学的学术贡献，程颢是理学的奠基者，程颐与程颢同学于周敦颐，共创"洛学"，为理学奠定了基础，朱熹是"二程"（程颢、程颐）的三传弟子李侗的学生，是理学集大成者。理学的人权思想主要体现在"存天理，灭人欲"人性论中，其维护封建等级秩序，主要表现为对人的权利要求的克制与限度上，但也提出了一些积极的重民爱民的民本主义人权思想。

程颐的学说以"穷理"为主，认为"天下之物皆能穷，只是一理"，"一人之心即天地之心"①，"一物之理即万物之理"②，主张"涵养须用敬，进学在致知"的修养方法，目的在于"去人欲，存天理"，甚至认为"饿死事极小，失节事极大"，将名誉置于生命权之上。程颢提出"天者理也"和"只心便是天，尽之便知性"的命题，认为"仁者浑然与物同体，义礼知信皆仁也"，识得此理，便需"以诚敬存之"。倡导"传心"说。

在人性论上，朱熹也主张"存天理，灭人欲"，认为人有"天命之性"和"气质之性"，"天命之性"源于太极之理，是绝对的善；"天与命，性与理，四者之别：天则就其自然者言之，命则就其流行而赋于物者言之，性则就其全体而万物所得以为生者言之，理则就其事事物物各有其则者言之。到得合而言之，则天即理也，命即性也，性即理也。"③"理者，天之体；命者，理之用。性是人之所受，情是性之用。"④"气质之性"则有清浊之分，善恶之别。人们应通过"居敬""穷理"来变化气质。朱熹谈论人物之性气质之性："性如水，流于清渠则清，流入汙渠则浊。气质之清者、正者，得之则全，人是也；气质之浊者、偏者，得之则昧，禽兽是也。气有清浊，人则得其清者，禽兽则得其浊者。人大体本清，故异於禽兽；亦有浊者，则去禽兽不远矣。"⑤

---

① 《二程集》，中华书局 1981 年版，第 13 页。
② 《二程集》，中华书局 1981 年版，第 13 页。
③ 《朱子语类·卷五·性理二》。
④ 《朱子语类·卷五·性理二》。
⑤ 《朱子语类·卷四·性理一》。

　　理学所主张的天理是道德神学，成为儒家神权和王权的合法性依据，对人的权利要求进行抑制。其将"理"或"天理"视为哲学的最高范畴，认为理无所不在，不生不灭，不仅是世界的本源，也是社会生活的根本准则。万事万物各有一理，此为分殊。物、人各自之理都源于天理，此作为理一。存天理和灭人欲，天理构成人的本质，在人间则表现为伦理道德的"三纲五常"。"人欲隐于天理中"①，"以理言，人欲自胜不过天理。以事言，则须事事去人欲，存天理，非一蹴即几，一下即成。"②"人欲"就是超出维持人的生命的欲求与违背礼仪规范的行为，比如，"饮食者，天理也；要求美味，人欲也"③。基本饮食要求，是天理，追求山珍海味就是人欲，对人的权利要求设定了一个度，超出这个度就是不正当的要求与欲望，与天理相对立。因此，程朱理学对人的权利要求的总体立场是抑制。"学者须是革尽人欲，复尽天理，方始是学。"④

　　"重民保民"的民本思想，二程继承和发展了孟子"民贵君轻"的民本思想，提出重民、爱民、顺民心、厚民生、不扰民的新见，⑤ 在《答人示奏草书》中，程颐说："颐欲公以爱民为先，力言百姓饥且死，丐朝廷哀怜，因惧将为寇乱可也"，"则当轻财而重民"，"古之时得丘民则得天下，财散则人聚"。⑥ 如何爱民和重民？程颐提出"三为本"的原则，即"为政之道，以顺民心为本，以厚民生为本，以安而不扰为本"。⑦ 至于如何顺民心，程颐说："君子之道，其说于民，如天地之施，感于其心而说服无斁。故以之先民，则民心说随而忘其劳，率之以犯难，则民心说服于义而不恤其死。说道之大，民莫不知劝。劝谓信之，而勉力顺从。人君之道，以人心说服为本，故圣人赞其大。"⑧ 程颐认为，民众民心悦服就会忘记疲劳，就会服从于义而不怕死，可见顺民心对于为政之道的重要性。关于"厚民生"，程颐提出："'因民之所利而利之'，若耕稼陶

---

① 钱穆：《朱子学提纲》，生活·读书·新知三联书店 2014 年版，第 92 页。
② 钱穆：《朱子学提纲》，生活·读书·新知三联书店 2014 年版，第 94 页。
③ 《朱子语类·卷十三》。
④ 《朱子语类·卷十三》。
⑤ 卢连章：《程颢程颐评传》，南京大学出版社 2001 年版，第 222 页。
⑥ 《二程集》，中华书局 1981 年版，第 600 页。
⑦ 《二程集》，中华书局 1981 年版，第 531 页。
⑧ 《二程集》，中华书局 1981 年版，第 998 页。

渔，皆因其顺利而道之。"① 种庄稼，制陶器，渔业都涉及民众的财产利益，关系民众的生存和幸福生活，因此，要顺应和维护人民的民生权利，保障人民的生存和发展权利。

为了实现每个人的自由发展，实现"人尽其才"的目标，程颐提出了"求才养贤"的主张。他指出："善言治者，必以成就人才为急务。人才不足，虽有良法，无与行之矣。"② 治理国家不仅需要良法，更需要人才去执行，否则只能落个"徒有善法"了，程颐认为人才事关国家兴衰，在《上仁宗皇帝书》中，他说："天下之治，由得贤也。天下不治，由失贤也。"③ 主张根据每个人的才能大小因才使用，做到人尽其才，他说："求乎明于五帝、三王、周公、孔子治天下之道者，各以其所得大小而用之。有宰相事业者，使为宰相；有卿大夫事业者，使为卿大夫；有为郡之术者，使为刺史；有治县之政者，使为县令。各得其任，则无职不举，然而天下弗治者，未之有也。"④ 强调人人都有才，人人都有用："人人有用。圣人自有圣人用，贤人自有贤人用，众人自有众人用，学者自有学者用；君有君用，臣有臣用，无所不通。"⑤ 这无疑是对于人才的机会平等观，是人尽其才的前提和基础。朱熹也主张选贤任能，对于人才"知其为贤而用之，则用之唯恐其不速，聚之唯恐其不多"。⑥

法律人权思想。强调法律在国家治理中的重要作用，程颐说："法者，道之用也。""建立纲纪，分正百职，顺天揆事，创制立度，以尽天下之务，治之法也。"⑦ 分正百职与天下之务，关涉每个人的权利，需要制度和法律来支撑和保障，"故为政之始，立法居先"⑧。法律规范人们的行为，界定人的自由和权利，哪些事可以做，哪些事不可以做，"以明其刑罚，饬其法令。法者，明事理而为之防者也"⑨。程颐强调立法必须立

---

① 《二程集》，中华书局1981年版，第390页。
② 《二程集》，中华书局1981年版，第1210页。
③ 《二程集》，中华书局1981年版，第513页。
④ 《二程集》，中华书局1981年版，第513页。
⑤ 《二程集》，中华书局1981年版，第249页。
⑥ 《朱子语类·朱子四·卷107》。
⑦ 《二程集》，中华书局1981年版，第1219页。
⑧ 《二程集》，中华书局1981年版，第720页。
⑨ 《二程集》，中华书局1981年版，第804页。

善法，立良法，良法就是公正之法，人人平等之法，"法者天下之公器，惟善持法者，亲疏如一，无所不行"①。不论亲疏，一律平等。"凡为政，须立善法，后人有所变易，则无可奈何。虽周公，亦知立法而已。"②

善法必须根据社会发展变化因时因事而制定，回应新情况，解决新问题，没有亘古不变之法，要制定合乎时宜合乎时代的法律。他说："上古世淳而人朴，顺事而为治耳。至尧，始为治道，因事制法，著见功迹，而可为典常也，不惟随时，亦其忧患后世而有作也。"③ 他认为，居于当今之世的人们，必须执行今天的法律："居今之时，不安今之法令，非义也。若论为治，不为则已，如复为之，须于今之法度内处得其当，方为合义。"④ 同时，程颐认为，执法是善法的重要环节，如果没有人才去执行，就会落下"徒有善法"的结果，他说："人才不足，虽有良法，无与行之矣。"⑤

法律界分人的相关权利："圣王为治，修刑罚以齐众，明教化以善俗。"⑥ "自古立法制事，牵于人情，卒不能行者多矣。若夫禁奢侈则害于近戚，限田产则妨于贵家。"⑦ 通过法律限禁奢侈规制近戚的权利，限田产调整贵族的权利，凸显法律在人权实现上不可或缺的显赫地位。

最早提及社会保障立法。在《与人论立赈济法事》中，他说："不制民之产，无储蓄之备，饥而后发廪以食之，廪有竭而饥者不可胜济也。"⑧ 社会保障的基础是制民恒产，保障民众的财产权，消除贫困，这才是治本之策。针对赈济难以为济的问题，提出了赈济法的基本原则，救饥救死不丰肥，"救饥者，使之免死而已，非欲其丰肥也"⑨，这是治标之策。

以农为本思想。针对富者土地跨州连县，贫者无立锥之地的社会积弊，提出"均井田"的平等思想。"天生丞民，立之君使司牧之，必制其

① 《二程集》，中华书局 1981 年版，第 585 页。
② 《二程集》，中华书局 1981 年版，第 179 页。
③ 《二程集》，中华书局 1981 年版，第 1208 页。
④ 《二程集》，中华书局 1981 年版，第 18 页。
⑤ 《二程集》，中华书局 1981 年版，第 1210 页。
⑥ 《二程集》，中华书局 1981 年版，第 1212 页。
⑦ 《二程集》，中华书局 1981 年版，第 756 页。
⑧ 《二程集》，中华书局 1981 年版，第 585 页。
⑨ 《二程集》，中华书局 1981 年版，第 586 页。

恒产，使之厚生，则经界不可不正，井地不可不均，此为治之大本也。唐尚能有口分授田之制，今则荡然无法，富者跨州县而莫之止，贫者流离饿殍而莫之恤。幸民虽多，而衣食不足者，盖无纪极。"①

虽然在宋代，"'井田制'是一种不能实现的理想"②，但朱熹还是想用井田制的乌托邦，消解现实社会的土地不均和贫富不均，期望实现人的平等与社会正义。自《孟子·滕文公》篇记载井田制以来，有很多人将其作为一种社会理想孜孜以求，比如张载、黄宗羲等，张载以"为政在乎足民"为出发点，主张井田制。③ 黄宗羲也赞同井田制，他认为："夫先王之制井田，所以遂民之生，使其繁庶也。"④ 孟子强调说："夫仁政，必自经界始。经界不正，井地不钧，谷禄不平。"朱熹在注释孟子这段话时写道："井地，即井田也。经界，谓治地分田，经画其沟涂封植之界也。此法不修，则田无定分，而豪强得以兼并，故井地有不均；赋无定法，而贪暴得以多取，故谷禄有不平。"⑤ 所谓经界，就是土地所有权的地理标志。⑥ "正经界"的目的就是土地均、谷禄平。解决贫富不均，就要保障民众的土地所有权，这是实现平等的物质基础。

朱熹特别阐释了"民富"与"君富"的关系，主张制止国家对百姓的厚敛，少取于民，防止民贫，维护人民的生存权利。"民富，则君不至于独贫；民贫，则君不可能独富。"⑦ 朱熹重视民众的生存权，指出吃饭是民生之本，他说："窃勘生民之本，足食为先，是以国家务农重谷"⑧，"窃惟民生之本在食，足食之本在农，此自然之理也"⑨。重视民生，强调解决农民的吃饭问题，继承"王者以民为天，而民以食为天"⑩ 的理念，

---

① 《二程集》，中华书局 1981 年版，第 453 页。
② 张立文：《朱熹思想研究》，中国社会科学出版社 2001 年版，第 97 页。
③ 转引自张立文《朱熹思想研究》，中国社会科学出版社 2001 年版，第 97 页。《张载集》，《经学理窟·周礼》中说："治天下不由井地，终无由得平。周道止是均平。"
④ 《明夷待访录·田制二》。
⑤ 《孟子集注卷五·滕文公章句上》。
⑥ 张立文：《朱熹思想研究》，中国社会科学出版社 2001 年版，第 93 页。
⑦ 《论语集注·颜渊第十二》。
⑧ （宋）朱熹撰：《晦庵先生朱文公文集（卷100）》，上海涵芬楼藏明刊本，第 3547 页。
⑨ （宋）朱熹撰：《晦庵先生朱文公文集（卷99）》，上海涵芬楼藏明刊本，第 3518 页。
⑩ 《汉书·郦食其传》。

提出"民以食为命"①"保民之道，以食为本"②的主张。"养民之道，在爱其力。民力足则生养遂，生养遂则教化行而风俗美，故为政以民力为重也。"③但也必须指出的是，程颐的人权思想存在明显的历史局限和硬伤，比如他曾说："然饿死事极小，失节事极大！"④也就是说，在他眼里，女子失去贞操和节操是个很大的问题，不可容忍，相反，贫困饿死在他看来却是小事一桩，不是什么大问题，其公开将封建礼教置于妇女的生命权和平等权之上，是封建礼教长久压制人权的一个典型表现。到了南宋，朱熹又将这一观点翻找出来，继续作为劝人守节的工具，可见，"饿死事小，失节事大"的观点在较长历史时段对人权发展都产生了十分消极的影响，必须予以否定。

三　陆王"心学"人权理念

明朝中期，随着江南资本主义的萌芽，市民意识开始觉醒，尽管心学传承了理学"存天理，灭人欲"的观点，但陆王心学打破了程朱理学一统天下的垄断，高扬人的主体精神，彰显人的能动性。将玄妙不可及的天理拉回到人的"心"里来，"阳明心学呼唤主体意识的觉醒，强调个人价值和自我发展"。⑤阳明心学脱胎于程朱理学，终又对立于程朱理学，发展陆九渊的心学精神，其理论框架涵括：心即理之人性论，知行合一之认识论，致良知的修身思想。强调人是天地之心，万物之主。"圣人之学，心学也。"⑥心学高扬人的主体性，孕育催生人的思想再解放。陆九渊（1139—1193 年），字子静，江西省金溪县人，因在象山书院讲学，被称作"象山先生"，学者称为"陆象山"，代表著作有《象山先生全集》。作为"心学"的开山之祖，创立"心学"，强调"自作主宰"，陆九渊的思想十分接近程颢，偏重心性的修养，其赞同朱熹"格物致知"的方法过于"支离破碎"的观点。主张"明心见性""心即是理"，重视持敬的

---

① 《二程集》，中华书局 1981 年版，第 1098 页。
② 《二程集》，中华书局 1981 年版，第 520 页。
③ 《二程集》，中华书局 1981 年版，第 1095 页。
④ 《二程全书·遗书二十二》。
⑤ 《传习录》，于自力、孔薇、杨骅骁注译，中州古籍出版社 2008 年版，第 13 页。
⑥ 《传习录》，于自力、孔薇、杨骅骁注译，中州古籍出版社 2008 年版，第 11 页。

内省功夫。指出："宇宙便是吾心，吾心即是宇宙。东海有圣人出焉，此心同也，此理同也。西海有圣人出焉，此心同也，此理同也。""千百世之上至千百世之下，有圣人出焉，此心此理，亦莫不同也。"① 明代王守仁传承发展其学，称为"陆王学派"，对后世影响极大。

在学术上陆九渊与朱熹多有分歧，1175 年 6 月，陆九渊与朱熹在江西上饶的鹅湖寺会晤，对治学展开研讨。朱熹认为，通过博览群书和对外物的观察来启发内心的知识；陆九渊主张，应"先发明人之本心然后使之博览"，所谓"心即是理"，无须费功夫在读书穷理方面。双方展开论战，陆九渊指责朱熹"支离"，"象山则谓之是支离"②。朱熹讥讽陆九渊"禅学"，钱穆评论说："朱子之于象山，又屡斥其近禅。"③ 两派学术见解相持不下，史学家称为"鹅湖大辩论"。

王守仁（1472—1529 年），字伯安，别号阳明。浙江余姚县人，因曾居于会稽山阳明洞，自号阳明子，学者称之为阳明先生，亦称王阳明。明代著名文学家、思想家、哲学家及军事家，"心学"之集大成者。王守仁继承陆九渊强调"心即是理"的思想，他说"心即理也"，并反问："天下又有心外之事、心外之理乎？"④ 反对程颐与朱熹追求"至理"的"格物致知"方法，由于事理的无穷尽，格之不免烦累，因此，提倡"致良知"，从自己内心里去找寻"理"，"理"全在于人"心"，"理"化生成宇宙之天地万物，人要秉其秀气，所以人心自秉其精要。在知与行的关系上，强调要知更要行，知中有行，行中有知，"知是行的主意，行是知的功夫；知是行之始，行是知之成"⑤。所谓"知行合一"，二者互为表里，不可分离。知必然要表现为行，不行则不能算真知。心学唤醒自我意识，主张"致良知""知行合一""心外无理"，提倡个性解放，但对个人权利要求仍然表现为克制的立场，主张去除心中的私欲，"只要去人欲、存天理，方是功夫"⑥。"天理人欲，其精微必时时用力省察克治，

---

① 《陆九渊集》卷三十六，中华书局 1980 年版，第 483 页。
② 钱穆：《朱子学提纲》，生活·读书·新知三联书店 2014 年版，第 152 页。
③ 钱穆：《朱子学提纲》，生活·读书·新知三联书店 2014 年版，第 154 页。
④ 《传习录》，于自力、孔薇、杨骅骁注译，中州古籍出版社 2008 年版，第 25 页。
⑤ 《传习录》，于自力、孔薇、杨骅骁注译，中州古籍出版社 2008 年版，第 30 页。
⑥ 《传习录》，于自力、孔薇、杨骅骁注译，中州古籍出版社 2008 年版，第 63 页。

方日渐有见。"① 也就是说，存天理去私欲，其精微之处必须时刻反省体察克制，才能渐渐有所得。

陆九渊"宽民力""厚民生"的民生权思想。"今日邦计诚不充裕，赋取于民者诚不能不益于旧制。居计省者诚能推支费浮衍之由，察收敛渗漏之处，深求节约检尼之方，时行施舍己责之政，以宽民力，以厚国本，则于今日诚为大善。"② 将民力视为国本："岂黄堂将大行宽恤之政，以厚吾民之力，为国家培固根本，为万世不拔之基耶?"③ 设置官吏的目的就是为民众服务，基本任务和职责就是厚民生，他说："天以斯民付之吾君，吾君又以斯民付之守宰，故凡张官置吏者，为民设也。无以厚民之生，而反以病之，是失朝廷所以张官置吏之本意矣。"④

义利观。淳熙八年（1181 年）二月，朱熹邀请陆九渊在白鹿洞书院演讲，陆九渊从《论语》"君子喻于义，小人喻于利"一章阐释自己的义利观，他说："此章以义利判君子小人……窃谓学者于此，当辨其志。人之所喻由其所习，所习由其所志。志乎义，则所习者必在于义，所习在义，斯喻于义矣。志乎利，则所习者必在于利，所习在利，斯喻于利矣。故学者之志不可不辨也。"⑤ 他认为，儒家依据义利评判君子和小人，核心问题是辨志，强调去名利之念，以圣贤为志。可见其坚持义高于利的价值观，道德追求高于权利追求。

第四节　明清时期的人权理念

黄宗羲、顾炎武、王夫之、唐甄"四大启蒙思想家"的人权理念是明清时期人权思想的主要代表。《明夷待访录》集中了黄宗羲的人权思想和主张，侯外庐誉其为"人权宣言"，黄宗羲的人权思想主要涵括：限制君权、主张民主和民权、个人财产权及利民的"天下之法"等。黄宗羲作为反对封建专制特权的"民主思想集大成者和早期的启蒙思想家"，不

---

① 《传习录》，于自力、孔薇、杨骅骁注译，中州古籍出版社 2008 年版，第 102 页。
② 《陆九渊集》卷五，中华书局 1980 年版，第 72 页。
③ 《陆九渊集》卷八，中华书局 1980 年版，第 116 页。
④ 《陆九渊集》卷八，中华书局 1980 年版，第 116 页。
⑤ 《陆九渊集》卷二十三，中华书局 1980 年版，第 275 页。

仅终结了古代民本主义思想，还为近代民主思想进行了启蒙和奠基。顾炎武反对专制，提出具有启蒙思想色彩的"众治"民主观。他认为，"人君之于天下，不能以独治也。独治之而刑繁矣，众治之而刑措矣"。主张"利民富民"的民生权思想，他指出，"今天下之患，莫大乎贫"，强调"有道之世"，"必以厚生为本"，民生是"国家治乱之源，生民根本之计"。王夫之提出了"平天下者，均天下而已"的观点，主张平等、反专制思想。他对程朱理学的"存天理，灭人欲"提出了批评，王夫之认为，主张权利是民众的正当要求，"利者，民之依也"。提出了"日生日成"的人性论，"夫性者生理也，日生则日成也"。强调人性不是一成不变的，而是不断发展变化的。唐甄在中国人权思想史上第一个提出"人之生也，无不同也"的命题，其"天赋平等"思想比历史上所有的"均平"思想都要深刻和彻底。指出"财者，国之宝也，民之命也"，财产是人民生存和发展的基础，痛斥"自秦以来，凡为帝王者皆贼也"，其反专制的民主思想比黄宗羲更激进。

一　黄宗羲"天下之法，天下之利"民主人权理念

黄宗羲（1610—1695 年），浙江余姚县人。被尊为"中国思想启蒙之父"。同顾炎武和王夫之并称"明清三大思想家"。黄宗羲思想深邃，著作宏富，达 50 余种 300 余卷，代表作有《明夷待访录》《思旧录》《孟子师说》等。其中《明夷待访录》影响最大，顾炎武称赞该书尽数"历史上所有帝王制度的弊端"，梁启超将其与卢梭的《社会契约论》相提并论，赞其要比后者早数十年面世，"不能不算人类文化之高贵产品"①，蔡元培称赞为"自由思想之先声"②，侯外庐誉其为"人权宣言"③。《明夷待访录》主张民权，反对君主专制，清王朝迅速将此书列为禁书，其对清末的维新变法影响甚巨。黄宗羲的人权思想主要涵括：限制君权、主张民主和民权、个人财产权及利民的"天下之法"等。

民权思想。主张民主，主张民权，"不以一己之利为利，而使天下受

---

① 梁启超：《中国近三百年学术史》，中国书店 1985 年版，第 46 页。
② 蔡元培：《中国伦理学史》，河北人民出版社 1985 年版，第 108 页。
③ 侯外庐：《中国思想通史》第五卷，人民出版社 1956 年版，第 155 页。

其利"，① 黄宗羲反对君权侵犯剥夺人民的权利，他揭露封建帝王敲诈盘剥"天下之骨髓"，无情离散天下之子女，只为奉其一人之淫乐，并将此视为理所当然，曰"此我产业之花息也"。因此，他指出，成为天下之大害者，则"君而已矣"。② 抨击君主只顾一己之私，是天下大害，黄宗羲怒斥君主的贪婪，他指出，汉高帝宣称"某业所就，孰与仲多"，其逐利之情则不知不觉"溢之于辞矣"。③

财产权利。主张个人财产权利："人各得自私也，人各得自利也。"④反对君主垄断所有财产，剥夺人民群众的最基本的财产权利，君主自己奢靡享乐，使人民贫困痛苦地生活，君主操纵"天下利害之权"，将"天下之利"归于己，把"天下之害"归于人。⑤ 君主的这种行为既没有合理性，也不具合法性。君主不关心人民的权利："授田之法废，民买田而自养，犹赋税以扰之；学校之法废，民蚩蚩而失教，犹势利以诱之。"⑥土地权关系民生，是一项民生权利："夫先王之制井田，所以遂民之生，使其繁庶也。"⑦ 黄宗羲主张恢复井田制，保障人民的土地权，同时还主张恢复学校，保障人民的教育权："以复井田、封建、学校、卒乘之旧，虽小小更革，生民之戚戚终无已时也。"⑧

主张发展商品经济，富国利民，保障人民的生存和发展权利，"故今日之钱，不过资小小贸易，公私之利源皆无赖焉，是行钱与不行等也"。⑨"使封域之内，常有千万财用流转无穷，此久远之利也。"⑩ 反对儒家以工商为末的观点，坚持认为工商为本，发展工商业才能富民，"世儒不察，以工商为末，妄议抑之"。但事实上，工业满足圣王之所欲求，商业让其

① 《明夷待访录·原君》。
② 《明夷待访录·原君》。
③ 《明夷待访录·原君》。
④ 《明夷待访录·原君》。
⑤ 《明夷待访录·原君》。
⑥ 《明夷待访录·学校》。
⑦ 《明夷待访录·田制二》。
⑧ 《明夷待访录·原法》。
⑨ 《明夷待访录·财计二》。
⑩ 《明夷待访录·财计二》。

愿进行流通者，"盖皆本也"。① 主张减轻赋税，反对奢侈，才能民富，"治天下者既轻其赋敛矣，而民间之习俗未去，蛊惑不除，奢侈不革，则民仍不可使富也"。② 主张天下之法，利民之法，反对维护君主私利的"一家之法"，主张实行符合人民利益的"天下之法"，君主所定法律是"一家之法，而非天下之法也"。这种法不维护天下人民大众的利益，因此不能称为法："此其法何曾有一毫为天下之心哉！而亦可谓之法乎？"③ "利不欲其遗于下，福必欲其敛于上"，"所谓非法之法也"④。黄宗羲作为反对封建专制特权的"民主思想集大成者和早期的启蒙思想家"⑤，不仅终结了古代民本主义思想，还为近代民主思想进行了启蒙和奠基。

二　顾炎武"均无贫"平等人权理念

顾炎武（1613—1682 年），江苏省昆山市千灯镇人，字忠清、宁人，因为故居旁边有亭林湖，又被称为亭林先生。著名思想家、经学家和史地学家，同黄宗羲和王夫之一起并称为明清"三大儒"。其主要代表作有《日知录》《天下郡国利病书》《亭林诗文集》《肇域志》等。

"利民富民"的民生权思想。顾炎武主张"利民富民"，视民生是社会的根本问题。他认为，"今天下之患，莫大乎贫"⑥，极力主张"有道之世"，"必以厚生为本"⑦，改善民生与富民是他的理想和愿景，企划"五年而小康，十年而大富"的社会蓝图。⑧ 他充分肯定人民的财产权利，指出："古之人君，未尝讳言财也。……民得其利则财源通，而有益于官；官专其利则利源塞，而必损于民。"⑨ 特别强调保障人民的财产权利，这是保障民生权和富民的重心所在，权衡"民得其利"还是"官专其

---

① 《明夷待访录·财计三》。
② 《明夷待访录·财计三》。
③ 《明夷待访录·原法》。
④ 《明夷待访录·原法》。
⑤ 吴忠希：《中国人权思想史略：文化传统和当代实践》，学林出版社 2004 年版，第 68 页。
⑥ 《亭林文集·卷一·郡县论六》。
⑦ 《日知录校释：上》（卷三），张京华校释，岳麓书社 2011 年版，第 115 页。
⑧ 《亭林文集·卷一·郡县论六》。
⑨ 《日知录校释（上）》（卷十六），张京华校释，岳麓书社 2011 年版，第 508 页。

利", 顾炎武将"民得其利"置于首位, 他批评自万历中期以来, 因"官专其利"肆行, 造成"民生愈贫, 国计亦愈窘"的困局。因此, 顾炎武力倡实行"藏富于民"的政策, 主张"善为国者, 藏之于民"。① 唯有如此, 才是真知其"本末"之策。

对个人权利的肯定, 明确私人财产权。阐释个人利益与集体利益的内在关系, 他说:"自天下为家, 各亲其亲, 各子其子, 而人之有私, 固情之所不能免矣。……合天下之私以成天下之公, 此所以为王政也。"② 肯定私人利益是个人的正当权利要求, 所有私人利益的总和就是社会的整体利益, 不能离开私人权利谈论社会整体利益, 私人权利是社会整体利益的前提和条件, 并且认为"用天下之私, 以成一人之公而天下治"③。对个人权利的肯定, 反映了当时资本主义生产关系萌芽状态下新兴市民阶层的权利要求。

"众治"的民主思想。怀疑君权, 反对专制, 提出具有启蒙思想色彩的"众治"民主观。解构君权, 论证"君"并非封建帝王的专称:"诸侯及卿大夫有地者皆称'君', 汉代奴婢亦得称其主人为'君', 女称父、妇称夫亦为'君'。"④ 反对君主"独治", 主张"众治", 众人之治, 内蕴现代法治的民主元素, 所谓"人君之于天下, 不能以独治也。独治之而刑繁矣, 众治之而刑措矣"⑤, 强调"以天下之权寄之天下之人"⑥。尽管未直接否定君权, 但他的"众治"主张, 深具反对专制的启蒙思想色彩。特别值得强调的是, 顾炎武的民主思想, 积极引导民众的主动作为与责任, 提出"天下兴亡, 匹夫有责"的著名命题。他指出:"保天下者, 匹夫之贱, 与有责焉耳矣。"⑦ 顾炎武所说的天下兴亡, 并非指一家一姓王朝的兴亡, 而是指全体人民生存和整个民族的发展延续。如何分辨亡国及亡天下? 他认为, "易姓改号"为亡国, "仁义充塞"以致"率

① 《日知录校释 (上)》(卷十六), 张京华校释, 岳麓书社2011年版, 第505页。
② 《日知录校释 (上)》(卷三), 张京华校释, 岳麓书社2011年版, 第112页。
③ 《亭林文集·卷一》。
④ 《日知录校释 (下)》(卷二十五), 张京华校释, 岳麓书社2011年版, 第949页。
⑤ 《日知录校释 (上)》(卷八), 张京华校释, 岳麓书社2011年版, 第276页。
⑥ 《日知录校释 (上)》(卷十三), 张京华校释, 岳麓书社2011年版, 第410页。
⑦ 《日知录校释 (上)》(卷十七), 张京华校释, 岳麓书社2011年版, 第558页。

兽食人，人将相食"之惨景，就"谓之亡天下"。① 顾炎武清晰界分了"亡国"与"亡天下"两个概念。"亡国"特指改朝换代，换帝王，改国号。而仁义得不到伸张，造成"率兽食人"（这个词出自《孟子·梁惠王上》，意指带着野兽来吃人，喻指统治者暴虐人民）的情势，人民之间相互伤害，生命等最基本人权得不到保障，就是天下将灭亡。顾炎武毕其一生，身体力行"天下为己任"，即使在病中，仍在呼吁"天生豪杰，必有所任。……今日者，拯斯人于涂炭，为万世开太平，此吾辈之任也"。②

顾炎武关注民生，认为这是国家治理的根本问题，"国家治乱之源，生民根本之计"③。在《天下郡国利病书》中，特别论及土地兼并和赋税繁重不均等社会沉疴，指出"世久积弊，举数十屯而兼并于豪右，比比皆是"，乃至出现了"有田连阡陌，而户米不满斗石者；有贫无立锥，而户米至数十石者"的严重不平等问题。"法不变不可以教今……而姑守其不变之名，必至于大弊。"④ 顾炎武强调平等，关注民众的生存权"民之所以不安，以其有贫有富。贫者至于不能自存，而富者常恐人之有求，而多为吝啬之计，于是乎有争心矣。"⑤ 发展了孔子"不患寡而患不均"的思想，提出"均无贫"的思想，即平等就可以消除贫困，指出："'矜寡、孤独、废疾者，皆有所养'矣，此所谓'均无贫'者，而财用有不足乎？"阐释了社会平等与个人生存的关联性，并用具体事例论证这一全新的观点："宋范文正公苏州义田，至今適孙犹受其法，范氏无穷人。"⑥

顾炎武对阳明心学与宋明理学进行批判，他认为明朝的覆亡乃是王学"空谈误国"的结果。他写道："以明心见性之空言，代修己治人之实学"，必然造成"神州荡覆，宗社丘墟"。⑦ 顾炎武对晚明王学末流的泛滥深感忧虑，解析心学"内释外儒"的本质，斥责其背离孔孟旨意。他赞同宋元交替时期著名学者黄震对心学的拒斥："近世喜言心学，舍全章

---

① 《日知录校释（上）》（卷十七），张京华校释，岳麓书社2011年版，第557页。
② 《亭林文集·卷三·病起与蓟门当事书》。
③ 《亭林佚文辑补·与黄太冲书》。
④ 《亭林文集·卷六》。
⑤ 《日知录校释（上）》（卷八），张京华校释，岳麓书社2011年版，第276页。
⑥ 《日知录校释（上）》（卷八），张京华校释，岳麓书社2011年版，第277页。
⑦ 《日知录校释（上）》（卷九），张京华校释，岳麓书社2011年版，第311页。

本旨，而独论'人心''道心'，甚者单摭'道心'二字，而直谓'即心是道'，盖陷于禅学而不自知，其去尧、舜、禹授受天下之本旨远矣。"①在顾炎武看来，以"性与天道"为究论对象的程朱理学同样不免流于禅释。他批评说："今之君子……是以终日言'性与天道'，而不自知其堕于禅学也。"②又说："今日《语录》几乎充栋矣，而淫于禅学者实多，然其说盖出于程门。"③顾炎武指出："孔门未有专用心于内之说也。用心于内，近世禅学之说耳。象山陆氏因谓曾子之学是'里面出来'，其学不传。诸子是外面入去，今传于世者，皆'外入之学'，非孔子之真。"④"'心学'二字，《六经》、孔孟所不道。"⑤上述言论不仅对陆王心学加以否定，也是对程朱理学的批评。

三　王夫之"均天下"平等人权理念

王夫之（1619—1692 年），字而农，湖南衡阳人，其同黄宗羲和顾炎武一起并称明清三大思想家。著述甚丰，主要代表作有《读通鉴论》《周易外传》《尚书引义》《宋论》等书。王夫之晚年隐居于石船山，因此又被称为船山先生。谭嗣同在《论六艺绝句》中评价王夫之：万物招苏天地曙，要凭南岳一声雷。章太炎评论道：船山学说为民族光复之源，近代倡义诸公，皆闻风而起者，水源木本，瑞在于斯。⑥

人性论。王夫之提出了"日生日成"的人性论："夫性者生理也，日生则日成也。"⑦阐释了关于人性的发展观，他指出，人性不是一成不变的，而是不断发展变化的，"故性屡移而异"⑧。同时，他主张人性的形成并不全是被动的，人可以主动地权衡和取舍。他说："生之初，人未有权也，不能自取而自用也。……已生以后，人既有权也，能自取而自用也。"王夫之认为，经过自我修养，人性可以变善："是以君子自强不息，

① 《日知录校释（下）》（卷二十），张京华校释，岳麓书社2011年版，第749—750页。
② 《日知录校释（上）》（卷九），张京华校释，岳麓书社2011年版，第310页。
③ 《亭林文集·卷六》。
④ 《日知录校释（下）》（卷二十），张京华校释，岳麓书社2011年版，第748页。
⑤ 《日知录校释（下）》（卷二十），张京华校释，岳麓书社2011年版，第751页。
⑥ 张岱年：《大儒列传：王夫之》，吉林文史出版社1997年版，第121页。
⑦ 《尚书引义：卷三（太甲二）》，中华书局1976年版，第63页。
⑧ 《尚书引义：卷三（太甲二）》，中华书局1976年版，第65页。

日乾夕惕，而择之、守之，以养性也。于是有生以后，日生之性益善而无有恶焉。"① 他强调人性的养成："初生之造，生后之积，俱有之也。""初生所无，少壮日增也。"② 王夫之人性可变的观点，破除了神秘的等级色彩，为人的平等找寻人性同质的基础。

主张权利。天理即在人欲之中，反禁欲主义，提倡不能离开人欲空谈天理。王夫之对程朱理学的"存天理，灭人欲"提出了批评，认为这一观点直接禁锢人的自由和权利。王夫之认为，主张权利是民众的正当要求："利者，民之依也。"③ "故以知帝尧以上圣之聪明，而日取百物之情理。"④ 王夫之批评陆九渊（陆子静）、王阳明（王伯安）等人学说的伪善："扬雄、关朗、王弼、何晏、韩愈、苏轼之徒，日猖狂于天下；而张子韶、陆子静、王伯安窃浮屠之邪见，以乱圣学。为其徒者，弗妨以其耽酒嗜色，渔利宠之身，荡闲蔑耻，而自矜妙悟焉。"⑤

平等、反专制思想。王夫之提出了"平天下者，均天下而已"的观点。他说："聚者有余，有余者，不均也。聚以之于彼，则此不足，不足者，不均也……故平天下者，均天下而已！"⑥ 所谓"均天下"，意在说明天下并不是君主一人的财产，是对"普天之下，莫非王土"的否定，表达了王夫之主张人们平等拥有土地等基本财产的思想。在平等和"大均"的基础上，提出有利于人民的善治和善政主张："故善治地者，因其地而治之。一乡之善政，不可以行之一邑；一邑之善政，不可以行之一州；一州之善政，不可以行之四海。约略其凡，无所大损于民，而天下固已大均矣。均之者，非齐之也。设政以驱之齐，民固不齐矣。则必刑以继之，而后可齐也。"⑦ 重视权利的界分，区分个人之利与天下整体之利，"不使察乎天下之利，则不导以自利之私"⑧；重视法律对于国家治理

---

① 《尚书引义·卷三（太甲二）》，中华书局 1976 年版，第 64 页。
② 《尚书引义·卷三（太甲二）》，中华书局 1976 年版，第 66 页。
③ 《尚书引义·卷一（尧典一）》，中华书局 1976 年版，第 6 页。
④ 《尚书引义·卷一（尧典一）》，中华书局 1976 年版，第 6 页。
⑤ 《尚书引义·卷一（尧典一）》，中华书局 1976 年版，第 5 页。
⑥ 《诗广传·卷四》。
⑦ 《宋论·卷十二·光宗》。
⑧ 《宋论·卷四·仁宗》。

和权利保障的重要价值，"夫治之所资，法之所著也"①。

四　唐甄"天赋平等"人权理念

唐甄（1630—1704 年），字铸万，号圃亭。四川达县人，同黄宗羲、顾炎武和王夫之并称为明清"四大启蒙思想家"。唐甄出生之时，黄宗羲已经 21 岁、顾炎武 18 岁、王夫之 12 岁，作为一位晚出的思想家，却提出很多与三大启蒙思想家相比也毫不逊色的独特的启蒙思想，成为思想史上一道亮丽的风景线。

"天赋平等"思想。唐甄的平等思想比历史上所有的"均平"思想都要深刻和彻底，在中国人权思想史上，第一个提出"人之生也无不同"的命题，"人之生也，无不同也"②，这与西方启蒙思想家"人生而平等"的观点惊人一致，他指出："天地之道故平，平则万物各得其所。"③ 天赋平等是天地之道，无论出身何处，都有平等的权利和地位，"皂人可以为圣人，丐人可以为圣人，蛮人可以为圣人，皆可以得志于所生"④。其中的皂人，是春秋时对奴隶的一种称谓，唐甄的平等主体涵括所有人，包括处于最下层的民众。

"王公之家，一宴之味，费上农一岁之获，犹食之而不甘。吴西之民，非凶岁为籸粥，杂以荞秆之灰；无食者见之，以为是天下之美味也。"⑤ 针对社会不平等的现实，唐甄主张通过"倾不平之天下"的革命手段达成平等的目标："岂所嗜之异于人哉，惧其不平以倾天下也！"⑥

男女平等思想。在"三纲五常"主导的等级社会里，提出男女平等的人权思想，彰显唐甄追求平等的远见和勇气。"父母，一也，父子父母，母之父母，亦一也。男女，一也；男之子，女之子，亦一也。"⑦ 唐甄主张平等对待男人和女人，男人与女人享有被平等对待的权利，这是

---

① 《读通鉴论·卷末·叙论四》。
② 《潜书校释：大命篇》，黄敦兵校释，岳麓书社 2011 年版，第 132 页。
③ 《潜书校释：大命篇》，黄敦兵校释，岳麓书社 2011 年版，第 132 页。
④ 《潜书校释：格定篇》，黄敦兵校释，岳麓书社 2011 年版，第 78 页。
⑤ 《潜书校释：大命篇》，黄敦兵校释，岳麓书社 2011 年版，第 132 页。
⑥ 《潜书校释：大命篇》，黄敦兵校释，岳麓书社 2011 年版，第 132 页。
⑦ 《潜书校释：大命篇》，黄敦兵校释，岳麓书社 2011 年版，第 102 页。

对"男尊女卑"封建伦理等级观念和制度的否定。

民本思想。唐甄强调民为邦本，民众是国家的根本所在，是为政的根本所在："国无民，岂有四政？封疆，民固之；府库，民充之；朝廷，民尊之；官职，民养之。"① 唐甄以明朝灭亡为鉴戒，指出明朝"亡之根"就是无视民众这个根本，"见政不见民"，"四海困穷，未有不亡者"②。君主所要汲取的教训就是要为民解困："凡所有事，皆为民也。"③ 确立以人民为中心的理念，保障人民的权利。

反专制、民主思想。在反对封建君主专制这一点上，唐甄比黄宗羲更激进，他提出"帝王皆贼"论，猛烈抨击君主专制制度，痛斥"自秦以来，凡为帝王者皆贼也"，④ 君主将天下视为一己之私产，"贵其妻妾"，"肥其子孙"，君主为维护其专制统治，漠视民众的生命权，杀人太多，"杀天下之人而甘天下之味则忍之。是岂人之本心哉！"⑤ 君主手染鲜血，使用暴力，"杀人者众手，实天子为之大手"⑥，"周秦以后，君将豪杰，皆鼓刀之屠人"。⑦

富民思想。涉及民众的生存权与发展权，唐甄指出，财产是人民生存和发展的基础，是民众安身立命的基础，他说："财者，国之宝也，民之命也。"⑧ 唐甄认为，从"一金"到"百金"，财富都是由人民所创造："陇右牧羊，河北育豕，淮南饲鹜，湖滨缫丝，吴乡之民编蓑织席，皆至微之业也。然而日息岁转，不可胜算，此皆操一金之资，可致百金之利者也。"⑨ 他强调，财富靠人民从土地中产出，如果没有人，绝不可能自然生成，通过致富还能解决贫富差距的经济平等问题："海内之财，无土不产，无人不生，岁月不计而自足，贫富不谋而相资。"⑩ 唐甄指出，富

---

① 《潜书校释：明鉴篇》，黄敦兵校释，岳麓书社 2011 年版，第 146 页。
② 《潜书校释：明鉴篇》，黄敦兵校释，岳麓书社 2011 年版，第 148 页。
③ 《潜书校释：明鉴篇》，黄敦兵校释，岳麓书社 2011 年版，第 148 页。
④ 《潜书校释：室语篇》，黄敦兵校释，岳麓书社 2011 年版，第 252 页。
⑤ 《潜书校释：室语篇》，黄敦兵校释，岳麓书社 2011 年版，第 254 页。
⑥ 《潜书校释：室语篇》，黄敦兵校释，岳麓书社 2011 年版，第 253 页。
⑦ 《潜书校释：止杀篇》，黄敦兵校释，岳麓书社 2011 年版，第 254 页。
⑧ 《潜书校释：富民篇》，黄敦兵校释，岳麓书社 2011 年版，第 144 页。
⑨ 《潜书校释：富民篇》，黄敦兵校释，岳麓书社 2011 年版，第 144 页。
⑩ 《潜书校释：富民篇》，黄敦兵校释，岳麓书社 2011 年版，第 145 页。

民之策就是不干扰民众创造财富，在这种自由的状态下，民众所创造的财富就不可胜用了："因其自然之利而无以扰之，而财不可胜用矣。"① 对民众致富最大的威胁是贪吏的侵扰，这比重税的危害更甚："天下之大害莫如贪，盖十百于重赋焉。"② 不难看出，对于发展经济，唐甄带有明显的自由主义的倾向，主张要富民，不仅要尊重民众的财产权，还要保障民众的自由和发展权。

---

① 《潜书校释：富民篇》，黄敦兵校释，岳麓书社 2011 年版，第 145 页。
② 《潜书校释：富民篇》，黄敦兵校释，岳麓书社 2011 年版，第 145 页。

第 四 章

近代人权理念

　　近代人权思想得到了非同寻常的发展，可谓又一次百家争鸣。太平天国的平等人权思想、维新派的立宪人权思想、法制改革派的法制人权思想、孙中山的"三民主义"人权思想、新青年派的"科学＋民主"人权思想，真可谓人权思想之百花争艳，精彩纷呈！近代人权思想的蓬勃发展极大地促进了民众权利意识的觉醒。

　　太平天国最亮丽的人权理念是其构想"有田同耕""有饭同食""有衣同穿"及"有钱同使"的人人平等的思想，梦想通往"无处不均匀"与"无人不饱暖"的理想国。实际上，这是一种融合儒家大同思想和农民平均主义的有限度的平等思想，学界也极力呼吁客观评价这一平等观。太平天国大规模"封王封侯"的政治人权实践表明，尽管洪秀全承认所有人原罪之平等，也承认所有人拜上帝之平等，但是他从来没承认过社会全体成员拥有平等的政治与社会权利。总结太平天国的失败原因，孙中山指出：其知有"民族"而不知有"民权"，知有"君主"而不知有"民主"。

　　维新派的立宪人权思想。康有为主张"人有自主之权"，在平等思想基础之上，康有为主张君主立宪，反对君主专制政体。主张"大同之道，以求人生之喜乐为主"，亦即"去苦求乐"的人性论，这与边沁的功利主义思想十分相似。"三世"人权发展论是其重要的人权创见，在人权发展的"据乱世""升平世""太平世"三个阶段，人权水平是一个不断发展和丰富的过程。梁启超主张自由、平等、政治权利、人权司法保障等思想。强调"自由者，权利之表证也"。主张男女平等，"圣人之教，男女平等，施教劝学，匪有歧矣"。专门讨论了人民的选举权和被选举权，

"人民选举议员之权，名曰选举权"，"普通选举者，谓一切人民皆有选举权也"。论证司法独立对于人权保障的重要意义，欲使所有国民沐司法独立之泽，追求所司之法尽善尽美，真正成为"人民公私权之保障"。

法制改革派的法制人权思想。沈家本重视发展人权，反对严刑峻法，主张废止凌迟等酷刑。"拟请将凌迟、枭首、戮尸三项一概删除，死罪至斩决而止。"主张"法律面前人人平等"，提出旗汉各族人民不应在法律上规定"重轻悬绝"的不平等权利。反对买卖人口和蓄养奴婢，奏请"永行禁止"清律所允许的买卖人口和蓄养奴婢。

"三民主义"人权思想集中体现在以"民族""民权""民生"为核心的"三民主义"政治理念之中，孙中山对此作了通俗易懂的阐释：强调民族主义是同外国人争取平等权，实现民族之平等；民权主义是与本国人争取平等权，实现每个人权利平等；民生主义是针对贫富两极分化争取平等权，实现经济平等。概言之，三民主义人权的核心就是实现人的平等权，实现人的自由和发展。

新青年派的"科学＋民主"人权思想，是整个"五四"思想解放运动的重要构成，是当代中国人权思想的重要"火种"。陈独秀、李大钊、胡适、鲁迅等新青年派代表发起新文化运动，积极倡导科学（"赛先生"，Science）、民主（"德先生"，Democracy）和新文学，第一次提出科学与人权并重的观点，喻之为推动社会进步的车之两轮，"当以科学与人权并重"，"科学之兴，其功不在人权说下，若舟车之有两轮焉"。

第一节　太平天国"有田同耕"平等人权理念

洪秀全（1814 年—1864 年），广东花县人，农民革命家。主要著作有《原道救世歌》《原道醒世训》《原道觉世训》等。屡次参加科举都名落孙山，痛恨政治腐败，1836 年，洪秀全受到基督徒梁发的《劝世良言》的启蒙，而《劝世良言》直接引用《圣经》的全部 57 段经文之中，仅有 12 段来自《旧约》，因此梁发的这本书"极像是一部《新约》的著作"[①]，

---

① ［美］托马斯·H. 赖利：《上帝与皇帝之争：太平天国的宗教与政治》，李勇、肖军霞、田芳译，上海人民出版社 2011 年版，第 99 页。

洪秀全被基督教义所感化，萌发信奉上帝、追求人人平等的理念，创立"拜上帝教"，吸取基督教义中的平等思想，融合儒家大同思想和农民平均主义，撰《原道救世歌》传道，主张建立"天下为公"的太平盛世。秉持人本主义立场，在《原道觉世训》中洪秀全说："天地之中人为贵，万物之中人为灵。"① 1851 年，洪秀全领导发动金田起义，创建太平天国政权，自封天王。1853 年冬，颁布《天朝田亩制度》，作为太平天国的政治纲领，其核心理念与原则就是"有田同耕""有饭同食""有衣同穿"及"有钱同使"② 的乌托邦式主张，其积极回应农民废除封建土地所有制的权利要求，是反封建斗争的思想成果。在主权问题上，不承认清政府与帝国主义签订的不平等条约，积极抗击帝国主义对中国的侵略。

洪仁玕（1822 年—1864 年），广东花县人，洪秀全的族弟，旅居香港多年，1859 年到天京（即南京），被封为干王与军师，总理朝政。洪仁玕提出的《资政新篇》主张接受西方文明，发展资本主义，走西方强国富民之路。《资政新篇》成为天国后期的政治纲领与重要典籍。在人权思想层面，特别值得一提的是，开始主张用资产阶级法律来保障权利，提出"以法治国"，洪仁玕认为："所谓'以法法之'者，其事大关世道人心，如纲常伦纪，教养大典，则宜立法以为准焉。"③ 直接选举政府官员和舆论监督，极力主张革除腐败，特别倚重立法，他认为："照得国家以法制为先，法制以遵行为要，能遵行而后有法制，有法制而后有国家，此千秋不易之大经。"④ 主张保护私有财产，启蒙财产权利观念。

太平天国最重要的人权理念是其提出的人人平等的思想，洪秀全早期吸取基督教义中的平等观念，⑤ 他在《原道救世歌》里宣扬"无分贵贱拜宜虔"，"天父上帝人人共，天下一家自古传"，⑥ 强调天下一家，不分贵贱的人人平等思想，"上帝当拜，人人所同"，⑦ 亦即人人平等拜上

---

① 《太平天国印书》上，江苏人民出版社 1979 年版，第 21 页。
② 《太平天国印书》上，江苏人民出版社 1979 年版，第 409 页。
③ 罗尔纲：《太平天国文选》，上海人民出版社 1956 年版，第 120 页。
④ 《洪仁玕选集》，中华书局 1978 年版，第 27 页。
⑤ 王庆成：《太平天国的历史和思想》，中华书局 1985 年版，第 21 页。
⑥ 《洪秀全选集》，中华书局 1976 年版，第 14 页。
⑦ 《洪秀全选集》，中华书局 1976 年版，第 15 页。

帝，"普天之下皆兄弟"，"上帝视之皆赤子"。① 就是在上帝面前人人有平等地位。恩格斯对基督教的平等理念进行过专门与精辟的分析，他指出：基督教仅仅承认所有人的一种平等，就是"原罪的平等"，这与它曾作为被压迫者的宗教性质是基本相符的；此外，其至多还认可"上帝选民的平等"，但这种平等仅仅在开始时才被强调。② 因而，洪秀全所说的平等仅仅是一种宗教性质上的平等，学者王庆成也认为，应客观评价洪秀全的平等思想，不宜过高定位，他特别指出：洪秀全承认所有人原罪之平等，因而也承认所有人拜上帝之平等；但是他从来没承认过社会全体成员有平等之"政治地位和社会地位"。③ 显然，这是一种有限度的平等思想。

这种平等观念还融合了儒家大同思想和农民平均主义，洪秀全在《原道醒世训》中引孔子"大道之行，天下为公""大同"④ 世界，等等，保留并吸取孔孟思想。⑤ 研究太平天国历史的知名学者罗尔纲也指出："天王洪秀全，久受中国传统思想熏陶，虽以耶稣教去发动革命，但其初所认知教义只限于梁发的《劝世良言》，因此当时所著多援用儒家思想和术语，不能超出其范围。"⑥

在此基础上，太平天国主张"有田同耕，有饭同食，有衣同穿，有钱同使"⑦，重心是解决农民的土地问题，"凡天下田，天下人同耕"⑧，建构"无处不均匀，无人不饱暖"的理想国。⑨ 土地所有权是重要的民生权利，在封建社会中，土地是农民的命脉，农民要求获得土地，"地权"制度关系国家盛衰和社会经济繁荣，唐代均田，有贞观、开元之治，宋代钟相以"等贵贱、均贫富"为诉求，明初裁抑地主豪强致国富民殷，

---

① 《洪秀全选集》，中华书局 1976 年版，第 17 页。
② 《马克思恩格斯选集》第 3 卷，人民出版社 2012 年版，第 481 页。
③ 王庆成：《太平天国的历史和思想》，中华书局 1985 年版，第 25 页。
④ 《太平天国印书》上，江苏人民出版社 1979 年版，第 16 页。
⑤ 方之光：《历史反思集：太平天国与近代史探索》，生活·读书·新知三联书店 2014 年版，第 172 页。
⑥ 罗尔纲：《太平天国史料考释集》，生活·读书·新知三联书店 1985 年版，第 51 页。
⑦ 《洪秀全选集》，中华书局 1976 年版，第 81 页。
⑧ 《洪秀全选集》，中华书局 1976 年版，第 81 页。
⑨ 《洪秀全选集》，中华书局 1976 年版，第 81 页。

明代李自成再提"均田免粮"口号，至洪秀全颁布《天朝田亩制度》，试图荡平贫富鸿沟，追寻社会正义，使均田的平等理念达到一个高潮。列宁强调解决土地问题的重要意义，他认为：而现在农民希望将土地从地主手里夺过来，进行平分，这绝非乌托邦，而是革命，真正符合革命这个词的最严格的和最科学的含义。夺取土地并且分配土地，将给资本主义"最迅速、最广泛、最自由"的发展创建基础。①

男女平等思想，"凡分田，按照人口，不论男女"。② 妇女和男子平等分配土地，平等参与军政事务，平等参与拜上帝活动。并禁止缠足与买卖婚姻。婚姻制度则明确规制"凡天下婚姻不论财"，③ 废除买卖婚姻。《资政新篇》中规定，禁止溺婴、买卖人口与使用奴婢。"禁溺子女。不得已难养者，准无子之人抱为己子，不得作奴视之，或交育婴堂；溺者罪之。""外国有禁卖子为奴之例"④，"故准富者请人雇工，不得买奴，贻笑外邦"⑤。社会福利思想。洪仁玕在《资政新篇》中，提出了中国人权思想史上第一个社会福利构想。⑥ "兴鳏寡孤独院，准仁人济施"，"兴跛盲聋哑院，有财者自携资斧；无财者善人乐助"。⑦ 另外，在《天朝田亩制度》中规定："鳏寡孤独废疾免役，皆颁国库以养。"⑧ 在司法人权领域，试图改变严刑峻法，确立罪刑相适应的理念，《资政新篇》强调，"善待轻犯。宜给以饮食号衣，使修街渠道路"，"轻者移别县，重者移郡移省，期满释回，一以重其廉耻，二以免生他患，庶回时改过自新，此恩威并济之法也"⑨。

太平天国是近代中国农民争取自由、人权的积极探索与尝试，具有重要的历史意义。但囿于历史的局限，其人权思想也有明显的限度。第

---

　　① 《列宁全集》第 12 卷，人民出版社 1959 年版，第 450—451 页。

　　② 《洪秀全选集》，中华书局 1976 年版，第 81 页。

　　③ 《洪秀全选集》，中华书局 1976 年版，第 82 页。

　　④ 罗尔纲：《太平天国文选》，上海人民出版社 1956 年版，第 127 页。

　　⑤ 罗尔纲：《太平天国文选》，上海人民出版社 1956 年版，第 128 页。

　　⑥ 吴忠希：《中国人权思想史略：文化传统和当代实践》，学林出版社 2004 年版，第109 页。

　　⑦ 罗尔纲：《太平天国文选》，上海人民出版社 1956 年版，第 129 页。

　　⑧ 《洪秀全选集》，中华书局 1976 年版，第 86 页。

　　⑨ 罗尔纲：《太平天国文选》，上海人民出版社 1956 年版，第 129 页。

一，平等权利理念与封建特权政策的冲突。虽然其勾画了人人平等的理想蓝图，但实践中，特别是领导层，仍奉行很多封建特权的政策与做法，封王封爵，等级界限分明，继续实行"天王"名号的君主式统治，民众没有得到民主和民权，正如孙中山指出的那样：五十年前的太平天国纯粹作为民族革命之代表，但仅仅是民族革命，革命后仍然不能避免专制，所以，"此等革命不算成功"。① 太平天国为何失败？平等的理想国蓝图为何没能实现？孙中山认为，关键原因在于缺少民主与民权，他指出，洪秀全的核心团队到南京以后，大家都想当皇帝，"闭起城来搞自相残杀"。② 孙中山强调，"根本原因就是杨秀清想做皇帝一念之差。洪秀全当时革命尚不知有民权主义"。③ 因此，太平天国之所以失败，孙中山总结认为，其知有"民族"而不知有"民权"，知有"君主"而不知有"民主"。

第二，刑罚严酷。天国法令相当森严，凡犯天条者，一律处死刑，违背人道精神，自由权利与司法人权保障形同虚设。马克思在《中国记事》一文中摘录了当时英国驻宁波领事夏福礼写给北京的英国公使普鲁斯的书信，并对太平天国作了一些评论。夏福礼此信发表在 1862 年 6 月 17 日《泰晤士报》上，在这封信中，夏福礼对太平天国进行了一些描述：宁波在太平军控制之下已三个月，破坏是唯一的结果。太平军的这些观点，与传说太平军要解放和复兴中国，以及"拯救人民"与"推行基督教"的英国传教士们之幻想确实不相符合。④ 但译者认为，信的内容与事实不符，尽显殖民主义偏见。马克思所作的评论是，他们给民众所带来的惊惶比带给旧统治者们的惊惶还要厉害。这种破坏的确无"一点建设工作的苗头"。⑤ 很显然，太平军成为中国人幻想中所描绘的那个魔鬼的化身。然而，只有在中国，才能有这种魔鬼。这种魔鬼是"停滞的社会生活的产物"。⑥

---

① 《孙中山选集》，人民出版社 1981 年版，第 93 页。
② 《孙中山选集》，人民出版社 1981 年版，第 708 页。
③ 《孙中山选集》，人民出版社 1981 年版，第 708 页。
④ 《马克思恩格斯全集》第 15 卷，人民出版社 1963 年版，第 546 页。
⑤ 《马克思恩格斯全集》第 15 卷，人民出版社 1963 年版，第 545 页。
⑥ 《马克思恩格斯全集》第 15 卷，人民出版社 1963 年版，第 548 页。

第二节　维新派"大同之道"人权理念

维新派以康有为、严复、梁启超、谭嗣同等为主要代表，面对中日甲午战争之后深重的民族危机，以倡导变法维新，救亡图存而闻名。维新派在政治上主张开议院，倡民权，限君权，提倡新文化，变君主专制为君主立宪。由此开启近代中国第一次思想启蒙运动，向民众传播宣扬其"大同之道"人权理念。以康有为的《大同书》作为人权主张的起点和支点，借用今文经学的公羊三世说和《礼记·礼运》中的大同思想，吸取欧洲空想社会主义、资产阶级民主主义和达尔文进化论，提出和阐释"三世"人权说，描绘"大同之世，天下为公，无有阶级，一切平等"的人类社会远景。揭露人世间因各种不平等而产生的苦难，提出"去九界"以达人类"大同"。尽管由于历史条件及康氏在政治实践上坚持改良的限制，使他的这一人权理念只能成为一种乌托邦的空想。正如毛泽东在《论人民民主专政》指出："康有为写了《大同书》，他没有也不可能找到一条到达大同的路。"[1] 但康氏把"人"摆在"天理"之上，充分肯定人的价值。主张男女平等，婚姻自主。呼吁"去级界平民族""去种界同人类"，无疑具有重要的启蒙价值和进步意义。

康有为（1858 年—1927 年），原名祖诒，字广厦，广东南海县人，晚清时期重要的思想家，资产阶级维新派的代表人物。出生于封建官僚家庭。1888 年，第一次上书光绪帝请求变法未成功。1895 年，反对签订丧权辱国的《马关条约》，与 1300 名举人联合发起"公车上书"。1898年，进行"戊戌变法"。变法失败后逃往日本，作为保皇党领袖，鼓吹开明专制，反对革命，反对共和。作为晚清社会的思想精英，康有为倡导的维新运动，顺应了历史前进的方向。其人权思想主要涵括"去苦求乐"的人性论、平等思想、"三世"人权说。

关于人性论。把"人"摆在"天理"之上，充分肯定人的价值。康有为跳出"天理人欲"框框，追求自然人性的快乐。传统理学家主张"存天理，灭人欲"，否认自然人欲的存在，康有为少年时期的老师康赞

---

① 《毛泽东选集》（第 4 卷），人民出版社 1991 年版，第 1471 页。

修、朱次琦都崇信宋明理学，康有为虽在其影响下学习理学，但很快他便对理学持怀疑态度，因为理学仅言孔子修己之学，不明孔子救世之学。① 康有为认为，不应以封建"天理"来压抑甚至取代自然之人性，而应该把能够满足人情需求作为衡量道德善恶、公理是非的标准。② "凡有害于人者则为非，无害于人者则为是"③，其人性观以追求自然人性为目标，以"去苦求乐"为原则，在《大同书》中写道，"崇喜乐而去悲哀"，"大同之道，以求人生之喜乐为主"，④ 这与边沁的功利主义思想十分吻合。康有为本人也在 1923 年的西安演讲中提道"边沁的功利主义"。因此，学者认为，这是康有为对边沁观点"有意识引进，而非无意中的巧合"。⑤

平等思想。康有为吸收了西方自由主义的民权观，强调"人有自主之权"。⑥ 在《大同书》中，抨击买卖人口的奴隶制，赞赏林肯解放黑人奴隶的正义之举，指出，"故以天下之公理言之，人各有自主独立之权，当为平等，不当有奴"。⑦ 关于男女平等，他认为，不论男女，"人尽平等，无形体之异也"。⑧ 康有为极为赞同以平等、独立、博爱为内容的"天赋人权"思想："但使大明天赋人权之义，男女皆平等独立"，⑨ "其惟天予人权、平等独立哉！"⑩ 在《实理公法全书》中，康有为阐发了其平等思想。他赞同天赋人权和人生而平等的观点，"天地生人，本来平等"⑪，每个人都有自己的特质，"人各分天地原质以为人。人各具一魂，

---

① 《清史稿·卷四百七十三》。

② 康有为：《大同书》，中州古籍出版社 1998 年版，第 11 页。

③ 康有为：《大同书》，中州古籍出版社 1998 年版，第 341 页。

④ 康有为：《大同书》，中州古籍出版社 1998 年版，第 276 页。

⑤ 康有为：《大同书》，中州古籍出版社 1998 年版，第 12 页。

⑥ 张荣华：《中国近代思想家文库：康有为卷》，中国人民大学出版社 2015 年版，第 25 页。

⑦ 康有为：《大同书》，中州古籍出版社 1998 年版，第 145 页。

⑧ 康有为：《大同书》，中州古籍出版社 1998 年版，第 172 页。

⑨ 康有为：《大同书》，中州古籍出版社 1998 年版，第 302 页。

⑩ 康有为：《大同书》，中州古籍出版社 1998 年版，第 303 页。

⑪ 张荣华：《中国近代思想家文库：康有为卷》，中国人民大学出版社 2015 年版，第 32 页。

故有知识，所谓智也。然灵魂之性，各各不同"①。个人的独特性是个人独立与拥有自主权的根据，应"以平等之意，用人立之法"，"人类平等是几何公理，但人立之法万不能用，惟以平等之意用之可矣"。② 他主张长幼平等、朋友平等，"长幼平等，不以人立之法施之"，"长幼特生于天地间者，一先一后而已。故有德则足重，若年之长幼，则犹器物之新旧耳"。③ "朋友平等"，"此几何公理所出之法，最有益人道。"④ 甚至认为君民之间也是平等的，他说："民之立君者，作为己之保卫者。又如两人有相交之事，另觅一人当作中保。故凡民众皆臣，而一命之士以为上，均可统称为君。"⑤ 君主的职责就是保障民众的权利。在平等思想基础之上，康有为主张君主立宪，反对君主专制政体。他认为君主威权无限"大背几何公理"，主张设立"议院以行政，并民主亦不立"。他指出，"所谓以平等之意用人立之法者也，最有益于人道矣"。⑥ 为保障平等，主张规制权力，在《实理公法全书》当中，康有为从几何原理出发，主张"以互相逆制立法"。认为地球上所有人均能被互相逆制。"此为几何公理所出之法，最有益于人道。"⑦ 他认为："以一顺一逆立法，凡使地球古今之人，有彼能逆制人，而人不能逆制彼者。如此则必有擅权势而作威福者，居于其下，为其所逆制之人必苦矣。"⑧

"三世"人权说。人权随着人类社会的发展不断发展和演进，康有为

---

① 张荣华：《中国近代思想家文库：康有为卷》，中国人民大学出版社 2015 年版，第 25 页。

② 张荣华：《中国近代思想家文库：康有为卷》，中国人民大学出版社 2015 年版，第 25 页。

③ 张荣华：《中国近代思想家文库：康有为卷》，中国人民大学出版社 2015 年版，第 31 页。

④ 张荣华：《中国近代思想家文库：康有为卷》，中国人民大学出版社 2015 年版，第 32 页。

⑤ 张荣华：《中国近代思想家文库：康有为卷》，中国人民大学出版社 2015 年版，第 31 页。

⑥ 张荣华：《中国近代思想家文库：康有为卷》，中国人民大学出版社 2015 年版，第 31 页。

⑦ 张荣华：《中国近代思想家文库：康有为卷》，中国人民大学出版社 2015 年版，第 25 页。

⑧ 张荣华：《中国近代思想家文库：康有为卷》，中国人民大学出版社 2015 年版，第 26 页。

借助西方进化论，从传统文化中发掘总结人权发展演进规律，创立"三世"人权进化论，三世的观念和表述出自汉代何休作注释的《春秋公羊传》："据哀录隐，兼及昭、定，已与父时事，为所见之世；文、宣、成、襄、王父时事，谓之所闻之世也；隐、桓、庄、闵、僖、曾祖、高祖时事，谓之所传闻之世也。"历史发展阶段被界分为"所见之世""所闻之世""所传闻之世"，并记载和讲述了孔子"于所传闻之世，见治起于衰乱之中"，"于所闻之世，见治升平，内诸夏而外夷狄"，"至所见之世，著治太平，夷狄进至於爵，天下远近小大若一"。① 康有为据此提出对应的"据乱世""升平世""太平世"三个概念。还同时确认孔子追求的大同理想就是太平世，小康社会则对应于升平世。② 在此基础上，康有为详细阐释了这三世的人权发展样态。

在这三个阶段，人权发展的的程度和水平界分明显，是一个人权不断发展和丰富的过程。在据乱世，限禁人民权利，人民不尽有保身体自立之权；在升平世，不限人民权利，人民皆有保身体自立之权，非万不得已不得侵夺；在太平世，权利皆全部自由，人民都有保身自立之权，自然无罪，不受侵夺。③ 关于平等权，在据乱世，各国人民权利不平等，人民听国取税，人民不尽有公权，有事求民供应；在升平世，各国人民渐平等而种未平等，人民担负国税，人民有罪削公权，不求民供应；在太平世，无国界，无种界，人民平等，人民养于公，无担负，人民无罪，皆有公权，举国人皆平等，无供应。④ 关于迁徙自由权，在据乱世，迁徙住居自本国，他国不得自由徙居；在升平世，迁徙住居各国可以自由；在太平世，无国界，人民听其迁徙住居。⑤ 关于司法人权，在据乱世，非犯罪不得夺人自由，讼事审理不速，无陪审人，无辩护人；在升平世，虽犯罪亦许自由，讼事要审而审理必速，被讼人有用证人、辩护人之权；在太平世，无讼，亦无审官、辩护人，只有公论人。⑥ 在据乱世，有罪罚

① 《春秋公羊传注疏·隐公卷一》。
② 杜钢建：《中国近百年人权思想》，汕头大学出版社 2007 年版，第 43 页。
③ 康有为：《大同书》，上海古籍出版社 2005 年版，第 102 页。
④ 康有为：《大同书》，上海古籍出版社 2005 年版，第 103 页。
⑤ 康有为：《大同书》，上海古籍出版社 2005 年版，第 102 页。
⑥ 康有为：《大同书》，上海古籍出版社 2005 年版，第 101 页。

金可重，大罪施酷刑；在升平世，不罚重金，大罪不施酷刑；在太平世，无刑罚，但有耻辱，人民无罪无刑。① 在据乱世，刑有死罪；在升平世，不立死罪，但设永监；在太平世，刑罚皆措，但有耻辱。② 关于财产权，在据乱世，人民各有私产，官收之必给价；在升平世，非有大故不得收人民私产；在太平世，人民无私产。③ 概言之，从据乱世至升平世，再到太平世，康有为勾画了人权进化发展的蓝图，人民同为大同人，无疆界，权利毫无异质，通往权利的大同世界。

康有为的人权思想涉及平等权、人身自由权、政治权利、经济权利、受教育权等。④ 关于平等权，康有为主张君臣平等。康有为反对君为臣纲，认为这是君王统治和压迫广大人民的工具，是违背天道的。"人皆天所生也，同为天之子，同此圆首方足之形，同在以种族之中，至平等也。"⑤ 针对数千年的男尊女卑的封建传统，康有为着力论述了男女平等，"男女虽异形，其为天民而共受天权一也。人之男身，既知天与人权所在，而求与闻国政，亦何抑女子攘其权哉？女子亦何得听男子擅其权而不任其天职？……以公共平等论，则君与民且当平，况男子之与女子乎！"⑥ 康有为曾评价卢梭的思想说："卢骚之流，应运而兴，倡个人平等自由，而荡余风于各国也。"⑦ 康氏十分肯定卢梭的平等思想，其对于西方"天赋人权"学说的认同在一定程度上也起到了宣传西方人权学说的作用。⑧

关于人身自由权。他说："所求自由者，非放肆乱行也，求人身之自由，则免为奴役耳，免不法之刑罚，拘囚搜检耳。"⑨ 言论自由权。"盖以国为公，人人各自由，发其心志知识。……若叛逆不道等词，乃专制君

---

① 康有为：《大同书》，上海古籍出版社 2005 年版，第 101 页。
② 康有为：《大同书》，上海古籍出版社 2005 年版，第 101 页。
③ 康有为：《大同书》，上海古籍出版社 2005 年版，第 102 页。
④ 皮立城：《论康有为的人权思想》，《才智》2013 年第 20 期，第 221 页。
⑤ 熊月之：《中国近代民主思想史》，上海社会科学院出版社 2002 年版，第 253 页。
⑥ 熊月之：《中国近代民主思想史》，上海社会科学院出版社 2002 年版，第 257 页。
⑦ 康有为：《中华救国论》，《康有为政论集》下册，中华书局 1981 年版，第 702 页。
⑧ 康立坤：《康有为"天"赋人权与西方近代"天赋人权"思想来源之比较》，《滨州学院学报》2018 年第 34 卷第 5 期，第 76—79 页。
⑨ 《康有为政论集》，中华书局 1981 年版，第 708 页。

国，自私其国，以抑民意者，岂共和国所宜有哉。"① 参政议政权。康有为主张人民可以通过设议院、选议员的方式来行使参政议政权。"全地一切大政皆人民公议，……万几、百政、法律、章程、皆由大地大众公议。"② 保护财产所有权。康有为在论述美国联邦宪法和各州宪法时指出："应求所有权之自由，不能随意没收耳。"受教育权。康有为主张人人都有接受教育的权利，他曾在 1898 年提出了关于设立学校体系的构想："令乡皆立小学，限举国之民，七岁以上必入之，教以文史，算数、物理、歌乐，八年而卒业，其不入学者，罚其父母。"③ 在受教育权方面，康有为尤其主张女性应当平等地享有受教育的权利，并且主张准许她们参加选举、考官。④ 在"公车上书"中，康有为提出"设立学部""学校局"等多种教育机构。⑤

还有学者从政治权利、经济权利、男女平等权、婚姻自主权、受教育权五个方面论述了康有为所主张的基本权利，概括了康有为人权思想的四个特点：主要为以今文经学来阐释人权；以进化论来论证人权的历史合理性和必然性；把人权作为争取国家独立、富强的工具；用自然科学的实证方法来为理想人权服务。康有为人权思想是中西结合的产物，既吸收了卢梭"民约论"的基本内核，又受中国传统思想的影响，并从"人本位"角度对人性进行了剖析。"康有为人权思想的来源既有中国儒家经典也有西方的人权学说理论。"⑥ 康有为人权思想具有重要的启蒙意义，"从某种程度上还反映出近代中国知识分子政治责任意识的觉醒，为近代的维新变法运动奠定了理论基础"⑦。

康有为人权思想的历史局限性和内在矛盾在于，虽然其天然地幻想了一幅人人平等的美妙社会蓝图，却没有，也不可能找到一条实现这个设想的道路。他没有找到人类不平等的根源所在。理论与实践存在着内

---

① 《康有为政论集》，中华书局 1981 年版，第 1122 页。
② 钱钟书：《康有为大同论两种》，生活·读书·新知三联书店 1998 年版，第 145 页。
③ 钱钟书：《康有为大同论两种》，生活·读书·新知三联书店 1998 年版，第 343 页。
④ 皮立城：《论康有为的人权思想》，《才智》2013 年第 20 期，第 221 页。
⑤ 常真真：《康有为人权思想研究》，硕士学位论文，首都师范大学，2007 年。
⑥ 康立坤：《康有为"天"赋人权与西方近代"天赋人权"思想来源之比较》，《滨州学院学报》2018 年第 34 卷第 5 期，第 76—79 页。
⑦ 常真真：《康有为人权思想研究》，硕士学位论文，首都师范大学，2007 年。

在不一致性。在男女平等方面，康有为前期的妇女观积极进步，后期充当了封建卫道士，公然反对南京临时政府移风易俗的进步法令，反对广东等地禁妓馆、禁民间蓄婢、禁民间纳妾的做法。在经济方面，他一方面主张人人经济自由平等、天下为公且无贫富差等，并提出公农制、公工制、公商制、公通制、公金行制等理想的公有经济制度；另一方面他却主张保护私有财产。在民主共和成为历史潮流的形势下主张"虚君共和"，成为历史前进的羁绊者。①

梁启超（1873 年—1929 年），字卓如，号饮冰室主人，清代光绪年间举人，近代著名思想家，近代维新派、新法家代表人物，戊戌变法领袖之一。有学者赞其为"中国近代历史上百科全书式的大学者、大思想家"。② 师从康有为，师生二人一起发动"公车上书"。主张君主立宪。辛亥革命后，曾入袁世凯政府，任司法总长，之后又强烈反对袁世凯称帝和张勋复辟，倡导新文化运动，支持五四运动，其著作合编为《饮冰室合集》。1922 年，梁启超在其晚年著作《先秦政治思想史》中这样谈及了人权问题，尽管"中国在数千年专制政体之下"，但人民毕竟"已得有相当的人权，纵不必自豪，亦未足云辱也"，"除却元首一人以外，一切人在法律之下皆应平等。……故秦汉以降，我国一般人民所享自由权，比诸法国大革命以前之欧洲人，殆远过之。事实具在，不可诬也"③。1899 年的《论中国人种之将来》则直接使用了"人权"这一范畴："泰西所谓文明自由之国，其所以保全人权，使之发达者，有二端：曰参政权，曰自治权。"④

梁启超认为，人权自人民出生时就存在，并非来自国家和宪法，它先于国家和宪法、法律而存在，宪法、法律不能创造民权，而是确认民权。⑤ 他说："民与权俱起，其源在乎政府以前，彼宪法云，律令云，特所以维持之，使无失坠，非有宪法律令，而后有民权也。故国人皆曰政

① 常真真：《康有为人权思想研究》，硕士学位论文，首都师范大学，2007 年。
② 范忠信：《梁启超法学文集》（序言），中国政法大学出版社 2004 年版，第 1 页。
③ 《梁启超全集》，北京出版社 1999 年版，第 3604—3605 页。
④ 《梁启超全集》，北京出版社 1999 年版，第 259 页。
⑤ 郑琼现、闫岚：《人权与国家权力的恩怨情仇——梁启超对自然权利观的继受和改造一论》，《广州大学学报》（社会科学版）2013 年第 12 卷第 9 期，第 18—24 页。

府可设，而后政府设，国人皆曰政府可废，而后政府废，国人皆曰宪法律令可行，而后宪法律令行，国人皆曰宪法律令可革，而后宪法律令革，国家大事措施得失，阖四境之民平议而行，其权盛矣。"① 梁启超认同国家应尊重和保障人权的命题，② 但在论及为什么国家应尊重和保障人权问题，梁启超舍弃了自然权利论者从权利来源角度回答的先验主义思路，选择了人民主权理论、国家义务理论和中国传统的民本主义资源。③ "国也者，积民而成，国家之主人为谁，即一国之民是也。故西国恒言，谓君也，官也，国民之公仆也。……所以尊重国民之全体而不敢亵。"④ "一人之力不能自保者，则国家为保之，一人之智不能自谋者，则国家为谋之，此国家之义务也。国家不为民保，不为民谋，是之谓失国家之义务。"⑤ "政府之义务虽千端万绪，要可括以两言：一曰助人民自营力所不逮，二曰防人民自由权之被侵而已。……侵一人自由者，以私法制裁之；侵公众自由者，以公法制裁之。"⑥

其人权思想在人权思想史上占有重要地位，在专制主义统治横行的年代，在民众"权利"思想意识屡弱的时代，大声疾呼人权是"人人生而有应得之权利"⑦，对民众进行人权启蒙，不仅强调应有人权，还重视人权法定和实际拥有。"梁启超的民权思想可以说集中国近代民权思想之大成，不但总结了鸦片战争以后先进的中国人对于西方人权、自由的众多论述，而且开启了资产阶级革命派民权理论的先河。"⑧ "梁启超民权思

---

① 梁启超：《饮冰室合集·专集之二》，中华书局 1989 年版，第 12 页。

② 梁启超著作的这种论述颇多，例如他论述道："若一国人民皆无权，则虽集之，庸有力乎？数学最浅之理，言零加零，则仍为零。虽加至四万万零，犹不能变而为一，集之何补？故医今日之中国，必先使人人知有权，人人知有自由，然后可。民约论正今日中国独一无二之良药也。"梁启超：《答某君问法国禁止民权自由之说》，《饮冰室合集·文集之十四》，中华书局 1989 年版，第 31 页。

③ 郑琼现、闫岚：《人权与国家权力的恩怨情仇——梁启超对自然权利观的继受和改造一论》，《广州大学学报》（社会科学版）2013 年第 12 卷第 9 期，第 18—24 页。

④ 梁启超：《中国积弱溯源论》，《饮冰室合集·文集之五》，中华书局 1989 年版，第 16 页。

⑤ 梁启超：《饮冰室合集·专集之四》，中华书局 1989 年版，第 6 页。

⑥ 梁启超：《论政府与人民之权限》，《饮冰室合集·文集之十》，中华书局 1989 年版，第 2—3 页。

⑦ 新民说：《饮冰室合集·专集之四》。

⑧ 陈强：《梁启超民权思想研究》，硕士学位论文，山东大学，2006 年。

想的中学渊源是经世致用思想和中国传统的民本主义"，"三权分立学说、进化论思想、社会契约论构成了梁启超民权思想的西学渊源。"① 明末清初的启蒙思想家黄宗羲在《明夷待访录》中提出以"天下之法"代替"一家之法"。梁启超继承了黄宗羲的思想，并结合英国边沁功利主义学派的理论，认为："众人之利重于一人，民之利重于吏，多数之利重于少数。"②

　　关于权利。梁启超视权利为自由的内涵，生命与权利是人之所以为人的两大要件："二者缺一，时乃非人。"③ 其将权利看作人的精神生命，是"形而上"的存在，肉体生命则是"形而下"的存在，前者对于人的意义远胜于后者。④ 坚定主张权利平等："国民不能得权利于政府也，则争之；政府见国民之争权利者，则让之。欲使吾国之国权与他国之国权平等，必先使吾国中人人固有之权皆平等，必使吾国民在我国所享之权利与他国国民在彼国所享之权利相平等。"⑤

　　关于自由权利。梁启超强调："自由者，天下之公理，人生之要具，无往而不适用者也。"⑥ 其自由思想主要体现在他于 1899 年发表的政论集《自由书》中，在 1902 年的《新民说》中也有专章论述。梁启超更多关注的是团体的自由，而非个人的自由。他说："自由云者，团体之自由，非个人之自由也。野蛮时代，个人之自由胜，而团体之自由亡；文明时代，团体之自由强，而个人之自由减。"⑦ 没有国家民族的自由就谈不上个人的自由。梁启超强调的是国家重于个人，团体自由优先于个体自由。实现国家民族的独立自由是个人自由得以彰显的前提。⑧ 梁启超的人权思

---

① 陈强：《梁启超民权思想研究》，硕士学位论文，山东大学，2006 年。

② 梁启超：《管子传》，《饮冰室合集·专集之二十八》，中华书局 1989 年版，第 1—2 页。

③ 梁启超：《十种德性相反相成义》，《饮冰室合集·文集之五》，中华书局 1989 年版，第 45 页。

④ 参见梁启超《新民说·论权利思想》，《饮冰室合集·专集之四》，中华书局 1989 年版，第 31 页。

⑤ 参见谢放《跨世纪的文化巨人——梁启超》，广东人民出版社 2005 年版，第 68 页。

⑥ 梁启超：《新民说·论自由》，《饮冰室合集·专集之四》，中华书局 1989 年版，第 40 页。

⑦ 梁启超：《新民说·论自由》，《饮冰室合集·专集之四》，中华书局 1989 年版，第 44 页。

⑧ 陈强：《梁启超民权思想研究》，硕士学位论文，山东大学，2006 年。

想重在集体即"群"的观念。其与日本明治时期的启蒙思想家福泽谕吉的人权观形成了最鲜明的对比，福泽谕吉的民权理念更加注重个体的独立。① 因此，学者普遍认为，梁启超在人权、民权和国权的关系上，认为人权、民权似乎只是国权的手段，只有国权才是目的。但也有学者替其辩解说，在国家面临帝国主义的侵略瓜分、危在旦夕之际，他把"国权"问题放在其政治和舆论活动的首位，不仅完全是可以理解的，而且是正确的。且梁启超强调，为捍卫中国的国权必自兴民权始。② 梁启超把人的自由作为启蒙目标，强调享受自由是人类的普遍权利，在《自由论》中指出中国国民于当下必须革除的四种奴性：一曰勿为古人之奴隶也，二曰勿为世俗之奴隶也，三曰勿为境遇之奴隶也，四曰勿为情欲之奴隶也。他指出心中之奴非人所加，亦非人所能去，有国人"自新"才能彻底根除，获得自由。③ 梁启超强调："民权者，国民权利之谓也。"④ 他指出："民权之所以不兴，由于为专制所压制，亦知专制之所以得行，由于民权之不立耶。"⑤ 务必破除封建专制之"身奴"，才能实现国民的政治自由。把"人"的自由和法制权利结合起来，实现"人"的真正自由。他指出："法治国者，一国之人各有权，一国之人之权各有限之谓也。"⑥

关于妇女权利。涵括妇女自由权、妇女平等权、妇女健康权及受教育权等。梁启超将女性作为人权的主体来看待，是 19 世纪末 20 世纪初先进的中国知识分子在西风的洗礼之下，在人权领域的一个巨大进步，是妇女解放在思想领域的体现。⑦ "女权思想是梁启超民权思想中很有特色

---

① 张小猛：《福泽谕吉与梁启超民权思想的比较》，硕士学位论文，东北师范大学，2012 年。

② 陈泽环：《梁启超人权主体思想初探》，《哲学动态》2011 年第 7 期，第 26—31 页。

③ 陈焱：《伏尔泰与梁启超启蒙视阈下的"人学"思想比较研究》，硕士学位论文，江南大学，2013 年。

④ 《答某报第四号对于〈新民丛报〉之驳论》，张品兴主编：《梁启超全集》第三册，北京出版社 1999 年版，第 1627 页。

⑤ 《封建制度之渐革》，张品兴主编：《梁启超全集》第二册，北京出版社 1999 年版，第 777 页。

⑥ 《答某君问德国日本裁抑民权事》，张品兴主编：《梁启超全集》第二册，北京出版社 1999 年版，第 981 页。

⑦ 向仁富：《梁启超女权思想探析》，《西南民族大学学报》（人文社会科学版）2005 年第 5 期，第 335—340 页。

的一个组成部分。"① 梁启超激烈抨击传统男尊女卑的落后观念，谓传统社会视妇女的存在为"二大端：一曰充服役，二曰供玩好"。主张男女平等："男女之分，人类之半，生爱于天，受爱于父母，匪有异矣。"② 梁启超曾对1789年法国的《人权宣言》提出批评，指出其并未把女权纳入讨论范围："因为她们是 women，不是 men，说得天花乱坠的人权，却不关女人的事。"③ 言及如何提升中国妇女权利，他指出："一是教育上平等权，二是职业上平等权，三是政治上平等权，这三件事虽然一贯，但里头自然分出个步骤来"，强调需循序渐进，分阶段展开，"若以程序论，我说学第一；业第二；政第三"④。受教育的权利是其他权利的基础，而最后的政治上的平等的权利是女权解放的最高形式的权利。⑤ 妇女权利事关国家的发展进步："夫男女平权，美国新盛，女学布濩，日本以强，兴国智民，靡不始此，三代女学之盛，宁必逊于美日哉?"⑥

维新派的另一重要代表人物谭嗣同认为，中国的妇女要实现真正的解放，最主要的是要批判和颠覆传统的纲常伦理，因为它是桎梏妇女思想和人身自由的枷锁。⑦ 谭嗣同说："苟明男女同为天地之菁英，同有无量之盛德大业，平等相均。"封建纲常"锢妇女使之不出也"，"严男女之际使不相见也"。⑧ 谭嗣同认为，男女生来就应平等，所谓"男尊女卑"只是统治阶级制造出来的"瞽说"而已。谭嗣同愤怒地指出："重男轻女者，至暴乱无礼之法也。男则姬妾罗侍，纵淫无忌；女一淫即罪至死。驯至积重流为溺女之习，乃忍为蜂蚁豺虎之所不为。"⑨ 重男轻女的不平等现象应该铲除。

① 陈强：《梁启超民权思想研究》，硕士学位论文，山东大学，2006年。

② 梁启超：《戒缠足会叙》，《饮冰室合集·文集之一》，中华书局1989年版，第120页。

③ 梁启超：《人权与女权》，《饮冰室全集》，台北文化图书公司1989年版，第707页。

④ 梁启超：《人权与女权》，《饮冰室全集》，台北文化图书公司1989年版，第708页。

⑤ 向仁富：《梁启超女权思想探析》，《西南民族大学学报》（人文社会科学版）2005年第5期，第335—340页。

⑥ 梁启超：《倡设女学堂启》，《饮冰室合集·文集之二》，中华书局1989年版，第20页。

⑦ 曹娟：《谭嗣同仁学体系中的妇女解放思想研究》，硕士学位论文，中南民族大学，2010年。

⑧ 《谭嗣同全集》（增订本），中华书局1981年版，第304页。

⑨ 《谭嗣同全集》（增订本），中华书局1981年版，第304页。

自由人权思想。梁启超在《十种德性相反相成义》一文中说："自由者，权利之表证也。凡人所以为人者有二大要件：一曰生命，二曰权利，二者缺一，时乃非人。故自由者亦精神界之生命也。……若夫思想自由，为凡百自由之母者。"① 在《自由书》中写道："自东徂以来，与彼都人士相接，诵其诗读其书，时有所感触"，而感触最深者，则是"西儒约翰弥勒曰：人群之进化，莫要于思想自由、言论自由、出版自由，三大自由皆备于我焉"。② 梁启超的自由思想深受日本维新学者的影响，如福泽谕吉、中村正直、伊藤博文，大隈重信等，③ 他说："日本演说之风，创于福泽谕吉氏（日本西学第一之先锋也）"，"明治十五六年间，民权自由之声，遍满国中"。④ 他指出，"自由者精神发生之原力也"⑤，自由权利需要争取和捍卫，"保持己之自由权，是人生一大责任也。凡号称为人，则不可不尽此责任，盖自由权之为物，非仅铠胄之属，籍以蔽身，可以任意自披之而自脱之也"。⑥ 他还论证了团体权利与个人自由之间的紧密关系："团体自由者，个人之积也。"⑦ 也就是说，争国权，争群利，目的还是保障个人的自由权利。

平等人权思想。主张男女平等，倡设女子学堂："圣人之教，男女平等，施教劝学，匪有歧矣。"⑧ "夫男女平权，美国斯盛；女学布濩，日本以强。"⑨ 他在《人权与女权》一文中评论法国《人权宣言》，虽然规定凡人都有人权，但实际上忽视了女子的权利："因为他们是 women，不是 men，说得天花乱坠的人权，却不关女人的事。"⑩ 因此，欲实现男女平等

---

① 梁启超：《饮冰室合集：文集之五》，中华书局 2015 年版，第 45—46 页。

② 梁启超：《饮冰室合集：专集之二》，中华书局 2015 年版，第 1 页。

③ 蒋广学、何卫东：《梁启超评传：附谭嗣同评传》，南京大学出版社 2005 年版，第 88 页。

④ 梁启超：《梁启超全集》（第一册），北京出版社 1999 年版，第 359 页。

⑤ 梁启超：《梁启超全集》（第一册），北京出版社 1999 年版，第 356 页。

⑥ 梁启超：《饮冰室合集：文集之六》，中华书局 2015 年版，第 101 页。

⑦ 梁启超：《饮冰室合集：专集之四》，中华书局 2015 年版，第 46 页。

⑧ 汤志钧：《中国近代思想家文库：梁启超卷》，中国人民大学出版社 2014 年版，第 33 页。

⑨ 汤志钧：《中国近代思想家文库：梁启超卷》，中国人民大学出版社 2014 年版，第 33—34 页。

⑩ 杜钢建：《中国近百年人权思想》，汕头大学出版社 2007 年版，第 98 页。

权利，"一是教育上平等权，二是职业上平等权，三是政治上平等权"①。

选举权和被选举权。在《中国国会制度私议》一文中，专门讨论了人民的政治权利，对人民的选举权和被选举权制度进行澄析，"人民选举议员之权，名曰选举权"，"普通选举者，谓一切人民皆有选举权也"。②并特别指出，选举是人民的权利，也是人民的义务。"今折衷以断之，则选举者为人民之权利，同时又为人民之义务者也。凡政治上之权利，即并为政治上之义务，此原则既为一般学者所公认，即选举权亦何莫不然？故比利时宪法第四十八条，特宣言'选举为国民之义务'，良非无故。"③

在人权保障层面，论证司法独立对于人权保障的重要意义，在《将来百论》中谋划"司法独立之将来"，他指出，"欲使国民沐司法独立之泽"，"实足以为人民公私权之保障"④。人权保障需要良法，但更为紧要的是适用良法的法官，良法的实施更为关键，他认为，独至法官不得人，"即有良法，其异于故纸者几何？"⑤ 至于如何实现司法独立？梁启超设想必须从法学教育开始做起："欲使司法独立而民受其赐，其必自奖励私立法律学校始矣。"⑥"梁启超不仅富有超前的人权思想，而且他还身体力行，致力于实践，通过办报刊、兴学校等对民众进行人权教育。"⑦ 梁启超强调："医今日之中国，必先使人人知有权，人人知有自由，然后可。"⑧

严复的"三民"人权理念。严复（1854 年—1921 年），福建侯官（今福州）人。字又陵，又字几道，中国近代著名的启蒙思想家。严复人

---

① 杜钢建：《中国近百年人权思想》，汕头大学出版社 2007 年版，第 99 页。

② 汤志钧：《中国近代思想家文库：梁启超卷》，中国人民大学出版社 2014 年版，第354 页。

③ 汤志钧：《中国近代思想家文库：梁启超卷》，中国人民大学出版社 2014 年版，第402 页。

④ 汤志钧：《中国近代思想家文库：梁启超卷》，中国人民大学出版社 2014 年版，第437 页。

⑤ 汤志钧：《中国近代思想家文库：梁启超卷》，中国人民大学出版社 2014 年版，第437 页。

⑥ 汤志钧：《中国近代思想家文库：梁启超卷》，中国人民大学出版社 2014 年版，第438 页。

⑦ 张宝生、李海胜：《梁启超的人权教育思想与实践》，《温州大学学报》（自然科学版）2012 年第 33 卷第 4 期，第 49—54 页。

⑧ 梁启超：《爱国论三：民权论》，《饮冰室合集：文集之一》，中华书局 1989 年版，第151 页。

权理念的西方渊源主要来自约翰·斯图亚特·密尔（1806 年—1873 年）的《论自由》（严译《群己权界论》）和孟德斯鸠（1689 年—1755 年）的《论法的精神》（严译《法意》）。严复人权理念的中国本土元素，主要体现在他晚年对《老子》《庄子》的评点。严复认为，老子的观点与西方的自由民主有相似之处，"黄老为民主治道也"。① "夫黄老之道，民主之国之所用也。"② "老子者，民主之治之所用也。"③ 严复视庄子是中国古代自由平等的倡导者。"今日平等自由之说，庄生往往发之，详玩其说，界可见也。如此之言平等，前其言自由之反是已。"④ 倡导个体自由，注重群己平衡，这是严复自由主义思想的基本内涵，其核心内容就是他的"三民"（民力、民智、民德）人权法律思想。⑤ 1895 年 3 月，严复在天津《直报》上发表《原强》一文，阐释其"三民"人权理念，严复提出"鼓民力、开民智、新民德"的"三民"思想。三民理念是严复人学思想的基本框架，是其关于中国人全面发展的总观点。严复指出："生民之大要三，而强弱存亡莫不视此。一曰气血体力之强，二曰聪明智虑之强，三曰德行仁义之强。是以西洋观化言治之家，莫不以民力民智民德三者断民种之高下。"⑥ 显然，民力民智民德既是人权法制建设的基本纲领，又是衡量国民素质的总体指标。⑦ 三民理念也是严复变法主张的基本政纲和总体规划，其变法改革的具体内容和措施是围绕着民力民智民德而展开的，所谓"至于发政施令之间，要其所归，皆以民之力智德三者为准的"。⑧ 严复的人权理念力图从人身自由权、思想表现自由权和政治民主权利方面来提高和增进民力民智民德。

　　主张废除刑讯制度。重视司法人权，严复认为，变法改制就是要废

① 《严复集》，中华书局 1986 年版，第 1076 页。

② 《严复集》，中华书局 1986 年版，第 1079 页。

③ 《严复集》，中华书局 1986 年版，第 1092 页。

④ 《严复集》，中华书局 1986 年版，第 1146 页。

⑤ 杨彬：《严复人权法律思想研究》，《长春理工大学学报》（社会科学版）2015 年第 28 卷第 4 期，第 1—5 页。

⑥ 严复：《原强》。

⑦ 杜钢建：《论严复的"三民"人权法思想》，《中国法学》1991 年第 5 期，第 109—116 页。

⑧ 严复：《原强》。

除侵害人身自由权的封建法律制度。① 他说："吾国治狱之用刑讯，其惨酷无人理，传于五州，而为此土之大诟矣。"② 严复反对封建专制主义酷刑，赞同沈家本等人在清末修律活动中删除凌迟、枭首、戮尸等酷刑："近者，中国尝饬有司，更定刑律，乃去凌迟、枭示诸极刑……所当感激歌颂无己者。"③ 大力宣传妇女解放运动，主张男女权利平等。严复指出："夫民主既以道德为精神点，则平等自由之幸福，何独于女子而靳之？"④ 言论自由是思想表达自由的具体内容，法律只能规制人的行为，而不应限制人的思想言论。严复认为："国法之所加，必在其人所实行者，此法家至精扼要之言也。为思想、为言论，皆非刑章所当治之域。思想、言论，修己者之所言也，而非治人者所当问也，问则其治沦于专制，而国民之自由无所实。"⑤ 严复视平等权利为民主权利的基石，认同西法的平等，"平等义明，故其民知自重而有劝所于为善"。⑥ 主张："民之自由，天之所畀也，吾又乌得而靳之！"⑦ 同时他又质疑、否定天赋人权说，强调："天然之自由平等，诚无此物。"⑧ 严复在《法意》按语中，既推崇西方的自由、民主思想，又批评天赋人权说，对于这一矛盾立场，有学者评论认为，近代启蒙思想家以对生命存在的伦理关怀和存活优先意识遮蔽了权利意识，导致对完整人权基础上生命同质性理念的背离，造成人权主体的失落、人与人权的分离。⑨

第三节　法制改革派"人格主义"人权理念

沈家本（1840 年—1913 年），字子淳，浙江湖州人，法学家，新法

---

① 杜钢建：《论严复的"三民"人权法思想》，《中国法学》1991 年第 5 期，第 109—116 页。

② 严复：《法意》卷六按语。

③ 严复：《法意》卷十九按语。

④ 严复：《法意》卷七按语。

⑤ 严复：《法意》卷十二按语。

⑥ 严复：《原强》。

⑦ 《严复集》，中华书局 1986 年版，第 35 页。

⑧ 《严复集》，中华书局 1986 年版，第 337 页。

⑨ 隋淑芬：《生命理念的缺失：近代天赋人权说的两难困境——严复、梁启超、谭嗣同合论》，《天津师范大学学报》（社会科学版）2009 年第 3 期，第 39—43 页。

家代表人物。曾任修订法律大臣及法部右侍郎等要职。著述甚丰，代表作有《古今官名异同考》《读史琐言》《史记琐言》《寄簃文存》《枕碧楼偶存稿》《历代刑法考》《律目考》《历代刑官考》《刑志总考》等。主持修改和制定《大清民律》与《大清商律草案》等具有现代形式特征的法律。沈家本被当代学人誉为"中国法律现代化之父"。他指出："泰西欧美各邦，……采用尊重人格主义，其法实可采取。"[①] 杜刚建教授从人身自由、社会生活自由以及同礼教派的抗争等方面论述了沈家本人格主义的人权法思想。[②] 他指出，沈家本从事法律改革实践始终不渝地坚持"尊重人格主义"的基本原则，所谓"生命固应重，人格尤宜尊"。[③] 同时沈家本也存在不可避免的历史限度，其断言西方法律所体现的自由、平等、法治、人权等精神，可以归纳为一个"仁"字。[④] 从而得出一个荒唐的结论："各国法律之精义，固不能出中律之范围。"[⑤] 沈家本将"仁"视为中西法律通用的价值坐标，他是认真而又虔诚的，但又无疑是被现实因素所支配和影响的，难免隐含了一种实用主义的动机。[⑥] 重视发展人权，反对严刑峻法，在《删除律例内重法折》中，建议废止凌迟等酷刑。"拟请将凌迟、枭首、戮尸三项一概删除，死罪至斩决而止。"[⑦] 沈家本赞赏宋真宗、陆游出于人道考量主张废除酷刑，当御史台要求脔剐杀人贼，宋真宗曰："五刑自有常刑，何为惨毒也。"陆游要求废除凌迟之刑，他说："肌肉已尽而气息未绝，肝心联络而视听犹存，感伤至和，亏损仁政，实非圣世所宜遵。"[⑧] 沈家本还特别提到汉文帝废肉刑的进步之举，

---

① 沈家本：《禁革买卖人口变通旧例议》，《寄簃文存》。

② 杜刚建：《论沈家本"人格主义"的人权法思想》，《中国法学》1991 年第 1 期，第 102—109 页。

③ 沈家本：《删除奴婢律例议》，《寄簃文存·卷一》。

④ 马作武：《沈家本的局限与法律现代化的误区》，《法学家》1999 年第 4 期，第 41—45 页。

⑤ 沈家本：《删除律例内重法折》，《寄簃文存》。

⑥ 马作武：《媒介中西一"冰人"——沈家本新论》，《比较法研究》1995 年第 2 期，第 212—217 页。

⑦ 李欣荣：《中国近代思想家文库：沈家本卷》，中国人民大学出版社 2014 年版，第 439 页。

⑧ 李欣荣：《中国近代思想家文库：沈家本卷》，中国人民大学出版社 2014 年版，第 439 页。

他说："文帝废肉刑而黥亦废。"① 面对"或谓此等重法，所以处穷凶极恶之徒，一旦裁除，恐无以昭炯戒"的质疑，强调："化民之道，固在政教，不在刑威也。"② 在《法学盛衰说》一文中，他批评商鞅与李斯忽视人的尊严与权利，不得人心，"商鞅以刻薄之资行其法，寡恩积怨而人心以离"，"李斯行督责之令而二世以亡"。③

沈家本主张"法律面前人人平等"，提出不应在法律上对旗汉各族人民规定"重轻悬绝"的不平等权利。"窃维为政之道，首在立法以典民。法不一，则民志疑，斯一切素隐行怪之徒，皆得乘瑕而蹈隙。故欲安民和众，必立法之先统于一。法一则民志自靖，举凡一切奇邪之说，自不足以惑人心。"④ "尽人在覆帱之内，而一轻一重，此成见之所以未能尽融。似未可拘泥旧规，致法权不能统一。"⑤

种族平等权。沈家本对封建法律上的种族歧视一贯持坚决反对的态度。他大力宣传和主张各民族人民在法律上一律平等，揭露和批判清政府"区满人与汉人而歧视之"的种族主义法律政策，沈家本的种族平等思想最突出地表现为他所一再强调的"旗人犯罪照民人一体同科"的原则。⑥ 倡导种族平等，只有化除满汉畛域，才能建立起平等的法律秩序。"重轻悬绝，不甚相宜，抑知畛域之未能化除，正在此等重轻悬绝之处。"⑦

男女平等权。男女平等权是人权的重要内容之一，沈家本主张男女

---

① 李欣荣：《中国近代思想家文库：沈家本卷》，中国人民大学出版社 2014 年版，第439 页。

② 李欣荣：《中国近代思想家文库：沈家本卷》，中国人民大学出版社 2014 年版，第439 页。

③ 李欣荣：《中国近代思想家文库：沈家本卷》，中国人民大学出版社 2014 年版，第387 页。

④ 李欣荣：《中国近代思想家文库：沈家本卷》，中国人民大学出版社 2014 年版，第470 页。

⑤ 李欣荣：《中国近代思想家文库：沈家本卷》，中国人民大学出版社 2014 年版，第471 页。

⑥ 杜刚建：《论沈家本"人格主义"的人权法思想》，《中国法学》1991 年第 1 期，第102—109 页。

⑦ 李欣荣：《中国近代思想家文库：沈家本卷》，中国人民大学出版社 2014 年版，第471 页。

平等，反对夫为妻纲的封建礼教，提出夫妻间侵犯罪的处刑也应平允。"西人男女平权之说，中国虽不可行，而衡情定罪，似应视君父略杀，庶为平允。"① 虽然在当时的中国男女平等还做不到，但他的这种平等思想仍值得肯定。沈家本虽然还没有摆脱封建三纲五常的束缚，但在运用法律处理一些具体问题（包括无夫奸问题）时，还是表现出对某些封建传统观念和制度进行一定程度的改革的倾向。特别是在妻妾因奸杀夫的问题上，沈家本始终力主衡情定罪，反对在法律上专列罪名并从严从重处罚的传统做法。② 沈家本反对买卖人口和蓄养奴婢，奏请"永行禁止"法律所允许的买卖人口和蓄养奴婢。"现在欧美各国都无买卖人口之事，系采用尊重人格之主义，其做法实可采取。"③ "拟请嗣后买卖人口，无论为妻妾、为子孙、为奴婢，概行永远禁止，违者治罪。旧时契买之例，一律作废。"④ 谴责公开买卖人口"殊非重视人命之义"。⑤ 澄明生命权、人格权是人作为人的基本权利。

财产权与民生权。在《变通旗民交产旧制折》中，他说："况既准其在外居住营生，而不准置买产业，则生计全无，乌能自养？""此盖尔时变通之法，实为旗民交产之权舆。""便民生而化畛域，洵共保安全之一策也。"⑥ 认为财产自由和权利是民生权利的基础："养民之道，在乎因势利导，必使人人能自为养，而后可以无不养。"⑦

人身自由权。人身自由是人类彻底摆脱愚昧和野蛮状态步入近代法

①　李欣荣：《中国近代思想家文库：沈家本卷》，中国人民大学出版社 2014 年版，第376 页。

②　杜刚建：《论沈家本"人格主义"的人权法思想》，《中国法学》1991 年第 1 期，第102—109 页。

③　李欣荣：《中国近代思想家文库：沈家本卷》，中国人民大学出版社 2014 年版，第362 页。

④　李欣荣：《中国近代思想家文库：沈家本卷》，中国人民大学出版社 2014 年版，第362 页。

⑤　李欣荣：《中国近代思想家文库：沈家本卷》，中国人民大学出版社 2014 年版，第362页。

⑥　李欣荣：《中国近代思想家文库：沈家本卷》，中国人民大学出版社 2014 年版，第480 页。

⑦　李欣荣：《中国近代思想家文库：沈家本卷》，中国人民大学出版社 2014 年版，第478 页。

治文明的首要标志。沈家本的"人格主义"人权观论述最多的就是人身自由问题。沈家本反对奴役制度，指出不受奴役的自由是人的生命权的必然表现。不受奴役的自由同生命权一样同属于基本人权范畴。① 在《删除奴婢律例议》中，沈家本激烈批判奴役制："不知奴亦人也，岂容任意残害？生命固应重，人格尤宜尊，正未可因仍故习，等人类于畜产也。"② 沈家本揭露奴役制对人身的野蛮迫害，指出："贫家子女，一经卖入人手，虐使等于犬马，苛待甚于罪囚，呼吁无门，束手待毙，惨酷有不忍言者。"③

第四节　孙中山"三民主义"人权理念

孙中山（1866 年—1925 年），名文，号逸仙，中国民主革命伟大先行者，三民主义的创立者，创制《五权宪法》，首举反帝反封建的旗帜，"起共和而终帝制"。④ 其人权思想集中体现在以"民族""民权""民生"为核心的"三民主义"理念之中，故可称为"三民主义"人权思想。学者吴忠希认为："孙中山的人权理论已具备中国资产阶级特点的体系，并对中国 20 世纪初以来的中国人权实践产生了巨大的影响。"⑤

1894 年，孙中山上书李鸿章，提出"人尽其才"的人权发展理念，特别重视人权的发展，人尽其才是国家治理最基本的要求。孙中山对欧洲富强的根本原因作了深入探究，认为原因不全在于他们的船坚炮利与垒固兵强，而是在于他们做到了人能够"尽其才"，地能够"尽其利"，物能够"尽其用"，货能够"畅其流"，这四个因素，才是其富强的最大经验，"治国之大本也"。⑥ 强调人民是国家之本，必须保障人民的生存和

---

① 沈家本：《删除奴婢律例议》，《寄簃文存》卷一。

② 李欣荣：《中国近代思想家文库：沈家本卷》，中国人民大学出版社 2014 年版，第 410 页。

③ 沈家本：《删除奴婢律例议》，《寄簃文存》卷一。

④ 李扬：《孙中山与托马斯·杰斐逊新闻思想比较研究》，硕士学位论文，华中科技大学，2014 年。

⑤ 吴忠希：《中国人权思想史略：文化传统和当代实践》，学林出版社 2004 年版，第 125 页。

⑥ 《孙中山选集》上，人民出版社 2011 年版，第 2 页。

发展，国家以民为本，民众以食为天，要生存就应发展粮食生产，不足食如何养民？"不养民胡以立国？"他还指出人才是治理国家的关键："诚以治国经邦，人才为急，心至苦而事至盛也。"①

1905 年，在《民报》发刊词中，孙中山第一次提出了"三大主义"理念，他说："余维欧美之进化，凡以三大主义：曰民族，曰民权，曰民生。"并对三大主义的生成演进作了阐释，这是人的不断解放和争取人权的历史嬗变过程，最开始的时候，罗马帝国覆亡，民族主义兴起，欧洲各国因而获得主权之独立。其后，又由于封建皇帝统治其国，专制统治使下层民众苦不堪言，自然催生民权主义。之后百年的发展使经济问题替代政治问题成为主要议题，民生主义便跃上舞台中央，显现"民生主义之擅场时代也"。孙中山认为，三大主义都以民众作为基础，指出"三大主义皆基本于民"②。

关于"主义"一词，什么是他所讲的主义？孙中山专门作了阐释，主义有三个层面的内涵：思想、信仰和力量。主义的生成大致要经历这样一个过程，当人类要探究一件事情之中的道理，最先生成思想，再萌生信仰，然后生出力量，到最后完全成立。③ 孙中山自己的"三民主义"横空出世就给人们生动地展现了这样一个过程。1912 年，在《在上海同盟会机关的演说》中，他说："三民主义者，同盟会唯一之政纲也，曰民族主义，曰民权主义，曰民生主义。"④ 1921 年 3 月 20 日，在《五权宪法》为题目的演讲中，孙中山将其三民主义与林肯的民权政治思想进行了对比，强调二者的同质性，他指出：林肯总统所讲的"The government of the people，by the people，for the people"，就是兄弟的民族、民权、民生主义。⑤ 1924 年 4 月 4 日，在《在广东第一女子师范学校校庆纪念会的演说》中，孙中山对三民主义作了最通俗的阐释：民族主义与外人争平等，民权主义与本国人争取平等，民生主义与贫富争平等。⑥ 概言之，三

---

① 《孙中山选集》上，人民出版社 2011 年版，第 11 页。
② 《孙中山选集》上，人民出版社 2011 年版，第 79 页。
③ 《孙中山选集》下，人民出版社 2011 年版，第 639 页。
④ 《孙中山选集》上，人民出版社 2011 年版，第 110 页。
⑤ 《孙中山选集》下，人民出版社 2011 年版，第 512 页。
⑥ 《孙中山选集》下，人民出版社 2011 年版，第 937 页。

民主义核心就是人的平等权，实现人的自由和发展。1924 年 1 月 23 日通过的《中国国民党第一次全国代表大会宣言》，对三民主义进行了最为系统和完整的阐释。其中积极倡导平等、自由、民主、人权，这是中国资产阶级能够提出的最革命和彻底的人权思想。

民族主义，就是实现民族平等权，达成各民族平等。民族主义有两层意义："一是民族自身求得解放；二是境内各民族一律平等。"首先，使"民族获得自由独立于世界"①。辛亥革命已彻底摧毁满洲的宰制政策，"各民族就可获得平等之结合"。② 民权主义，主要包括参政权、选举权、监督权等，政治权利和自由是重心。什么叫作民权主义呢？孙中山专门作了阐释，他认为，"大凡拥有团体与组织的众人"，就称为民，"权就是力量与威势"。③"民同权合拢起来说，民权就是人民的政治力量。"④"今让人民管理政事，就叫做民权。"关于权的作用，孙中山认为："权的作用，简单地说，就是要来维持人类的生存。"也就是生存权，他强调自卫及觅食，"就是人类维持生存之两件大事"。⑤ 民权主义主要涵括间接民权和直接民权，就是国民不只拥有"选举权，而且兼具创制、复决及罢官诸权也"。通过制定宪法来保障人民的人权，孙中山先生创设"立法、行政、司法、考试与监察"五权分立作为宪法原则，如此既可"救济代议政治之穷"，亦可"矫正选举制度之弊"。⑥

澄清从前资产阶级人权的限度——资产阶级的特权及压迫广大民众的实质。"近代各国所谓的民权制度，常常为资产阶级所专享，适变为压迫平民之工具。"孙中山强调其民权主义与天赋人权的异质性，民权主义已开始主张多数人共同享有自由和权利，不是少数人才享有，虽然现实中未必能真正做到，但其在理念和形式上具有进步性，民权主义为普通平民所共有，非少数人所私有。澄清民权主义与"天赋人权"的不同，其与当前中国革命的需要相契合，唯有民国国民才能享有，而所有卖国

① 《孙中山选集》下，人民出版社 2011 年版，第 614 页。
② 《孙中山选集》下，人民出版社 2011 年版，第 615 页。
③ 《孙中山选集》下，人民出版社 2011 年版，第 718 页。
④ 《孙中山选集》下，人民出版社 2011 年版，第 719 页。
⑤ 《孙中山选集》下，人民出版社 2011 年版，第 719 页。
⑥ 《孙中山选集》下，人民出版社 2011 年版，第 615 页。

者，均不得享受"此等自由及权利"。① 孙中山不赞同天赋人权的观点，认为民权并非天生而来，而是由时势及潮流所造就。他认为，卢梭是欧洲一个主张极端民权之人，由于有他的民权思想，就发生了法国革命。其所著《民约论》认为每个人均有天赋权利，民权是天生的。但从历史进化的观点来讲，"民权不是天生出来的"，而是由时势及潮流所造就。② 他还进一步指出，尽管卢梭的民权是天赋的观点不合理，但反对他的人，又用他那不合理言论来反对民权，也是没有道理的。③ 孙中山所强调的就是，不能因为否定了天赋人权观点，就否定人权本身。

民生主义，核心就是关注民众的民生权，实现民众的经济平等，具体做法就是平均地权与节制资本，孙中山敏锐地洞察道："一个社会总由少数人把持文明幸福，必然造成一个不平等的世界。"④ 所以，他提出平均地权，解决土地问题，实现耕者有其田；节制资本破除垄断，缩小贫富差距。他认为，民生主义涵括两个最重要的原则：一是平均地权；二是节制资本。处理好这两个方面的问题，可为民生主义之进行建构"良好之基础"。⑤ 列宁在《中国的民主主义和民粹主义》一文中，对孙中山的三民主义思想专门作了评论，他指出：孙中山之纲领的字里行间到处都充满了战斗的及真诚的民主主义。他丝毫不会忽视政治问题，也就是说，这是具有建立共和制度要求之"完整的民主主义"。⑥ 习近平总书记高度赞扬孙中山先生的革命精神，评价孙中山："总是内审中国之情势，外察世界之潮流，兼收众长，益以新创，努力赶上时代潮流。无论是从社会改良主义者转变为坚定的民主革命者，还是把旧三民主义发展成新三民主义，都体现了他敢于突破局限、不断自我革新的可贵精神。"⑦

---

① 《孙中山选集》下，人民出版社 2011 年版，第 616 页。
② 《孙中山选集》下，人民出版社 2011 年版，第 730 页。
③ 《孙中山选集》下，人民出版社 2011 年版，第 731 页。
④ 李龙、范兴科：《论平均地权的法理基础》，《理论月刊》2017 年第 2 期，第 87—93 页。
⑤ 《孙中山选集》下，人民出版社 2011 年版，第 616 页。
⑥ 《列宁选集》第 2 卷，人民出版社 2012 年版，第 291 页。
⑦ 习近平：《在纪念孙中山先生诞辰 150 周年大会上的讲话》，人民出版社 2016 年版，第 7 页。

第五节 新青年派"科学与人权" 启蒙人权理念

新青年派①因《新青年》杂志而闻名。《新青年》是 20 世纪初由陈独秀在上海创立的一份近代中国最具影响力的革命杂志，自 1915 年 9 月 15 日创刊至 1926 年 7 月终刊共 9 卷 54 号，原名《青年杂志》，第二卷起改称《新青年》，该杂志发起新文化运动，积极倡导科学（"赛先生"，Science）、民主（"德先生"，Democracy）和新文学，在五四运动期间发挥了旗帜引领作用。该派主要代表人物涵括陈独秀、李大钊、胡适、鲁迅等，"他们都怀揣着济世救民、倡导人权、启蒙国民性的思想信念投身于新文化运动之中"②。其人权思想成为整个思想解放运动的重要构成。

陈独秀（1879 年—1942 年），字仲甫，安徽安庆人，伟大的启蒙思想家，新文化运动的发起者，20 世纪中国第一次思想解放运动的倡导者，五四运动的思想指导者，中国共产党最重要的创始人。陈独秀在《敬告青年》（《青年杂志》第一卷）一文中郑重宣示其人权主张："国人而欲脱蒙昧时代，羞为浅化之民也，则奋起直追，当以科学与人权并重。"

"陈独秀的人权思想是其复杂的法政思想体系中重要的内容，并在五四时期经历了从自由主义向社会主义转向的嬗变。"③ 五四前期陈独秀主张的是自由主义人权观，从 1915 年创办《青年杂志》（《新青年》的前身）宣传自由、民主与人权等西方自由主义的价值观开始，到 1920 年接受马克思主义，转变成为马克思主义者。五四后期陈独秀向社会主义人权观转向，开始将自己的人权思想与马克思的相关学说结合起来，开始真正思考什么是社会主义，什么是社会主义人权。揭露资本主义生产方式对劳工人权的戕害，指出必须改善和保障劳工的基本人权，认为只有在社会主义下，自由权利、平等权利以及包括妇女人权在内的其他人权

---

① "新青年派"知识群体，是指围绕《新青年》而聚集的一批优秀的思想者和文化先驱，主要有陈独秀、胡适、李大钊、高一涵、鲁迅、周作人、蔡元培等，他们有的直接参与《新青年》的编辑工作，成为《新青年》编辑部的重要成员，有的是《新青年》的重要撰稿人。

② 边双：《新青年派人权思想研究》，硕士学位论文，湖南大学，2016 年。

③ 屈向东：《从自由主义到社会主义》，硕士学位论文，西南政法大学，2010 年。

才能得到切实的保障与实现。陈独秀人权思想的理论来源主要涵括近代中国知识分子所怀有的救亡图存意识、西方的进化论与功利主义思潮以及科学社会主义学说。① 陈独秀在其《法兰西人与近世文明》中写道："近代文明之特征，最足以变古之道，而使人心社会划然一新者，厥有三事：一曰人权说，一曰生物进化论，一曰社会主义，是也。"② 陈独秀重视人权，特别强调法律层面的法定人权的重要价值，他说："法律上之平等人权，伦理上之独立人格，学术上之破除迷信，思想自由：此三者为欧美文明进化之根本原因。"③

《新青年》第九卷第五号上发表《中华女界联合会改造宣言》（1919年9月1日），这是一份女性解放的宣言。《宣言》共列出10条具体权利纲领，第一条就规定："在两性一体之理由上，以及在男女共同为社会服务之理由上，我们要求进入所有学校上学，与男子受相同教育。"第三条规定："在纳税参政权利义务平等之理由上，我们要求女子拥有选举权和被选举权，以及从事其他所有政治的活动。"④ 第四条规定："在男女权利平等的理由上，我们要求在私有财产制度未废以前，女子有受父或夫之遗产权。"第五条规定："在男女应有平等生存权的理由上，一切职业都许女子加入工作。"第六条规定："拥护女工及童工底（的）权利。"第十条规定："在人类利害共同的理由上，我们主张与国外妇女团体联合。"⑤

在《爱国心与自觉心》（1914年11月10日）一文中，陈独秀考察评析了日本通过宪政实现人权的经验："日本维新以来，宪政确立，人民权利，可得而言矣。"⑥ 在近代中国最早提出"人权自由主义"理念："夫帝国主义，人权自由主义之仇敌也，人道之洪水猛兽也。"⑦ 在《人种差别待遇问题》（1919年3月9日）一文中，主张种族平等："人种差

---

① 屈向东：《从自由主义到社会主义》，硕士学位论文，西南政法大学，2010年。
② 陈独秀：《陈独秀著作选》第一卷，上海人民出版社1993年版，第136页。
③ 陈独秀：《陈独秀著作选》第一卷，上海人民出版社1993年版，第238页。
④ 《新青年》第九卷·第一号至第六号（影印版），人民出版社2008年版，第694页。
⑤ 《新青年》第九卷·第一号至第六号（影印版），人民出版社2008年版，第695页。
⑥ 《陈独秀文集》第一卷，人民出版社2013年版，第84页。
⑦ 《陈独秀文集》第一卷，人民出版社2013年版，第84页。

别待遇，是应该反对的。"① "我们中国人应当联合全体的黄种人，正正堂堂的向巴黎会议要求平等的待遇，不能附属日本，做美日对抗的机械。"②他认为，既然我们要向白种人提出平等要求，首先我们黄种人自己必须平等对待黄种人，打破与朝鲜的主从关系，否则，"还有什么面孔向白人要求平等待遇呢？"③ 1915 年 9 月 15 日，在《青年杂志》第一卷第一号的《敬告青年》一文中，第一次提出科学与人权并重的观点，喻为推动社会进步的车之两轮，国人欲要改变蒙昧落后状态，应当奋起直追，必须"科学与人权并重"。积极主张个人自由平等权利，是明显具有个人本位的人权观，他认为，每个人均有自主之权，但绝无奴役他人的权利，也绝无被奴役的义务。近代欧洲历史便是人权的"解放历史"：否定君权，获得政治解放；反对教权，获得宗教解放；均产说兴，获得经济解放；妇女参政，则"求男（女）权之解放也"。④ 因此，陈独秀认为，"断无盲从隶属他人之理"。⑤ 人权是人的主体性的必然要求。在《东西民族根本思想之差异》（1915 年 12 月 15 日）一文中，陈独秀十分赞同西方个人本位人权观对人的主体性的肯定，他指出："自法律言之：人间者，权利之主体；自由者，权利之实行力也。"比如，思想与言论自由，此"所谓人权是也"。对比厘清东西方人权观的差异，"西洋民族以个人为本位，东洋民族以家族为本位"⑥。在宗法社会中，以家族作为本位，个人没有权利，一家之人均听命于家长。他指出，宗法制度压制自由与人权，是人权发展的阻碍，应该予以革除。宗法制度的恶果主要有四个：一是损害个人独立人格；二是窒息个人思想自由；三是剥夺个人法律平等权利；四是戕贼个人生产力。必须用个人本位来替代"家族本位主义"。⑦ 在《法兰西人与近世文明》（1915 年 9 月 15 日）一文中，积极评价人权宣言的意义，他指出，自 1789 年，法国人拉飞耶特的"人权宣

① 《陈独秀文集》第一卷，人民出版社 2013 年版，第 413 页。
② 《陈独秀文集》第一卷，人民出版社 2013 年版，第 413 页。
③ 《陈独秀文集》第一卷，人民出版社 2013 年版，第 414 页。
④ 《陈独秀文集》第一卷，人民出版社 2013 年版，第 90 页。
⑤ 《陈独秀文集》第一卷，人民出版社 2013 年版，第 91 页。
⑥ 《陈独秀文集》第一卷，人民出版社 2013 年版，第 127 页。
⑦ 《陈独秀文集》第一卷，人民出版社 2013 年版，第 128 页。

言"颁布中外，人类进入近代民主社会，在法律面前人人一切平等，"公平等固已成立矣"。人类之所以为人，法兰西人为人权进步做出了贡献。① 他指出，资产阶级革命将政治不平等转变为社会不平等，将君主贵族压制转变为资本家压制。要消除这些不平等，"社会主义是也"。② 显然，陈独秀此时的人权主张已开始具有社会主义倾向与特质。陈独秀站在唯物史观的立场清算自由主义，指出只有社会主义才能解决女权问题，表明"五四"之后很长一段时期陈独秀的人权思想是马克思主义的。③

陈独秀是 20 世纪初中国妇女解放运动的先驱，重视妇女的人权问题，提出妇女应该享有基本的生存权、劳动报酬权、生命权、平等权、受教育的权利、继承权、婚姻自主权、健康权，必须废除缠足的陋习，打破摧残妇女身心健康的封建礼教。④

李大钊（1889 年—1927 年），字守常，河北乐亭人，传播共产主义的先驱，中国共产党的重要创建人、早期卓越的领导人。1919 年，李大钊参与领导五四运动，致力宣传马克思主义，在《新青年》发表的《我的马克思主义观》，系统介绍马克思主义理论及马克思主义人权思想。

李大钊的人权思想在吸取个人主义人权观的基础上，结合社会主义思想，形成具有社会主义特质的人权思想。在《我的马克思主义观》（1919 年 9 月、11 月）一文中，他指出：我们主张用人道主义来改造人类精神，同时用社会主义来改造经济组织。强调"灵肉一致的改造"。⑤ 他认为，经济学要将劳动及劳动者作为本位，这是个人主义朝社会主义与人道主义"过渡的时代"⑥ 要用社会主义和人道主义替代个人主义。李大钊在《宪法与思想自由》（1916 年 12 月 10 日）一文中指出，将自由作为人类生存的必然要求及权利，"无自由则无生存之价值"。⑦ 他以人权

---

① 《陈独秀文集》第一卷，人民出版社 2013 年版，第 98 页。
② 《陈独秀文集》第一卷，人民出版社 2013 年版，第 99 页。
③ 文卫勇、张学军：《论陈独秀的马克思主义人权思想》，《岭南学刊》2009 年第 6 期，第 124—127 页。
④ 欧阳云梓：《论陈独秀的妇女人权思想》，《社会科学战线》2009 年第 1 期，第 267—268 页。
⑤ 《李大钊全集》第三卷，人民出版社 2013 年版，第 23 页。
⑥ 《李大钊全集》第三卷，人民出版社 2013 年版，第 4 页。
⑦ 《李大钊全集》第一卷，人民出版社 2013 年版，第 401 页。

作为标准，将宪法分为良宪法与恶宪法："吾人苟欲为幸福之立宪国民，当先求善良之宪法；当先求宪法之能保障充分之自由。"① "抑知宪法者为国民之自由而设，为生人之幸福而设。"② 李大钊在《危险思想与言论自由》（1919 年 6 月 1 日）一文里强调，思想自由和言论自由，为保障人生达至"光明与真实的境界而设的"。③ 他认为，思想是绝对的自由，禁止思想自由，"断断没有一点的效果"。李大钊还奉劝那些禁遏言论和思想自由的人要注意，应该利用言论自由来消除危险思想，不应该用危险思想作为借口来"禁止言论自由"。④ 李大钊在《在湖北女权运动同盟会演讲会上的演讲》（1923 年 2 月 4 日）中，从法定权利层面，对男女平等权利作了最详细的阐释：今天姑且从法律上归纳应改革之数种权利：选举权与被选举权平等；亲权、行为权、财产权平等；婚姻法应规定平等权利；规制重婚罪；厉禁买卖妇女；刑法增定刑事责任年龄提高问题；同等的官吏之权；同等接受教育的机会；职业平等；所有男子职业，女子均有同等参加之权。⑤ "李大钊提出妇女享有参政议政权，妇女的人身自由不容侵犯，男女同工同酬，妇女婚姻自主，男女平等。"⑥ 李大钊在《现代的女权运动》（1922 年 1 月 18 日）中指出，男女平等权应包括教育平等权、同工同酬权、法律平等权、参政平等权等，他认为，女权运动的基本要求在各国均相同，这些要求可分为四个：一是在教育方面，享受和男子相同的教育机会；二是在劳工方面，所有职业选择的自由，同工同酬；三是在法律方面：民法上，妻子应被赋予法律的完全人格地位与完全权能。刑法上，完全废止所有歧视妇女的法规。公法上，妇女的参政权；四是在社会生活领域，必须承认妇女工作的价值和将妇女排出在生活之外的"缺陷、粗粝、偏颇与单调"。⑦ 李大钊《失恋与结婚自由》（1922 年 4 月 1 日）一文中，特别提到婚姻的自由权，"承认女子有

---

① 《李大钊全集》第一卷，人民出版社 2013 年版，第 401 页。
② 《李大钊全集》第一卷，人民出版社 2013 年版，第 402 页。
③ 《李大钊全集》第二卷，人民出版社 2013 年版，第 470 页。
④ 《李大钊全集》第二卷，人民出版社 2013 年版，第 471 页。
⑤ 《李大钊全集》第四卷，人民出版社 2013 年版，第 184—185 页。
⑥ 欧阳云梓：《论李大钊的妇女人权思想》，《中共福建省委党校学报》2007 年第 11 期，第 111—113 页。
⑦ 李大钊：《李大钊全集》第四卷，人民出版社 2013 年版，第 20 页。

婚姻的自由权"，若无爱情可自由解除婚约，女子自身即可直接宣告解除理由，"不必以此为耻辱"。① 李大钊《争自由的宣言》（1920 年 8 月 1日）中，讨论了数项自由权利，他说："戒严令第十四条规定的事件，凡人民、身体、家宅、言论与财产营业等自由，没有一件不被干涉。"② 强调自由权利必须得到宪法的保障："下列四种自由，不得在宪法外更设立制限的法律：（1）言论自由；（2）出版自由；（3）集会、结社自由；（4）书信秘密自由。"③ "应即实行《人身保护法》，保障人民身体的自由。"④

　　新青年派代表人物人权思想的比较。新青年派倡导独立、自主、平等、自由的人权思想，促进了国民人权意识的觉醒。新青年派各代表人物的人权思想在四个方面表现出同质性：批判封建旧文化、提倡平等自由权利、提倡国民参政及倡导妇女解放。新青年派以《青年杂志》为阵地，积极批判几千年来的以儒学为内核的封建伦理道德，宣扬人的个体价值与自身的全面解放，高举人权的大旗，开启了新一代青年的启蒙运动。扫清人权障碍，引进西方的人权思想和民主制度，以此建构国民人权意识。但他们各自人权理念的具体表达形式有所异质，陈独秀推崇法国大革命式的人权思想，胡适推崇杜威的自由主义人权思想，李大钊在很大程度上受到英国杰出政治思想家穆勒的个人主义理论的影响。李大钊的著作中曾大段大段地引用穆勒的著作，有些段落甚至反复引用，把穆勒的观点和主张作为自己政治见解的依据，可以说李大钊的思想体系有着深深的穆勒思想痕迹。鲁迅更为推崇西方个性主义人权思想，包括尼采、易卜生为代表的现代人学理论。鲁迅更多地关注人权的问题，如人的解放、人的觉醒、人的尊严、人的价值等。⑤

　　新青年派人权思想历史的局限。首先，新青年派对待传统儒学采用片面化或绝对化的态度。比如"打倒孔家店"，完全否定孔子及其学说的价值，没有正确认识其合理成分。比如对西方学说理论的过分推崇，有

---

① 李大钊：《李大钊全集》第四卷，人民出版社 2013 年版，第 77 页。
② 李大钊：《李大钊全集》第五卷，人民出版社 2013 年版，第 490 页。
③ 李大钊：《李大钊全集》第五卷，人民出版社 2013 年版，第 490—491 页。
④ 李大钊：《李大钊全集》第五卷，人民出版社 2013 年版，第 491 页。
⑤ 边双：《新青年派人权思想研究》，硕士学位论文，湖南大学，2016 年。

的甚至不加思考地照搬，存在全盘西化之嫌。其次，新青年派人权思想在一定程度上脱离中国实际情况。新青年派将注意力主要集中于伦理、思想等层面，而对改造国民性起重要作用的其他因素，如经济因素、政治因素等关注不足。而当时中国的实际国情是，北洋军阀混战，民主共和名存实亡，政治极度黑暗，社会经济凋敝，民众最起码的生存权都得不到保障，谈何人权？再次，新青年派的人权思想主要停留在宣传、呼吁、造势层面，缺乏行之有效的实现途径。虽然，思想启蒙本身也算是解放国民性的一种途径，但它毕竟是坐而论道，对于实现启蒙的实践活动涉及太少。而且新青年派主要注重精英阶层知识分子的启蒙，没有深入广大百姓之中，这些都使得新青年派人权思想的影响力大打折扣。最后，新青年派部分代表人物对于人权概念的理解不够深入。如胡适过分强调个人主义，甚至把人权等同于个人主义，没有认清人权的实质所在，人权既注重个体权利，同样强调个体存在的群体的权利，两者缺一不可。胡适等人把人权引向个人主义也是导致新青年派解体的一个重要原因。①

①　边双：《新青年派人权思想研究》，硕士学位论文，湖南大学，2016年。

第 五 章

传统人权理念的当代价值

第一节 人权发展的本土文化资源

传统人权文化是一个巨大的思想宝库，可以为新时代中国特色人权发展提供充分的本土文化资源。"现代人权概念是西方的舶来品，进入中国之后未必适应中国的国情，因此有必要从我国的传统思想文化中发掘具有中国特色的人权思想。"[①] 首先，古代丰富的人本思想成为最受新时代关注与重视的人权理念，孟子提出"民贵君轻"的人本主义理念，视"土地、人民、政事"为诸侯三宝。《尚书》有讲"民唯邦本，本固邦宁"。儒家强调："人者，天地之心也。"《老子》中也说："圣人无常心，以百姓心为心。"墨子曰："功，利民也。"荀子曰："爱民者强，不爱民者弱。"董仲舒提出"人本于天"。唐太宗李世民说："凡事皆须务本。国以人为本，人以衣食为本。"（《贞观政要·务农》）显然，新时代"以人民为中心"的人权发展理念就是对古代深厚的民本思想的扬弃与超越。中国传统民本思想认为"民为国本"，肯定人民的根本政治地位，并且要求统治者实行"以民为本"的施政方针。它包含了中国古代人权保障的理论基础和基本要求，促进了中国古代的民生民权保障。中国传统民本思想的"民本"与"民权"、"人本"与"人权"具有一致性。[②] 习近平总书记指出："中华民族在长期实践中培育和形成了独特的思想理念和道

---

① 侯军亮：《论先秦儒家人权思想及其当代价值》，《重庆文理学院学报》（社会科学版）2017 年第 36 卷第 3 期，第 82—87 页。

② 赵建文：《中国传统民本思想的人权意涵及当代价值》，《人权》2017 年第 5 期，第 63—82 页。

德规范，有崇仁爱、重民本、守诚信、讲辩证、尚和合、求大同等思想。"①

其次，平等是人民的不懈追求，在封建等级社会，并不能完全压制人们对平等的孜孜以求，因而生成丰富的平等思想，比如，法家反对儒家"礼不下庶人，刑不上大夫"的等级观念，提出法律面前人人平等的思想，主张"法不阿贵，绳不绕曲。法之所加，智者弗能辞，勇者弗敢争，刑过不避大臣，赏善不遗匹夫"。墨家的平等精神，不仅在根本观念中一览无余，也于具体各论中一以贯之。墨学中"非命""节用""尚贤""明鬼"诸论，均拢合于墨学的平等法则。唐甄提出的"天赋平等"思想，比历史上所有的"均平"思想都要深刻和彻底，在中国人权思想史上，第一个提出"人之生也，无不同也"，这与西方启蒙思想家"人生而平等"的观点惊人一致。上述所有关于平等的理念与追求，已经成为新时代人权发展的基本内容，并上升成为法定人权，在实现平等人权方面取得了巨大进步。

最后，古代民生人权思想成为新时代生存权与发展权重要的思想渊源。比如，孟子"有恒产者有恒心"的洞见，以及"黎民不饥不寒"的生存权思想，管仲主张"仓廪实则知礼节，衣食足则知荣辱"，董仲舒强调"富者足以示贵而不至于骄，贫者足以养生而不至于忧"，王充提出"饥寒致乱"的生存权思想，程颐关于"以厚民生为本"及"保民之道，以食为本"的观点，朱熹认为"窃惟民生之本在食"，黄宗羲主张"夫先王之制井田，所以遂民之生，使其繁庶也"，至孙中山提出著名的"民生主义"等重要的生存人权思想与洞见，对于新时代人权发展仍具有积极的现实意义，凸显了人权发展的物质生活条件，阐释了人权发展的经济逻辑。除了上述思想精华外，当然古代也存在很多消极人权论述等糟粕，必须扬弃，比如，程颐"饿死事小，失节事大"及程朱理学"存天理，灭人欲"等。

因此，十分有必要对古代人权理念资源进行全面深入的发掘。中国古代人权思想和理论资源可谓百家争鸣，精彩纷呈，如儒家伦理型人权、墨家兼爱型人权、法家否定型人权、程朱"理学"的人权思想、阳明

---

① 习近平：《在文艺工作座谈会上的讲话》，《人民日报》2015年10月15日。

"心学"的人权思想，内蕴多样的人权文化和人权精神，内蕴中国人权发展演进的文化基因。近代人权思想受到了西方人权思想的一定熏染，开启了现代人权理念新的启蒙，如维新派的人权思想、法制改革派的人权思想、新青年派的人权思想。深度挖掘和提炼这些思想理念，为当代人权发展道路的研究和实践提供本土人权文化资源。开掘本土人权文化资源，发掘浩瀚历史文献中丰富的民生人权思想，不论是孟子"有恒产者有恒心"的论述及"黎民不饥不寒"的愿景，还是管仲提出"仓廪实则知礼节，衣食足则知荣辱"，均表明温饱是人最基本的生存要求，是拥有和发展其他权利的前提条件。这一理念又被后世的思想家多次提及和阐释。董仲舒主张"富者足以示贵而不至于骄，贫者足以养生而不至于忧"，王充提出"饥寒致乱"的洞见，程颐关于"以厚民生为本"及"保民之道，以食为本"的主张，朱熹认为"窃惟民生之本在食"，黄宗羲的"夫先王之制井田，所以遂民之生，使其繁庶也"等重要的生存权利话语，生存权利是发展其他权利最基础的前置要件，揭示人权发展的物质生活条件，阐释人权发展内在的经济逻辑。

本土人权文化是中国特色人权发展的宝贵资源，诸子百家的民本理念成为最亮丽的人权话语，强调人是中心、"人者，天地之心也"。其中，儒家的伦理人权思想、墨家的兼爱人权思想、法家的否定性人权思想影响较大。孟子最早阐释"有恒产者有恒心"的深刻洞见，倡导"民贵君轻"及"黎民不饥不寒"的民本思想，孙中山将墨子誉为"世界平等博爱主义第一大家"，法家的暴力主张与人权可谓"冰炭不可同器"，这一对立从"韩非之死"与"商鞅之死"的悲剧中得到诠释，表明法家的严刑峻法既不能保障他人人权，同样也不能保障其自身的人权。"否定性人权"是对法家人权思想的一个基本概括，法家唯一值得肯定的人权思想就是在法律面前人人平等。汉至明清时期，董仲舒、王充、程颐、程颢、朱熹、陆九渊、王阳明、黄宗羲、顾炎武、王夫之、唐甄等思想家均发表了有影响的人权洞见与主张，唐甄的"天赋平等"思想比历史上所有的"均平"思想都要深刻和彻底，在中国人权思想史上，第一个提出"人之生也，无不同也"的命题。近代人权思想受到西方人权理念的浸染，得到了进一步解放与发展，特别是太平天国的平等人权思想、维新派的立宪人权思想、法制改革派的法制人权思想、孙中山的"三民主义"

人权思想、新青年派的"科学＋民主"人权思想，为中国特色人权发展道路建构提供了丰富的本土文化元素滋养。

必须指出，新时代中国特色人权发展理念对古代人权文化精神的传承，是一种批判继承和发展，因此，其与中国古代人权思想有本质的区别，在多个维度完成了对古代人权思想的历史性替代和超越，这既是历史发展的必然逻辑，也是在新发展理念引领下，人权发展的时代潮流。中国特色的发展主义人权话语及理论蕴含其自身必须不断发展的内在逻辑，不仅是一种历史的存在，也是一种伴随人权事业发展的永恒的存在。

第二节　人权话语体系的中国逻辑

传统人权理念彰显本土人权话语体系的中国逻辑。目前，主流的人权理论和话语已被西方垄断，他们以人权为幌子和手段，实现自己的政治企图。特别是新自由主义人权理论，将西方的自由、民主、人权说成是"普世价值"。在经济上推行"华盛顿共识""里根经济学""撒切尔主义"，概括起来就是"三化"：绝对自由化、彻底私有化和全面市场化。新自由主义所谓市场自由、贸易自由、金融自由，实质上就是资本的自由。新自由主义还提出"人权高于主权"，英国前首相布莱尔声称："不干涉主权国家内政是有限度的。"捷克前总统哈维尔放言："国家主权不可避免地将要消亡。"① 以此为借口，干涉他国内政，在伊拉克、叙利亚等地挑起战争，制造人道主义灾难和破坏人权。因此，西方人权理论事实上已成为世界人权事业发展的严重阻碍，必须破除"以西方是非为是非"的人权思想桎梏，亟须建构具有中国理念与逻辑的中国特色的人权理论和话语。

如何构建当代中国人权话语体系？当然不可能随心所欲，因为各国国情不同，所以不能拿来搞主义，决不能照抄照搬西方人权话语体系。

---

① 转引自杨泽伟《国际法上的国家主权与国际干涉》，《法学研究》2001 年第 4 期，第144—153 页。

必须将民族语言与时代精神有机结合起来。① 革除中国人不研究中国问题以及不写中国文章的弊病，构建当代中国人权话语体系，是学术共同体每个成员的共同责任所在，每一个人权教学与科研人员、每一个从事人权实践的中国公民，都应该研究中国人权发展问题，用中国语言写中国文章。付子堂教授强调构建"逻辑上自洽、理论上有说服力、实践上体现中国特色并有世界意义的人权话语体系"，要求"加强对国内外人权理论的梳理与研究工作，挖掘中国传统文化中的人权理念，为构建中国特色人权话语体系提供理论基础"②。"发掘中华文明中最深厚的人权文化基因，是努力构建中国特色的人权话语体系的重要思想来源。"③ "中国传统文化中包含着丰富的尊重人、爱护人、关心人、发展人的人道主义和人权思想基因。应当结合当代中国和世界的实际，从人权的角度深入研究中国传统文化，剔除其糟粕成分，挖掘和阐释其中符合时代精神、具有普遍意义的人权思想精华，使之成为创新和发展人权理论体系和话语体系的重要源流。中华优秀传统文化中讲仁爱、重民本、守诚信、崇正义、尚和合、求大同的价值追求，有利于促进人与自然之间、国家之间、社会组织之间以及人与人之间和人的内心世界之间的和谐相处。"④ 这些关于人和人权的中国逻辑与理念对当代世界人权发展有着特殊意义。习近平总书记在中共中央政治局第十二次集体学习时的讲话中强调指出："提高国家文化软实力，要努力提高国际话语权。""增强做中国人的骨气和底气。"⑤ 努力打破自近代以来的欧洲人权中心主义和当代美国人权中心主义话语体系的垄断格局，构建中国特色、中国风格、中国气派的人权

---

① 李龙：《论当代中国法学学术话语体系的构建》，《法律科学》（西北政法大学学报）2012 年第 30 卷第 3 期，第 21—26 页。

② 付子堂：《建构中国自己的人权话语体系》，《人权》2015 年第 2 期，第 8—11 页。

③ 鲜开林、陈勇：《构建中国人权话语体系的"五个应当"》，《甘肃理论学刊》2015 年第 1 期，第 57—61 页。

④ 鲜开林、陈勇：《构建中国人权话语体系的"五个应当"》，《甘肃理论学刊》2015 年第 1 期，第 57—61 页。

⑤ 习近平：《在中共中央政治局第十二次集体学习时讲话》，《人民日报》2014 年 1 月 2 日。

话语体系，是实现中国人权文化自觉和人权文化自信的一个重要战略任务。① "要摧毁西方的话语霸权，建构起自己的话语体系，让'中国模式'说中国话。"只有深刻理解"中国模式"的历史逻辑，才能把握"中国模式"的根本特质。② 拒斥"西方中心主义"、构建中国学术的话语体系，必须首先明确超越"西方中心主义"的逻辑和方法。③

第三节　人权道路与模式的中国样态

选择什么样的人权模式？建构什么样的人权道路？是每个国家和民族发展人权均面临的重要理论与实践课题，不能脱离国情及文化传统，不能脱离时代的要求，必须在正确的人权理念之下进行科学抉择，建构人权道路与模式的中国样态离不开传统人权理念的精神内核。在"第七届北京人权论坛"上，时任国新办主任蔡名照发表开幕致辞，他强调指出，"世界是多向度发展的，没有放之四海而皆准的人权模式"。④ 如何构筑中国特色人权发展道路？学界也作了积极的探索与研究，比如，"人民为本"是以董必武为代表的中国先进代表对人权发展道路进行探索的立足点。⑤ "从中国的国情出发，始终把生存权和发展权作为首要的基本人权。"⑥ "将人权的普遍性原则与各国的具体国情相结合，选择符合自己国情的人权发展道路和发展模式。"⑦

罗豪才指出，中国已经走出了一条中国特色的人权发展道路。这条道路同西方有明显区别，特别强调权利与义务的一致，人权内容既包括

---

① 鲜开林、陈勇：《构建中国人权话语体系的"五个应当"》，《甘肃理论学刊》2015 年第 1 期，第 57—61 页。

② 陶绍兴：《"中国模式"的中国逻辑》，《延边大学学报》（社会科学版）2012 年第 2 期。

③ 叶险明：《中国学术话语体系超越"西方中心主义"的逻辑和方法》，《中共中央党校学报》2015 年第 19 卷第 4 期，第 69—75 页。

④ 蔡名照：《坚持走符合中国国情的人权发展道路》，《人权》2014 年第 5 期，第 7—8 页。

⑤ 汪习根、肖杰文：《中国特色人权发展道路的早期探索与启示——纪念董必武同志诞辰 125 周年》，《湖北社会科学》2011 年第 9 期，第 154—157 页。

⑥ 鲜开林、陈勇：《构建中国人权话语体系的"五个应当"》，《甘肃理论学刊》2015 年第 1 期，第 57—61 页。

⑦ 鲜开林、陈勇：《构建中国人权话语体系的"五个应当"》，《甘肃理论学刊》2015 年第 1 期，第 57—61 页。

公民权利和政治权利，也包括经济、社会、文化权利，还应包括个人权利和集体人权。① 南开大学人权研究中心薛进文教授指出了中国特色人权发展道路所具有的深厚历史及现实基础，内涵民族传统文化的优秀特质，铭记中国近现代人权历史的深刻烙印，彰显马克思主义人权理念以及党和政府的人权主张，立足基本国情，超越西方人权模式，在人权发展实践中，也已取得辉煌成就。并清晰阐释了其对中国特色人权发展道路的学术理解及观点：第一，坚持生存权及发展权是首要人权。第二，坚持以人为本。第三，个人人权和集体人权的结合，权利和义务的统一。第四，国家权力与公民权利的统一。第五，人与自然的协调发展。第六，人权属于各国国内管辖事项。② 常健教授认为，建构中国特色的社会主义人权发展道路，应该将人权普遍性的原则同中国国情相结合。将生存权、发展权的保障置于首位，集体权利与个人权利的协调保障、经济社会文化权利与公民和政治权利的平衡保障、国内人权保障与国际人权对话相结合。③

第四节　人类命运共同体的中国理念

　　传统的"大同"思想已被越来越多的人奉为构筑人类命运共同体的中国理念。何谓大同？《礼记·礼运·大同》的原文："大道之行也，天下为公。选贤与能，讲信修睦。故人不独亲其亲，不独子其子，使老有所终，壮有所用，幼有所长，鳏、寡、孤、独、废、疾者皆有所养。男有分，女有归。货恶其弃于地也，不必藏于己，力恶其不出于身也，不必为己。是故谋闭而不兴，盗窃乱贼而不作，故外户而不闭，是谓大同。"孔子是人类文化思想史上第一个提出大同理想的人，孔子主张："四海之内，皆兄弟也。""大同"社会与"小康"社会一个重要的不同点，就是在"小康"社会中，天下不是为"公"，而是"天下为家"，

---

① 罗豪才：《中国特色的人权发展道路》，《人权》2008 年第 3 期，第 4—6 页。

② 薛进文：《关于中国特色人权发展道路的几个问题》，《南开学报》（哲学社会科学版）2014 年第 5 期，第 1—10 页。

③ 常健：《中国特色社会主义人权发展道路、理论和制度》，《中国人权评论》2013 年第 2 期，第 1—4、176 页。

"各亲其亲，各子其子"；而在"大同"社会中，家族、等级的观念完全打破，"仁"变为大同的"仁"。① 西方哲学史大都把柏拉图的理想国看作"历史上最早的乌托邦"②，而孔子早于柏拉图一个多世纪就提出了人人安居乐业、相亲相爱的大同思想。大同思想是孔子思想中很有特色的重要组成部分，在人类思想史上占有重要地位，对于中国乃至世界的政治思想文化的发展有着广泛、深远的影响。③

孔子的大同主张的理念基础是"和"，孔子曰："和也者，天下之达道也。"（《礼记·中庸》）孔子的这一理念也得到了广泛的认同，《尚书》中有"协和万邦"，《荀子》讲"天下之和"，《管子》讲"内外均和"。从孔子思想文化的整个体系看，"和"实际上是他全部思想中的最高理念，也是其毕生追求的理想社会状态。人"和"则不争，国"和"则无战。"和"会使社会安定、秩序井然。④ 大同思想源于两千多年前，在近代受到孙中山先生的推崇，他不但一再引用、书写这段话，并阐扬发挥大同的精神，要为大同的理想而奋斗。孙中山所勾画的大同世界的模式，是一个各民族平等的、天下为公的、丰衣足食的理想社会。⑤ 很多学者均认为，康有为和孙中山的理论是近代大同思想的典型代表。⑥ 孙中山最早谈论大同问题是在 1912 年 1 月 1 日就任中华民国临时大总统时，孙中山在《临时大总统宣言书》中提出了新的目标："将使中国重见于国际社会，且将使世界趋于大同。"⑦ 此后他又多次谈到大同问题："交通既便，

---

① 陈景磐、王彬：《试论孔子的大同思想》，《孔子研究》1986 年第 1 期，第 26—29 页。

② 罗素：《西方哲学史》上册，商务印书馆 1963 年版，第 147 页。

③ 王路平、宋太庆：《论孔子的大同思想》，《长沙理工大学学报》（社会科学版）1993 年第 4 期，第 52—57 页。

④ 杨庆存：《孔子"和"文化思想及现代启示》，《北京大学学报》（哲学社会科学版）2009 年第 46 卷第 2 期，第 143—148 页。

⑤ 孙占元：《孙中山大同思想综论》，《山东社会科学》1992 年第 4 期，第 56—60 页。

⑥ 张怀民、尹紫薇：《论共享发展理念对传统大同思想的继承与发展》，《学校党建与思想教育：下》2017 年，第 6 页。

⑦ 《孙中山全集》第二卷，中国社会科学院近代史研究所、中华民国史研究室等编，中华书局 1982 年版，第 2 页。

世界大同，已有中外一家之势"① "使先贤大同世界之想象实现于二十世纪。"② "我五大种族皆爱和平，重人道，若能扩充其自由、平等、博爱之主义于世界人类，则大同盛轨，岂难致乎？"③ "社会主义之国家，人民既不存尊卑贵贱之见，则尊卑贵贱之阶级，自无形而归于消灭。农以生之，工以成之，商以通之，士以治之，各尽其事，各执其业，幸福不平而自平，权利不等而自等，自此演进，不难致大同之世。"④ "现今世界日趋于大同，断非闭关自守所能自立，但开放门户，仍须保持主权。"⑤

　　在变通本土"三世进化"说的基础上，康有为把人类社会历史发展视为一个在总体上不断上升的过程，从而把对大同理想的追求从沉湎过去转向了放眼未来，并在批判西方资本主义的弊端、借鉴空想社会主义学说的合理内核的基础上，诞生了中国人探索人类社会发展走势的第一部社会主义著作——《大同书》。⑥ 康有为在《大同书》中写道，"崇喜乐而去悲哀"，"大同之道，以求人生之喜乐为主"，⑦ 这与边沁的功利主义思想十分同质。康有为本人也在 1923 年的西安演讲中提道"边沁的功利主义"。因此，有学者认为，这是康有为对边沁观点"有意识引进，而非无意中的巧合"。⑧ 在《大同书》中，抨击买卖人口的奴隶制，赞赏林肯解放黑人奴隶的正义之举，指出，"故以天下之公理言之，人各有自主独立之权，当为平等，不当有奴"。⑨ 从据乱世至升平世，再到太平世，康有为勾画了人权进化发展的蓝图，人民同为大同人，无疆界，权利毫无异质，通往权利平等的大同世界。

---

① 《孙中山全集》第二卷，中国社会科学院近代史研究所、中华民国史研究室等编，中华书局 1982 年版，第 318 页。

② 《孙中山全集》第二卷，中国社会科学院近代史研究所、中华民国史研究室等编，中华书局 1982 年版，第 331 页。

③ 《孙中山全集》第二卷，中国社会科学院近代史研究所、中华民国史研究室等编，中华书局 1982 年版，第 439 页。

④ 《孙中山全集》第二卷，第 524 页。

⑤ 《孙中山全集》第二卷，第 530 页。

⑥ 蒋锐、鲁法芹：《康有为大同学说与中国传统大同思想》，《社会科学研究》2013 年第 6 期，第 59—64 页。

⑦ 康有为：《大同书》，中州古籍出版社 1998 年版，第 276 页。

⑧ 康有为：《大同书》，中州古籍出版社 1998 年版，第 12 页。

⑨ 康有为：《大同书》，中州古籍出版社 1998 年版，第 145 页。

　　康有为借助西方进化论，从传统文化中发掘总结人权发展演进规律，创立"三世"人权进化论，三世的观念和表述出自汉代何休作注释的《春秋公羊传》："据哀录隐，兼及昭、定，已与父时事，为所见之世；文、宣、成襄、王父时事，谓之所闻之世也；隐、桓、庄、闵、僖，曾祖、高祖时事，谓之所传闻之世也。"历史发展阶段被界分为"所见之世""所闻之世""所传闻之世"，并记载和讲述了孔子"于所传闻之世，见治起于衰乱之中"，"于所闻之世，见治升平，内诸夏而外夷狄"，"至所见之世，著治太平，夷狄进至於爵，天下远近小大若一"。① 康有为据此提出对应的"据乱世""升平世""太平世"三个概念。还同时确认孔子追求之大同理想就是太平世，小康社会则对应于升平世。②

　　在这三个阶段，人权发展的程度和水平界分明显，是一个人权不断发展和丰富的过程。在据乱世，限禁人民权利，人民不尽有保身体自立之权；在升平世，不限人民权利，人民皆有保身体自立之权，非万不得已不得侵夺；在太平世，权利皆全部自由，人民都有保身自立之权利，自然无罪，不受侵夺。③ 关于平等权，在据乱世，各国人民权利不平等，人民听国取税，人民不尽有公权，有事求民供应；在升平世，各国人民渐平等而种界未平等，人民担负国税，人民有罪削公权，不求民供应；在太平世，无国界，无种界，人民平等，人民养于公，无担负，人民无罪，皆有公权，举国人皆平等，无供应。④ 囿于历史条件的限制，康有为虽没有接触过马克思学派的唯物史观和剩余价值学说，但他对资本主义的非理性的批判，使得《大同书》具备了社会主义的这一核心要素，此乃康有为大同学说超越传统大同理想的根本所在。⑤

　　构建人类命运共同体的理念根植于中华民族有五千年历史的传统文化，坚持的是"和为贵""有容乃大"的格局，追求的是"太平世界"的境界，胸怀的是"天下为公"的政治理念，讲究的是"和而不同"的

---

① 《春秋公羊传注疏·隐公卷一》，（汉）永怀堂本，第12页。
② 杜钢建：《中国近百年人权思想》，汕头大学出版社2007年版，第43页。
③ 康有为：《大同书》，上海古籍出版社2005年版，第102页。
④ 康有为：《大同书》，上海古籍出版社2005年版，第103页。
⑤ 蒋锐、鲁法芹：《康有为大同学说与中国传统大同思想》，《社会科学研究》2013年第6期，第59—64页。

哲学思想……"这一方案吸取了中国传统文化、中国哲学的精华，同时也蕴含了中国多年外交实践的经验，是中国对世界贡献的'中国智慧'"，"人类命运共同体思想是对马克思'自由人联合体'思想的丰富与发展，这将意味着人类从自身发展不充分不平衡的公平正义最终转向人的真正自由发展"。彰显了人类的共生、共利和共荣的共同体意识。只有这样的共同体，才能够实现人类真正的解放。[①]

西方有柏拉图的《理想国》及亚当斯的"美国梦"，中国则有孔夫子的"和为贵"与康有为的《大同书》，都对未来社会作过美好的设想，尤其近年来中国共产党人提出了"和谐社会""和谐世界"[②] 的主张，得到世界人民的一致响应，而成为人类的共同理想。[③] "构建人类命运共同体"彰显以世界人民为中心的人权发展理念，习近平总书记指出，这个世界已经"成为你中有我、我中有你的命运共同体"。[④] 世界是丰富多彩的，不可能只有一种人权发展模式，必须相互学习与借鉴，取长补短，共同发展，单一的色彩和单调的世界均是不存在的，也是不可想象的。习近平总书记强调，当下世界有 200 余个国家及地区，民族已超过 2500 个，存在多种宗教，"如果只有一种生活方式，只有一种语言，只有一种音乐，只有一种服饰，那是不可想象的"。他认为："文明如水，润物无声。我们应该推动不同文明相互尊重、和谐共处。"[⑤]

[①] 马俊峰、马乔恩：《人类命运共同体话语体系的内在逻辑和时代价值》，《学术论坛》2018 年第 2 期，第 70—74 页。

[②] "和谐世界"是基于中国文化传统的系统观、整体观而提出的全球政治伦理、法律与国际关系建设的伟大理念。中国的"和谐世界"理论，不仅解决了中国发展道路问题，也是建立全球国际政治伦理与国际秩序的指导原则。2005 年 7 月，胡锦涛出访俄罗斯，"和谐世界"被写入《中俄关于 21 世纪国际秩序的联合声明》。

[③] 李龙：《构建人类命运共同体是世界人权事业的伟大创举》，《武汉科技大学学报》（社会科学版）2018 年第 20 卷第 1 期，第 1—7 页。

[④] 《习近平谈治国理政》，外文出版社 2014 年版，第 272 页。

[⑤] 《习近平谈治国理政》，外文出版社 2014 年版，第 262 页。

第 六 章

传统人权理念的历史限度

　　孔子曾勾勒了一种大同的理想社会："大道之行也，天下为公，选贤与能，讲信修睦。故人不独亲其亲，不独子其子，使老有所终，壮有所用，幼有所长，鳏寡孤独废疾者皆有所养，男有分，女有归。货恶其弃于地也，不必藏于己；力恶其不出于身也，不必为己。是故谋闭而不兴，盗窃乱贼而不作，故外户而不闭。是谓大同。"① 但在私有制等级特权主导的奴隶社会和封建社会中，大同的平等人权理念无疑只能是乌托邦。正如莫尔指出的那样，私有制是一切祸害与灾难的根源。莫尔认为："只有完全废止私有制度，财富才可以得到平均公正的分配，人类才能有福利。如果私有制度仍然保留下来，那么，大多数人类，并且是最优秀的人类，会永远被压在痛苦难逃的悲惨重负下。"② 在人类思想史上，莫尔第一次把人权与所有制关系联系起来加以考察，说明所有制关系是人们的经济、政治、社会、文化权利的基础。③ 由于生产力发展条件制约，传统人权理念在理论、政治、经济、文化、法律多个维度均存在难以逾越的历史限度。

第一节　理论逻辑的限度

　　逻辑指的是思维的规律和规则，是对思维过程的抽象。广义上逻辑

---

① 《礼记·礼运篇》。
② 莫尔：《乌托邦》，戴镏龄译，商务印书馆 1959 年版，第 56 页。
③ 韩德培：《人权的理论与实践》，武汉大学出版社 1995 年版，第 281 页。

泛指规律，包括思维规律和客观规律。人权理念的理论逻辑侧重考察人权理念的演进规律。古代中国人权思想的理论基础是唯心史观。人权主体不明确，泛泛而谈某一阶级与阶层的权利。古代人权思想的理论方法是形而上学的方法，脱离开经济基础和政治制度，孤立地、静止地、抽象地谈论人权。比如，在不改变封建地主土地所有制的前提下，欲实现"均井田"的平等主张，无疑是一种空想。在等级制度森严的政治架构上讨论自由与平等，只能定格为一种美好的愿望。中国特色发展主义人权理论是中国化的马克思主义人权理论，作为在新的历史条件下对马克思主义人权理论的继承和发展，不仅吸收了本土人权文化的积极元素，还批判地借鉴了西方人权思想的文明成分。唯物史观和唯物辩证法是发展主义人权的理论支撑和理论逻辑。值得强调的是，发展主义人权观所依靠的理论方法是唯物辩证法，坚持人权的普遍联系和发展，承认矛盾的存在，并认为矛盾是推动人权发展进步的动力。当下人权发展的主要矛盾是人民日益增长的美好生活所要求的权利与不平衡不充分的人权发展之间的矛盾。发展主义人权观的主体是具体的人，以全体人民为中心，平等对待每一个具体的人。关于人权中的"人"，马克思作了科学的说明，在《德意志意识形态》中，他指出："德国哲学从天上降到地上；和它完全相反，这里我们是从地上升到天上，就是说，我们不是从人们所说的、所想象的、所设想的东西出发，也不是从只存在于口头上所说的、思考出来的、想象出来的、设想出来的人出发，去理解真正的人。我们的出发点是从事实际活动的人，而且从他们的现实生活过程中我们还可以揭示出这一生活过程在意识形态上的反射和回声的发展。"人应该是具体的人，现实的人，而非抽象的人。"不是某种处在幻想的与世隔绝、离群索居状态的人，而是处在一定条件下进行的、现实的、可以通过经验观察到的发展过程中的人。"[1] 马克思所讲的人是社会关系的总和，人的本质"不是人的胡子、血液、抽象的肉体的本性，而是人的社会特质，而国家的职能等只不过是人的社会特质的存在和活动的方式"[2]。

---

① 《马克思恩格斯全集》第 3 卷，人民出版社 1960 年版，第 30 页。
② 《马克思恩格斯全集》第 1 卷，人民出版社 1956 年版，第 270 页。

第二节　经济逻辑的限度

中国古代人权思想建立在封建自然经济基础之上。虽然也提出了生存权的一些理念，如孟子认为，有"恒产"者有"恒心"，民之"恒产"是民之"恒心"的基础，管仲强调"仓廪实则知礼节，衣食足则知荣辱"，王充论证了其"饥寒致乱"说，在一定程度上已认识到物质生活条件对于人的生存权利的重要性。唐代"均田"开贞观、开元之治，宋代钟相以"等贵贱、均贫富"为诉求，明初裁抑地主豪强致国富民殷，明末李自成再提"均田免粮"口号，至洪秀全主张"凡天下田，天下人同耕"，使均田的平等理念达到一个高潮。但这些理念大都停留在道德层面，是一种道德吁求，不能上升到基本制度和法律层面，成为法定权利和要求。

马克思主义人权观精辟地揭示了人权的社会经济基础，从而把握了人权现象的内在奥秘。在唯心主义法哲学家那里，往往抱着一种独特的法的幻想，认为权利具有自身独立的历史，因而他们在说明人权现象时，立足于利己主义的自我意识。但是，按照马克思的看法，人权现象并非本原的独立的东西，而是一种派生物，它是社会主体在社会活动过程中逐渐形成的权利要求，因而有着深厚的社会生活渊源。

在《巴黎手稿》中，马克思提出了研究人权问题的基本方法论原则，指出同宗教、家庭、国家、道德、科学和艺术一样，法"不过是一些生产的特殊的方式，并且受生产的普遍规律的支配"[①]。在《神圣家族》中，马克思研究了土地私有制和土地占有权之间的关系，认为土地占有权的存在是由土地私有制的存在决定的，土地私有制统摄着土地占有特权，"土地私有制并不因为土地占有特权的消灭而消灭"[②]。马克思进一步承继了《德法年鉴》时期对青年黑格尔派人权观的批判精神，认为资产阶级人权是资本主义市民社会生活关系的集中反映，"人权并没有使人摆脱宗教，而只是使人有信仰宗教的自由；人权并没有使人摆脱财产，而

---

① 《马克思恩格斯全集》第 42 卷，第 121 页。
② 《马克思恩格斯全集》第 2 卷，第 148 页。

是使人有占有财产的自由；人权并没有使人放弃追求财富的龌龊行为，而只是使人有经营的自由"。① 因之，"现代国家承认人权同古代国家承认奴隶制是一个意思"。② 马克思充分肯定黑格尔对于古典自然法学派自由理性人权观的否定态度，他这样写道："黑格尔曾经说过，'人权'不是天赋的，而是历史地产生的。而'批判'关于人权是不可能说出什么比黑格尔更有批判性的言论的。"③ 在《德意志意识形态》中，马克思认为，在考察人权现象时，必须着眼于它同社会经济生活的关系，而不应当带有任何神秘的和思辨的色彩。

马克思对以前曾经使用过的"市民社会"一词进行分析，指出"市民社会"这一用语是在 18 世纪产生的，"但是这一名称始终标志着直接从生产和交往中发展起来的社会组织。这种组织在一切时代都构成国家的基础以及任何其他的观念的上层建筑的基础"。④"在过去一切历史阶段上受生产力所制约，同时也制约生产力的交往形式，就是'市民社会'。"⑤ 显然，马克思把市民社会看作建立在一定生产力发展水平上的社会经济组织和"交往形式"，是制度的和观念的上层建筑的基础，同样地也是人权现象的基础，因此，一切离开"市民社会"的人权现象，都是不可思议的。由此出发，马克思批判了天赋自然权利论，强调研究人权问题必须联系现实的社会经济关系，认为人权不是对人的社会生活条件任意做出的法律规定，而是由社会的经济制度客观地决定的，人权这类概念"只要它们脱离了作为它们基础的经验的现实，就可以像手套一样地任意翻弄，这一点是已经由黑格尔充分证明了的，黑格尔曾运用这个方法来对付那些空洞的思想家，是有他的理由的"⑥。在这里，马克思再次肯定了黑格尔人权观的历史合理性，这确乎是意味深长的。

---

① 《马克思恩格斯全集》第 2 卷，第 145 页。
② 《马克思恩格斯全集》第 2 卷，第 145 页。
③ 《马克思恩格斯全集》第 2 卷，第 146 页。
④ 《马克思恩格斯全集》第 2 卷，第 41 页。
⑤ 《马克思恩格斯全集》第 2 卷，第 40 页。
⑥ 《马克思恩格斯全集》第 3 卷，第 374 页。

马克思主义人权观历史地考察人权现象的逻辑进程，从而探明了人权现象的历史运动规律。人权现象有一个历史的"蛹化"过程。① 马克思对这一过程的运动图式及其规律性作了深入探索。按照他的看法，远古时代是部落所有制的天下，由低下的生产力水平所决定，部落成员受到强大自然力的支配，他们以自己的劳动换取自然产品，只存在人和自然之间的交换，个人通过家庭的、部落的甚至是地区的纽带而联系在一起，"个人的所有权则局限于简单的占有，但是这种占有也和一般部落所有制一样，仅仅涉及地产"②。财产（地产）也表现为直接的自然产生的统治。所有者可以依靠个人的关系，依靠这种或那种形式的共同体来统治非所有者。随着社会分工的扩大和劳动产品的增多，个人的私有财产日益发达起来特别是动产的出现，使个人的所有权关系取得新的经济性质。在古代公社所有制和国家所有制时代，除了公社共同体财产外，动产的私有制以及不动产的私有制已经开始发展起来，但它们是作为一种反常的从属于公社所有制的形式发展起来的，因而所有权关系呈现出复杂的图景。在公社共同体中，广大奴隶不是权利主体，而是权利关系的客体，只有所谓"积极公民"才成为权利主体。因而，"这是积极公民的一种共同私有制"。③ 中世纪封建的或等级的所有制是在日耳曼人军事制度的影响下建立起来的。在这里，等级结构壁垒森严，君主高居于等级金字塔之上。土地占有的等级体系，使贵族掌握了支配农奴的权力。贵族等级的资本不是以货币来计算的，而是与所有者的完全固定的劳动直接联系在一起的、完全不可分割的。所以，中世纪的生产方式"在政治上表现为特权"④。近代资本主义社会基础是"纯粹的私有制"。资产阶级给私有财产以自由主义的外观，宣布它是人的权利，并且把私有财产权用法律的形式确认下来。个人似乎比以前更自由些，但事实上，他们却更不自由，"因为他们更加受到物的力量的统治"；⑤ "那些似乎一定能导向共产主义的法律上的公理，都是私有制的公理，而共同占有权是私有财产

---

① 韩德培：《人权的理论与实践》，武汉大学出版社1995年版，第43页。
② 《马克思恩格斯全集》第3卷，第69—70页。
③ 《马克思恩格斯全集》第3卷，第25页。
④ 《马克思恩格斯全集》第3卷，第375页。
⑤ 《马克思恩格斯全集》第3卷，第86页。

权的想象中的前提"。① 由于资本主义世界"物资关系"对个人的统治，偶然性对个性的压抑，已具有尖锐的形式，这样就给现实的个人提出了明确的任务：确立个人对偶然性的统治。因此，被压迫的无产阶级为了保住自己的个性，就应当推翻资产阶级国家。共产主义革命"是个人自由发展的共同条件"②，在这场革命过程中，"对自己权利的呼吁也起了一定的作用"③。可见，马克思关于人权现象演变进程的分析，揭示了人权现象的历史逻辑。当然，由于这一时期的马克思对原始公社的内部机制以及由野蛮社会向文明社会的转变途径缺乏深入研究，所以他对权利历史起源的阐发，不可避免地处于笼统描述的状态。而在晚年人类学笔记中，这个问题得到了科学的解决。④

在马克思主义经典作家看来，人权现象的内容是由一定社会物质生活条件决定的，人权的性质直接反映了社会关系的性质。一切人权现象只有理解了与之相适应的社会生活条件，并且从这些条件中被引申出来的时候，才能把握其底蕴，这些现实的社会关系是人权现象的根源和基础，离开现实的社会条件，人权现象就如同无源之水，无本之木，因此，社会物质关系是第一性的、原生的，而人权现象则是第二性的、派生的。这是人权现象的现实经济基础。

新时代发展主义人权是历史的产物，根源于现实的物质生活条件，人权建立在生产力发展的基础上，能够实现全面的和真正的人权。发展主义人权的现实经济基础是社会主义生产关系，不仅能充分解放和发展生产力，更重要的是其消灭了剥削，消除两极分化，实现共同富裕。发展主义人权建立在共同富裕的物质生活条件基础之上，确保人权的真正发展与实现，人权不再是虚幻与空洞的口号，而是充分保障每个人的自由和全面发展。

---

① 《马克思恩格斯全集》第 3 卷，第 229 页。
② 《马克思恩格斯全集》第 3 卷，第 516 页。
③ 《马克思恩格斯全集》第 3 卷，第 370 页。
④ 韩德培：《人权的理论与实践》，武汉大学出版社 1995 年版，第 44 页。

第三节　政治逻辑的限度

依据马克思主义经典作家的观点，人权的实现必须有相应的政治制度作支撑与保障。在专制君主制度下，不是法律为人而存在，而是人为法律而存在，人是法律规定的存在。君主政体的原则总的来说是轻视人、蔑视人，使人不成其为人，因而它必然表现为对个人权利的践踏。中国古代人权思想是在封建皇权统治之下关于人的权利思想的追求和向往，因此，其政治局限正如人权学者研究指出的那样："孟子人权思想是建立在维持封建统治秩序和缓和社会矛盾冲突基础上而构设的一种社会理想，它不如今天的人权思想完整全面，也没有能够在现实生活中加以实施。"①封建专制统治绝不可能是人权的沃土，而是个人权利的"荒漠"，特别是法家的否定型人权，更是一种典型的表现，为维护专制统治，必然遏制个人自由，敌视民众权利，从秦朝的"焚书坑儒""偶语弃市"、封建统治者创造的"腹诽"罪名，到清朝的"文字狱"，②表明民众根本无言论自由。滥施严刑峻法，特别是肉刑等酷刑，漠视个人生命等基本人权，商鞅与韩非之死，既是否定人权的个人悲剧，更是封建统治的逻辑必然，封建专制统治带给人民的只有压迫与奴役，而非人权。儒家的"三纲"等级伦理被封建统治者制度化，更耸人听闻的观点则是"君要臣死，臣不得不死；父要子亡，子不得不亡"，在这里，人权已无从谈起。

据学者考证，"君要臣死，臣不得不死"的观点实际上并非儒家的主张，而是明清两代皇权专制高涨的产物与表现。论据有二：其一，翻遍儒家典籍与历代儒者文集，找不到有哪个儒者鼓吹过这个观点。其二，"君要臣死，臣不得不死"这句话最早出现在明代小说中，在清代小说与戏曲中更为常见，如《西游记》中，八戒道："师父，你是怎的起哩？专把别人棺材抬在自家家里哭。不要烦恼！常言道：'君教臣死，臣不死不忠；父教子亡，子不亡不孝。'他伤的是他的子民，与你何干！"在《封

---

① 刘忠阳：《论孟子的"人权"思想》，《湘潭师范学院学报》（社会科学版）1999 年第 4 期，第 82—85 页。

② 韩德培、李龙：《人权的理论与实践》，武汉大学出版社 1995 年版，第 543 页。

神演义》中，文王说："天子乃万国之元首，纵有过，臣且不敢言，倘敢正君之过；父有失，子亦不敢语，况敢正父之失。所以君叫臣死，不敢不死；父叫子亡，不敢不亡。为人臣子者，先以忠孝为首，而敢以直忤君父哉？"且小说作者提到"君要臣死，臣不得不死"时，常冠以"常言道""古语云""自古道""俗话说"等前缀，表明其是明清时期流行于民间的一句俗语。此语的流行，恰与明清两代皇权专制的高涨有关。据记载，朱元璋读到《孟子》中"君之视臣如土芥，则臣视君如寇仇"这一段时勃然大怒，声称这等反动的话"非臣子所宜言"。孔子的"君使臣以礼，则臣事君以忠"说法，也受到明朝人的批判。[①]

在专制君主制度下，人权理念微弱，不能自由充分生成，不仅平等理念残缺，自由理念亦被全面压制。在漫长的古代社会，人民基本无言论自由，尽管中国历史上有"尧设直谏之鼓""舜立诽谤之木"的传说，但那只是原始社会末期一种朴素的民主形式，从秦之"焚书坑儒""偶语弃市"以及后世的"腹诽"罪名，到清朝的"文字狱"，均表明古代社会充满残酷的言论专制，人民无言论自由。在古代数千年的发展历史中，尽管不时也有平等理念的思想火花闪现，老子宣扬天道平等理念："天之道，损有余而补不足。"孙中山称誉墨子的"兼爱"主张，赞其为"世界平等博爱主义第一大家"。黄宗羲主张"不以一己之利为利，而使天下受其利"。唐甄提出"人之生也无不同"的天赋平等理念。但这些只是反映了被压迫阶级和人民对平等自由的渴求，人权演进漫长的历史长河中，不平等的现象无处不有，不平等的制度处处存在，等级特权始终是阻隔人权发展的一座雪山。

只有在中国社会主义民主制度中，国家制度才是人民存在的环节，国家制度才能展现出它的本来面目，即人的自由产物。因而，不是人为法律而存在，而是法律为人而存在，体现以人为本的政治理念，人的存在就是法律。人民不仅有权参与国家政治生活的管理，面且有权管理经济、文化和其他社会事务，人民真正成为国家和社会的主人。所以，社会主义民主制的真谛是对个人价值的尊重和对个人权利的保障，也是新

---

① 吴钩：《"君要臣死，臣不得不死"是儒家的思想吗？》，《机构与行政》2015 年第 3 期，第 59—61 页。

时代人权现象的政治基础。

发展主义人权理念致力于人类的政治解放和自由全面发展，发展主义人权坚持人民的主体地位，以人为中心，以人的全面发展为目标。发展主义人权建立在人民当家做主的政治基础之上，不仅实现了政治解放，还消除了经济压榨与剥削，实现经济自由与解放，不只是实现了形式上的自由和权利，还在实质上实现了人的自由和权利，是人权的全面自由与发展的样态。

第四节　文化逻辑的限度

"文化逻辑"概念出自美国文化学家詹明信《晚期资本主义的文化逻辑》一书。逻辑指事物存在和发展过程中的一种规律性、秩序性；从逻辑的主客观一致性上讲，它是事物关系的规则与秩序及其观念的反映。文化是精神生活关系，文化逻辑是关于社会文化生活之秩序、法则、规律的集合。文化逻辑既包含了有关文化事物的本质规定，也包含了对其本质的理解与表达。[①] 马克思在批判黑格尔哲学对思维与存在进行逻辑倒置时曾经指出：对社会生活的"真正哲学的批判要理解这些矛盾的根源和必然性，从它们的特殊意义上来把握它们。但是，这种理解不在于像黑格尔所想象的那样到处寻找逻辑概念的规定，而在于把握对象的特殊逻辑"[②]。人权理念的文化逻辑意在阐释人权理念与传统文化的内在关联和互动规律，从根本上说，古代人权理念显然也是传统文化的构成部分。

人权理念与专制文化的对立是其生成发展的最大障碍，中国古代人权思想生成于封建专制文化的土壤之中，是对专制文化的一丝反叛，其发展受到很大的限制。平等作为一种法律权利，是资产阶级反封建的成果，但平等的愿望和观念，从奴隶仅被当作会说话的工具之时起，就在奴隶心中酿成，奴隶要自由，要平等，要成为一个"人"，而不是牲畜。在封建社会，虽然存在压迫和剥削，不平等现象无处不有，不平等的制度处处存在，但人们对平等和人权的追求和渴望，仍在不断发展与积累，

---

① 胡潇、曹维：《文化逻辑的研究策略》，《哲学动态》2014 年第 4 期，第 45—49 页。

② 《马克思恩格斯全集》第 1 卷，人民出版社 1956 年版，第 359 页。

其表现为中国古代人权思想的破壳萌芽和生长，比如，"民贵君轻"的民本思想，"刑过不避大臣，赏善不遗匹夫"的平等思想，"顺民心、厚民生、不扰民"的爱民重民思想，这些创见为人权的发展注入了无穷的精神动力。但同时必须指出，专制文化的主导地位，又是人权生长的遏制因素与阻碍。"三纲五常"的封建等级伦理，"存天理，灭人欲"的人权克制论调，使人权发展非常迟缓。当然，随着生产力的发展与社会进步，在封建社会内部自然和必然会生成一些革命性的人权思想，比如黄宗羲"不以一己之利为利，而使天下受其利"的民主和民权思想，顾炎武的"众治"民主思想，王夫之的"平天下者，均天下而已"的主张，特别是唐甄的"人之生也，无不同也"的观点，是在中国人权思想史上第一个提出的天赋平等思想，对于近代人权发展具有积极的启蒙意义和作用。

新时代发展主义人权理念建立在当代社会主义先进文化基础之上，同时挖掘吸取了中国古代人权思想与西方人权理论的有益成分。社会主义先进文化是科学的、大众的、民主的文化，是实现人的自由和全面发展的文化，发展主义人权理念本身就是这种先进文化的重要元素。发展主义人权强调生存权和发展权是最基本的人权，是贯穿全部人权发展始终的权利内容，洞穿和破除了资产阶级人权理念空谈自由与平等的虚幻性。发展主义人权理念关注人的全面发展，不只要求形式人权，更加强调实质人权的实现，不仅包括公民权利和政治权利，还包括经济、社会和文化权利，承载了人类人权的美好理想和目标。

人权文化逻辑的形成与人权理论和实践活动是分不开的，传统权利话语从文化上奠定了当代人权发展的理念基础，影响了当代人权的发展趋向。"这一文化逻辑不是在独立的传统哲学框架内形成和发展的，而是在历史学批判、社会主义批判和政治经济学批判进程中形成和发展的。"[①] 只有去除人权形而上学的神秘主义，并对本民族传统人权文化采取历史唯物主义的科学批判态度，才能真正丰富和发展传统的人权理念和话语。只有以"时代意识"、"问题意识"和"批判意识"来审视传统人权文化语境中的小农经济和封建主义因素，才能彰显传统权利话语的当代价值。

---

① 叶险明：《马克思哲学革命的文化逻辑及其现代启示》，《中国社会科学》2007 年第 4 期，第 4 - 17 页。

虽然"批判的武器"不能代替"武器的批判","但是理论一经掌握群众，也会变成物质力量"。①

第五节　法律逻辑的限度

中国古代人权思想，是一种人权观念的萌芽，表现为一种道德权利，没能成为法定权利，缺乏法律的保障。等级伦理被制度化和法律化，典型形式就是礼法合一，比如，春秋决狱以儒家经典作为断案依据，《唐律疏议》将儒家符合封建统治需要的伦理思想制度化和法律化，而人权理念与封建统治矛盾与对立，不可能成为法律规制与保障的对象。发展主义人权理论通过法律化，将道德权利上升为法定权利，将应然权利变为实然权利，通过法律有效地保障人权。法治是发展主义人权的坚实支撑，发展主义人权要求建立和完善人权发展的良法体系，从立法、执法、司法等多个层面保障人权，依法保障人民享有广泛的权利和自由。

马克思主义经典作家把人权现象的制度化、法律化看作保障人权得以实现的基本环节。在实行法治的条件下，习惯权利一经上升为法律，就成为合理的习惯权利，从而具有合理性。这种确认为法律的习惯权利，就不再仅仅是个人的习惯，而成为国家的习惯，即法定权利。

法律与人权的紧密融合，是人权发展和保障的必然逻辑，人权法律化的内在必然性在于，其一，人权并不具备自然实现与自我实现的机制："人权并不天然地具有一种内在的自足性，其间并不具备自我调节和自我实现的实施机制。"② 人权本身抽象不明确，无论具体样态还是判断标准都甚为模糊，弹性较大，容易引起分歧与争议，此外，若没有确定的强制的实施机制，则可能沦为动听的口号或空谈，不具规范性和可救济性，而法律以其独特的魅力彰显对人权的充分的和现实的关怀。其二，法律规则具有规范性、确定性、稳定性和强制性，法律机制是人类迄今找到的人权有效实施的最佳路径。人权从一种抽象的理念，要转变为人们的现实权利，必须依靠法律机制方能有效实施，法律作为一种普遍性的社

---

① 《马克思恩格斯全集》第 1 卷，第 460 页。
② 李龙：《法理学》，人民法院出版社、中国社会科学出版社 2003 年版，第 172 页。

会规范，明确界定了人们的行为模式，具有确定性和极强的可操作性；法律在所有的社会规范中，比其他规范更稳定和可靠，最具稳定性和连续性；法律以国家强制力为后盾，将道德人权理念上升为法定人权有助于依靠国家权力来实现人权，使人权具有更强的现实性，一旦权利遭到侵犯，可以通过法律途径来得到救济。其三，人权法律化是法治发展的必然要求，法治是人类文明发展的重要成果和根本标志，人权是法治的终极价值，法治是人权的重要载体。厉行法治必倡人权。在人治社会，不可能切实保障人权，若存在所谓的权利，也不过是少数主体的特权，是人权异化的表征，法治使人权从异化回归正途。人权是法治的起点与归宿，没有人权的法律，必是恶法，能够保障人权的法律才是良法，因此，法律不可能离开人权，也不应该脱离人权，因此，人权法律化是法治演进的必然规律。